"十二五"职业教育国家规划教材

经全国职业教育教材审定委员会审定

高职高专汽车系列技能型规划教材

国家级精品课程"汽车电气系统检修"配套教材

汽车电气系统检修

主　编　宋作军
副主编　王　倩　王铎云　徐永亮
主　审　曲金玉

内容简介

本书以发动机机械知识为基础,重点阐述与其配套的供电系统、起动系统、点火系统的知识。本书共分8个项目:汽车供电系统的检修、汽车起动系统的检修、汽油机点火系统的检修、汽车空调系统的检修、汽车照明信号系统的检修、汽车仪表与报警指示灯系统的检修、汽车辅助电气设备的检修、汽车电路分析。

学习本书时要注重对汽车电气系统总成或零部件的结构、工作原理及安装要求的理解,加强理论与实践的结合。若条件许可,进行整车实训效果更好。

本书适合高职高专汽车类专业教学使用,也可供从事汽车检测维修、汽车运输管理等行业的工程技术人员阅读参考。

图书在版编目(CIP)数据

汽车电气系统检修/宋作军主编. —2版. —北京:北京大学出版社,2014.9
(高职高专汽车系列技能型规划教材)
ISBN 978-7-301-24227-8

Ⅰ.①汽… Ⅱ.①宋… Ⅲ.①汽车—电气设备—检修—高等职业教育—教材 Ⅳ.①U472.41

中国版本图书馆 CIP 数据核字(2014)第 090166 号

书　　　名:	汽车电气系统检修(第2版)
著作责任者:	宋作军　主编
策划编辑:	邢　琛
责任编辑:	李娉婷
标准书号:	ISBN 978-7-301-24227-8/U・0112
出版发行:	北京大学出版社
地　　　址:	北京市海淀区成府路205号　100871
网　　　址:	http://www.pup.cn　新浪官方微博:@北京大学出版社
电子信箱:	pup_6@163.com
电　　　话:	邮购部 62752015　发行部 62750672　编辑部 62750667　出版部 62754962
印　刷　者:	北京虎彩文化传播有限公司
经　销　者:	新华书店
	787毫米×1092毫米　16开本　14.5印张　337千字
	2011年8月第1版
	2014年9月第2版　2021年6月第4次印刷(总第6次印刷)
定　　　价:	40.00元

未经许可,不得以任何方式复制或抄袭本书之部分或全部内容。
版权所有,侵权必究
举报电话:010-62752024　电子信箱:fd@pup.pku.edu.cn

前　言

随着集成电路和通信技术的飞速发展,汽车电气设备发生了巨大的变化。起动防盗、微机控制点火、组合仪表等技术已经在汽车上得到广泛应用,对汽车电气系统检修技术要求更高。

本书以教育部高职高专汽车检测与维修技术专业的教学大纲为基础,结合建设国家精品课程"汽车电气系统检修"的相关资料和成功经验,以及兄弟院校汽车专家和企业培训的教学心得编写而成。

本书在优化专业课教学基础上,对现有教材进行大胆改革创新,以职业能力培养为主线、以项目为导向,每个项目配有知识要求、能力要求、项目导读、项目具体内容、习题等内容,结合乘用车案例,系统讲解汽车电气系统的结构、工作原理及检测技术,目的在于培养读者清晰的汽车电气系统的故障诊断思路和高超的技能。

本书在编写过程中注重搜集、整理汽车电气系统检修的最新知识,力求内容系统新颖、图文并茂、重点突出。各项目尽量结合最新常见车型典型电路进行分析讲解,注重培养学生的电路分析和故障检测诊断能力。

本书建议学时分配如下。

序号	项目内容	建议课时	
		理论课时	实训课时
1	绪论	2	
2	项目1　汽车供电系统的检修	12	4
3	项目2　汽车起动系统的检修	8	4
4	项目3　汽油机点火系统的检修	12	4
5	项目4　汽车空调系统的检修	8	4
6	项目5　汽车照明信号系统的检修	8	2
7	项目6　汽车仪表与报警指示灯系统的检修	8	4
8	项目7　汽车辅助电气设备的检修	8	4
9	项目8　汽车电路分析	6	4
	合计	72	30

本书由淄博职业学院宋作军担任主编并负责统稿,淄博职业学院王倩、武威职业学院王铎云及烟台汽车工程职业学院徐永亮担任副主编;汽车维修专家、山东理工大学曲金玉教授对本书进行了审阅。本书编写分工如下:绪论、项目1~项目4由宋作军编写;项目5由徐永亮编写;项目6、项目7由王倩编写;项目8由王铎云编写。

在本书的编写、修订和完善过程中，相关企业的汽车维修管理人员宋丰年、侯发梁等提出了许多宝贵的建议，在此向他们表示真诚的感谢。在本书的编写过程中参考了大量的书籍资料，在此向原作者表示真诚的感谢。

由于编者水平所限，书中难免有疏漏和不妥之处，敬请广大读者批评指正。

编　者

2014 年 6 月

目 录

绪论 ·· 1

    小结 ·· 3
    习题 ·· 3

项目1 汽车供电系统的检修 ············· 4

1.1 蓄电池的维护与检修 ····················· 5
    1.1.1 蓄电池的作用 ····················· 5
    1.1.2 蓄电池的结构与型号 ········· 6
    1.1.3 蓄电池的工作原理 ············· 8
    1.1.4 蓄电池的电动势 ················· 9
    1.1.5 蓄电池的容量及影响因素 ··· 9
    1.1.6 蓄电池的充放电特性 ········· 10
    1.1.7 蓄电池的充电 ··················· 12
    1.1.8 蓄电池的检测 ··················· 14
    1.1.9 新型蓄电池介绍 ··············· 17
1.2 发电机的检修 ······························· 18
    1.2.1 发电机的结构与类型 ········· 18
    1.2.2 交流发电机工作原理及特性 ······························· 23
    1.2.3 交流发电机集成电路电压调节器的工作原理 ········ 28
    1.2.5 内装集成电路调节器的检查 ······························· 30
1.3 供电系统综合故障的检修 ············· 32
    1.3.1 供电系统的故障部位、故障原因及排除方法 ············ 32
    1.3.2 上海大众SANTANA 2000系列轿车供电系统电路分析 ································· 33
    1.3.3 上海通用别克轿车供电系统电路分析 ··················· 33
1.4 项目实训 ······································ 35
    1.4.1 蓄电池的恒流充电 ··········· 35
    1.4.2 交流发电机的检测与维护 ······························· 36
    1.4.3 供电系统综合故障排除 ······ 40
    小结 ·· 41
    习题 ·· 42

项目2 汽车起动系统的检修 ············· 45

2.1 汽车起动机的检修 ······················· 46
    2.1.1 起动系统的组成和作用 ····· 46
    2.1.2 起动机的结构与工作原理 ······························· 47
    2.1.3 起动机的传动机构和电磁操纵机构 ··················· 52
    2.1.4 减速起动机和永磁起动机 ······························· 55
2.2 汽车起动系统故障的诊断与排除 ··· 56
    2.2.1 汽车起动系统电路分析 ····· 56
    2.2.2 起动系统常见故障的诊断与排除 ······························· 58
2.3 安全钥匙防盗禁止起动系统检修 ··· 58
    2.3.1 安全钥匙防盗禁止起动系统组成及工作原理 ············ 58
    2.3.2 安全钥匙防盗禁止起动系统故障检修 ··················· 61
2.4 项目实训 ······································ 62
    2.4.1 起动机的试验 ··················· 62
    2.4.2 起动机的检修 ··················· 64
    小结 ·· 68
    习题 ·· 68

项目3 汽油机点火系统的检修 ········· 71

3.1 电子点火系统的检修 ····················· 72
    3.1.1 无触点电子点火系统的组成与工作原理 ············ 72
    3.1.2 点火系统的主要零件 ········· 73
    3.1.3 磁脉冲式电子点火系统的工作过程 ··················· 77
    3.1.4 霍尔式电子点火系统的工作过程 ··················· 81

3.1.5　电子点火系统的故障
　　　　　　诊断 …………………… 83
　3.2　汽油机微机控制点火系统的检修 … 86
　　　3.2.1　微机控制点火系统的组成与
　　　　　　功能 …………………… 86
　　　3.2.2　点火提前角（点火正时）
　　　　　　控制 …………………… 87
　　　3.2.3　初级线圈通电时间的
　　　　　　控制 …………………… 91
　　　3.2.4　点火基准信号及点火提前角
　　　　　　控制方式 ………………… 92
　　　3.2.5　微机控制点火系统分类 …… 95
　　　3.2.6　典型微机控制点火系统
　　　　　　检修 …………………… 96
　3.3　项目实训 ………………………… 102
　　　3.3.1　点火正时的检查与调整 … 102
　　　3.3.2　点火系统的示波器检查 … 103
　小结 ………………………………………… 104
　习题 ………………………………………… 105

项目4　汽车空调系统的检修 ………… 107

　4.1　汽车空调系统的维护 …………… 109
　　　4.1.1　汽车空调系统概述 ……… 109
　　　4.1.2　汽车空调系统的基本
　　　　　　组成 ……………………… 110
　　　4.1.3　汽车空调系统的主要
　　　　　　零件 ……………………… 113
　　　4.1.4　汽车空调系统的控制
　　　　　　电路 ……………………… 116
　　　4.1.5　汽车空调系统泄漏的
　　　　　　检查 ……………………… 117
　4.2　汽车空调系统的故障诊断与
　　　排除 ………………………………… 120
　　　4.2.1　汽车空调系统不制冷 …… 120
　　　4.2.2　汽车空调系统制冷效果
　　　　　　欠佳 ……………………… 121
　　　4.2.3　汽车空调系统异响或
　　　　　　振动 ……………………… 122
　4.3　项目实训 ………………………… 122

　　　4.3.1　汽车空调系统制冷剂压力的
　　　　　　检测 …………………… 122
　　　4.3.2　汽车空调系统制冷剂的
　　　　　　回收、排放及其他维护 … 124
　　　4.3.3　汽车空调 ECU 故障码的
　　　　　　识别与排除 …………… 129
　小结 ………………………………………… 130
　习题 ………………………………………… 130

项目5　汽车照明信号系统的检修 …… 133

　5.1　汽车照明系统的检修 …………… 134
　　　5.1.1　照明系统的组成及要求 … 134
　　　5.1.2　前照灯的结构与工作
　　　　　　原理 …………………… 135
　　　5.1.3　前照灯防眩目措施 ……… 138
　　　5.1.4　前照灯的控制 …………… 140
　　　5.1.5　照明系统电路实例 ……… 141
　5.2　汽车信号系统的检修 …………… 143
　　　5.2.1　信号系统的组成及要求 … 143
　　　5.2.2　灯光信号系统的结构与
　　　　　　工作原理 ………………… 144
　　　5.2.3　声响信号系统的结构与
　　　　　　工作原理 ………………… 147
　5.3　项目实训 ………………………… 150
　　　5.3.1　前照灯的检查 …………… 150
　　　5.3.2　大众帕萨特轿车前照灯
　　　　　　电路的检测 …………… 151
　小结 ………………………………………… 151
　习题 ………………………………………… 152

项目6　汽车仪表与报警指示灯
　　　　系统的检修 ………………… 153

　6.1　汽车仪表系统的检修 …………… 154
　　　6.1.1　汽车仪表与报警指示灯的
　　　　　　组成 ……………………… 154
　　　6.1.2　汽车仪表系统的电路
　　　　　　组成 ……………………… 155
　　　6.1.3　机油压力表 ……………… 156
　　　6.1.4　冷却液温度表 …………… 157

  6.1.5 燃油表 ……………………… 159
  6.1.6 车速里程表……………………… 161
  6.1.7 发动机转速表 ………………… 162
  6.1.8 汽车电子组合仪表 …………… 163
 6.2 汽车报警指示灯系统的检修 …… 164
  6.2.1 机油压力过低报警灯 ………… 165
  6.2.2 制动液面报警灯 ……………… 165
  6.2.3 燃油液位报警装置 …………… 166
  6.2.4 冷却液温度报警灯 …………… 166
 6.3 项目实训 ………………………… 167
  6.3.1 电子仪表的维修检测 ………… 167
  6.3.2 汽车报警指示灯系统的
     检修 ……………………………… 168
 小结 …………………………………… 169
 习题 …………………………………… 170

项目7 汽车辅助电气设备的检修 …… 172

 7.1 电动刮水器与风窗玻璃洗涤器的
   检修 ……………………………… 173
  7.1.1 电动刮水器的检修 …………… 173
  7.1.2 风窗玻璃洗涤器的检修 …… 176
 7.2 窗椅等装置的检修 ……………… 177
  7.2.1 风窗除霜装置的检修 ………… 177
  7.2.2 电动车窗的检修 ……………… 177
 7.3 中控门锁的检修 ………………… 182
  7.3.1 中控门锁的组成 ……………… 182
  7.3.2 中控门锁电路 ………………… 183
 7.4 电动座椅的检修 ………………… 185
  7.4.1 电动座椅的组成 ……………… 186
  7.4.2 电动座椅的控制电路 ……… 186
 7.5 电动后视镜的检修 ……………… 188

  7.5.1 电动后视镜的组成 ………… 188
  7.5.2 电动后视镜的工作原理 …… 189
 7.6 项目实训 ………………………… 190
  7.6.1 刮水器及风窗清洗系统
     故障的诊断与检测 …………… 190
  7.6.2 电动座椅故障的诊断与
     检测 ……………………………… 193
  7.6.3 中控门锁故障的诊断与
     检测 ……………………………… 194
 小结 …………………………………… 196
 习题 …………………………………… 197

项目8 汽车电路分析 ………………… 198

 8.1 汽车电路基本知识 ……………… 199
  8.1.1 汽车电路的表示方法 ……… 199
  8.1.2 导线 …………………………… 200
  8.1.3 线束 …………………………… 201
  8.1.4 插接器 ………………………… 202
  8.1.5 开关 …………………………… 202
  8.1.6 继电器 ………………………… 202
  8.1.7 熔断丝 ………………………… 202
  8.1.8 电器元件 ……………………… 202
 8.2 汽车电路分析 …………………… 203
  8.2.1 大众车系电路分析 ………… 203
  8.2.2 通用汽车电路图的分析 …… 208
 小结 …………………………………… 212
 习题 …………………………………… 212

部分习题答案 ………………………… 213

参考文献 ……………………………… 223

绪 论

随着集成电路和通信技术的飞速发展,汽车电气设备发生了巨大的变化,结构方面向轻量化、小型化方向发展,性能方面向免维护、长寿命、高可靠性方向发展。机电一体化、智能化已成为汽车电气设备发展的必然趋势。

1. 汽车电气设备的组成

现代汽车电气设备的种类和数量很多,大致可以分为三大部分,即电源、用电设备和全车电路及配电装置。

1)电源

汽车电源包括蓄电池、发电机及调节器。蓄电池的作用是发动机不工作时向起动机及其他用电设备供电。发动机起动后,发电机作为电源向用电设备供电,同时也给蓄电池充电。调节器的作用是在发电机工作时,保持其输出电压的稳定。

2)用电设备

用电设备包括以下内容。

(1)起动系统。起动系统主要包括起动机及其控制电路,其作用是用于起动发动机。

(2)点火系统。点火系统用来产生电火花,点燃汽油机中的可燃混合气,主要包括点火线圈、点火器、分电器、火花塞等。

(3)照明系统。照明系统包括车外和车内的照明灯具,提供车辆安全行驶的必要照明。

(4)信号装置。信号装置包括音响信号和灯光信号两类,提供行车所必需的信号。

(5)仪表及报警装置。仪表及报警装置用来监测发动机及汽车的工作情况,使驾驶员能够通过仪表、报警装置及时监视发动机和汽车运行的各种参数及异常情况,确保汽车正常运行。它包括车速里程表、发动机转速表、水温表、燃油表、电压(电流)表、机油压力表、气压表和各种报警灯等。

(6)辅助电气设备。辅助电气设备包括风窗电动刮水器、风窗洗涤器、空调系统、汽车视听设备、车窗玻璃电动升降器、电动座椅、电动天窗、电动后视镜等,车用辅助电气设备有日益增多的趋势,主要向舒适、娱乐、安全保障等方面发展。车辆的豪华程度越高,辅助电气设备也就越多。

(7) 汽车电子控制系统。汽车电子控制系统主要是指利用微机控制的各个系统。

发动机的微机控制主要有汽油喷射发动机集中控制系统和电控柴油喷射系统。用于实现发动机的低油耗、低污染，提高汽车的动力性、经济性。

总之，随着汽车电子技术的不断发展，将有越来越多的电子设备应用在汽车上，以提高汽车的安全性、舒适性和方便性。

3) 全车电路及配电装置

全车电路及配电装置包括中央接线盒、保险装置、继电器、电气线束及插接件、电路开关等，它们使全车电路构成一个统一的整体。

2. 汽车电气设备的特点

汽车电气设备与普通电气设备相比有如下特点。

1) 两个电源

各用电设备均与蓄电池、发电机并联。发电机为主电源，可提供汽车运行时各用电设备的用电；蓄电池为辅助电源，主要供起动时用电。

2) 低压直流电

蓄电池作为汽车上的电源之一，始终是直流电，主要用于发动机起动时为起动机供电，当蓄电池放电完毕后必须由直流电源对其进行充电，因此，汽车上的发电机也必须输出直流电。

汽车电气系统的额定电压一般为直流 12V 和 24V 两种。目前汽车上普遍采用 12V 电源，重型柴油机多采用 24V 电源。

随着汽车上电气设备的增多，电气负荷越来越大，要求汽车上采用能量大、体积小的电源。目前，已有汽车公司在研究使用 36V、42V 新型电源的课题。从效率的角度考虑，使用 42V 电压系统，有利于减小电流，进而减小能量损耗，并且能够减小所需电子设备的体积，节省空间。

3) 并联双线或单线

汽车上的用电设备采用并联电路能保证各支路的电气设备相互独立控制。用电设备与电源的连接一般为两条导线：公共的火线和公共的零线。

所谓的单线连接是指汽车上的用电设备的正极均采用导线相互连接且与蓄电池的正极相连，而所有负极则直接或间接通过导线与车身金属部分连接，则汽车车身的金属机体作为一条公共的导线，从而达到节约导线，使电气线路简单、安装维修方便的目的。

所谓的双线制是现代轿车为了保证电子控制系统工作的可靠性，要求线路的搭铁良好，而对电气部件采用专门的搭铁线来连接。

4) 负极搭铁

汽车车身的金属机体作为公共的导线，在接线时电源的某极必须与金属机体相连，这样的连接称为搭铁。对于直流电来说，电气系统的正极或负极均可作为搭铁极，但按照国际通行的做法和我国国家标准 GB 2261—71《汽车、拖拉机用电设备技术条件》的规定，汽车电气系统为负极搭铁。负极搭铁能减少蓄电池电缆铜端子在车架车身连接处的电化学腐蚀，提高搭铁的可靠性。

小 结

现代汽车电气设备包括电源、用电设备和全车电路及配电装置。
汽车电气设备的特点是两个电源、低压直流、并联双线或单线、负极搭铁。

习 题

1. 汽车电气设备由哪几部分组成?
2. 汽车电气设备有哪些特点?

项目 1

汽车供电系统的检修

知识要求	掌握蓄电池的组成； 了解蓄电池的工作原理； 掌握蓄电池的充电方法； 掌握蓄电池的常见故障检修； 掌握发电机的组成； 掌握发电机的工作原理； 掌握发电机的常见故障检修
能力要求	能够进行电解液密度的检测； 掌握蓄电池端电压测量方法； 掌握快速放电叉的使用方法； 熟练掌握蓄电池接线柱的联线安装要领； 掌握发电机的拆装方法； 掌握发电机的故障检修方法； 熟练掌握发电机在发动机上的安装方法

项目1 汽车供电系统的检修

 项目导读

汽车供电系统是汽车电器中关键的环节,汽车供电系统的检修主要包括蓄电池、发电机的检修等内容。

蓄电池是汽车供电系统重要的部件之一,它的质量直接影响了汽车的运行效果。它的功能是提供汽车起动的电能和调整发电机输出和负荷之间不平衡的状态。当发动机不工作或转速较低时,蓄电池向用电设备供电;当用电设备的用电功率大于发电机输出功率时,蓄电池与发电机携手并联向用电设备供电;当用电设备的用电功率小于发电机输出功率时,发电机向蓄电池和用电设备供电。随着现代工业技术的发展,汽车蓄电池技术也取得很大进步,目前一些轿车上使用了新型免维护蓄电池,如图1.1所示,就是近十年来迅速发展和应用的一种新型蓄电池。

汽车发电机是汽车的主要电源,其功用是在发动机正常运转时,向所有用电设备(起动机除外)供电,同时向蓄电池充电。发电机的实物如图1.2所示。

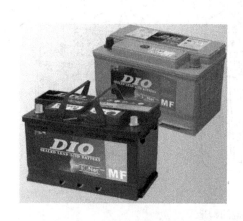

图1.1 免维护蓄电池

图1.2 汽车发电机

1.1 蓄电池的维护与检修

1.1.1 蓄电池的作用

蓄电池是一种可逆直流电源,在汽车上与发电机并联组成电源系统,向用电设备供电。蓄电池的作用如下。

(1) 汽车发动机起动时,向起动系统和点火系统及其他相关系统供电。

(2) 当发电机不发电或电压较低时向用电设备供电。

(3) 发电机过载时,协助发电机向用电设备供电。

(4) 发动机正常运转时,发电机向蓄电池充电。

(5) 蓄电池还有稳定电压的作用。蓄电池相当于一个大的电容器,可吸收电路中的瞬时过电压,从而保护电子元件不被击穿。

汽车用的是起动型蓄电池,满足起动发动机的需要,5~10s内向起动机提供强大的电流,一般汽油机为200~600A,有些柴油机高达1000A。

铅酸蓄电池结构简单、价格低廉,同时其内阻小,起动性能好,因此在汽车上得到广泛的应用。车用铅酸蓄电池按其结构特点不同,可分为普通型、干荷型、免维护型和胶体型铅酸蓄电池。本节主要介绍汽车用起动型铅酸蓄电池的检修及维护。

1.1.2 蓄电池的结构与型号

1. 蓄电池的构造

蓄电池的构造如图1.3所示，一般由3个或6个单格电池串联而成。每个单格主要由极板、隔板、电解液和外壳等组成。每个单格的标称电压为2V。标称电压通常指的是开路输出电压，也就是不接任何负载，没有电流输出的电压值。因此可认为标称电压是该电源的输出电压上限。

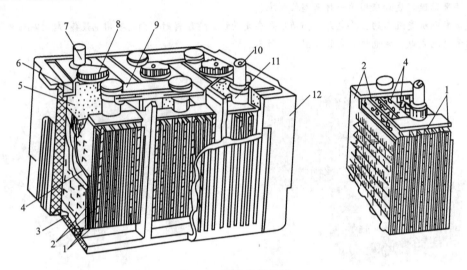

图1.3 蓄电池的构造

1—正极板隔壁；2—负极板；3—筋条；4—隔板；5—护板；6—封料；7—负接线柱；
8—加液口盖；9—联条；10—正接线柱；11—接线柱衬套；12—蓄电池外壳

1) 极板

极板是蓄电池的基本部件，由它接受输入的电能和向外释放电能。极板的活性物质与电解液反应，完成蓄电池的充放电化学反应。

蓄电池的极板分为正极板和负极板，它们都是由栅架和涂在栅架上的活性物质构成的，正、负极板的外形相同。

极板栅架由铅锑合金浇铸而成，加锑是为了改善浇铸性能和提高机械强度。

正极板的活性物质是棕红色的二氧化铅(PbO_2)，负极板的活性物质是青灰色的海绵状纯铅（Pb）。为了使电解液能顺利渗入极板内部，极板的活性物质应具有多孔性。

将正、负极板各一片，浸入电解液内，可获得约2.1V的电动势。为了增大蓄电池的容量，在单格电池中，将多片正、负极板分别焊接成正、负极板组。然后将正、负极板组交错装插在一起，形成单格电池的极板组。在一个单格内负极板总是比正极板多一片，这样可以使正极板两面都处于负极板之间，正极板放电均匀，避免了正极板两侧活性物质体积变化不一致造成的极板拱曲活性物质脱落。

2) 隔板

隔板安装在正、负极板之间，其作用是使正、负极板尽量靠近而又不至于接触短路，以缩小蓄电池的体积,防止极板变形及活性物质脱落。

隔板多采用微孔塑料、橡胶、纸质及玻璃纤维等材料制成。隔板材料具有多孔性,便于电解液渗透,还要具有耐酸、绝缘、抗氧化等性能。隔板通常一面带有沟槽(或玻璃纤维),安装时,应将带沟槽面朝向正极板,并使沟槽竖直放置。

3) 电解液

电解液是由相对密度为1.84的纯硫酸(H_2SO_4)和蒸馏水(H_2O)配制而成的,相对密度一般在1.24～1.31之间。使用时应根据制造厂的要求和当地的气温条件选择,见表1-1。

表1-1 不同地区和气候条件下的电解液的相对密度

使用地区最低气温/℃	全充电25℃时的相对密度	
	冬季	夏季
<-40	1.31	1.27
-30～40	1.29	1.26
-20～-30	1.28	1.25
0～20	1.27	1.24

4) 外壳

蓄电池外壳为整体式结构的容器,极板、隔板和电解液均装入外壳内,外壳应耐酸、耐热、耐寒、耐振。外壳的材料有硬质橡胶和聚丙烯塑料两种,由于聚丙烯材料的外壳轻、美观透明,且综合性能好,现已取代了传统的硬橡胶外壳。外壳被间壁分为3个或6个互相分离的小格子,底部有凸起的肋条支撑极板组,肋条之间的空间用来盛放极板脱落的活性物质,以防极板短路。

5) 联条

联条的作用是将各单格电池串联起来。传统蓄电池的联条是外露式的,用铅锑合金铸造而成,耗材较多、电阻较大,已逐渐被穿壁式或跨接式取代。

6) 极桩

极桩有锥台形和L形等形式。为便于识别,在极桩的上方或旁边标刻有"+"(或P)或"-"(或N)标记,或者在正极桩上涂红色油漆。

2. 蓄电池的规格型号

根据我国原机械工业部JB 2599—85《起动型铅酸蓄电池标准》规定,蓄电池型号由三部分组成,其内容及排列如下。

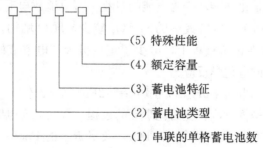

(1) 串联的单格蓄电池数,用阿拉伯数字表示。

(2) 蓄电池类型,按蓄电池的主要用途划分,起动型蓄电池用"Q"表示。

(3) 蓄电池特征,用字母标注。无特殊特征时,该项省略不标;当产品同时具有两种特征时,应按表1-2的顺序将两个特征代号并列标注。

表1-2 铅蓄电池特征代号

产品特征	干荷电	湿荷电	免维护	少维护	胶体电解液	密封式	半密封式	防酸式	带液式	液密式	气密式	激活式
代号	A	H	W	S	J	M	B	F	D	Y	Q	I

(4) 额定容量,指20h放电率时的额定容量,用阿拉伯数字表示,单位是安培·小时(A·h)。

(5) 特殊性能,用大写字母表示,如高温起动蓄电池用"G"表示,低温起动性能好的蓄电池用"D"表示,塑料外壳蓄电池用"S"表示,等等。

例如,6-QA-135型风帆蓄电池如图1.4所示,各部分含义如下。

6——蓄电池由6个单格串联而成,额定电压是12V。

Q——起动型。

A——干荷电蓄电池。

135——20h放电率额定容量是135A·h。

图1.4 6-QA-135型风帆蓄电池

1.1.3 蓄电池的工作原理

根据双极硫酸盐化理论,蓄电池中参与化学反应的物质,正极板上的物质是PbO_2,负极板上的物质是Pb,电解液是H_2SO_4的水溶液。

蓄电池的放电过程是化学能转变为电能的过程。蓄电池放电时正极板上的PbO_2和负极板上的Pb都变成$PbSO_4$,电解液中的H_2SO_4减少,H_2O增加,电解液密度下降;同时,生成的$PbSO_4$附着在正负极板上,减少了正负极板与电解液的有效接触面积,阻碍放电效果。放电过程总的电化学反应为

$$PbO_2 + 2H_2SO_4 + Pb \Longrightarrow 2PbSO_4 + 2H_2O$$

蓄电池的充电过程是将电能转变为化学能的过程。蓄电池充电时,则按放电过程相反的方向变化,正极板上的$PbSO_4$恢复成PbO_2,负极板上的$PbSO_4$恢复成Pb,电解液中

的 H_2SO_4 增加，H_2O 减少，密度增大。充电过程总的电化学反应为

$$2PbSO_4 + 2H_2O \Longrightarrow PbO_2 + 2H_2SO_4 + Pb$$

1.1.4 蓄电池的电动势

蓄电池在静止状态下（即不充电、不放电时）的电动势称为静止电动势。其电动势 E_0 的大小取决于电解液的密度和温度，在电解液密度为 $1.050\sim1.300\text{g/cm}^3$ 的范围内，蓄电池的静止电动势可用下面的经验公式计算

$$E_0 = 0.84 + \rho_{25℃} \tag{1-1}$$

式中：E_0——蓄电池的静止电动势；

$\rho_{25℃}$——25℃时电解液的密度。

如果测量电解液密度时，电解液的温度不是标准温度 25℃，则需要进行换算，其换算公式为

$$\rho_{25℃} = \rho_t + \beta(t - 25) \tag{1-2}$$

式中：ρ_t——实测的电解液密度；

t——测量时电解液的温度，℃；

β——密度温度系数，一般取 $\beta = 0.00075$。

由于汽车用蓄电池电解液的相对密度在充电时增高，放电时下降，一般在 $1.12\sim1.308\text{g/cm}^3$ 之间波动，因此蓄电池的静止电动势也相应的在 $1.97\sim2.15\text{V}$ 之间变化。

1.1.5 蓄电池的容量及影响因素

1. 蓄电池的容量

蓄电池的容量标志着蓄电池对外供电的能力。一完全充足电的蓄电池，在允许的放电范围内所输出的电量称为蓄电池的容量，容量的计算公式为

$$C = I_f \cdot t_f \tag{1-3}$$

式中：C——蓄电池的容量，$A \cdot h$；

I_f——放电电流，A；

t_f——放电时间，h。

蓄电池的容量与放电电流的大小以及电解液的温度有关，蓄电池出厂时规定的额定容量是在一定的放电电流、一定的终止电压和一定的电解液温度下测得的。其标称容量有以下两种。

1) 20h 放电率额定容量

指充足电的蓄电池在电解液温度为 25℃ 时，以 20h 的放电率放电至单格电压降到 1.75V 时所输出的电量。

2) 起动容量

它表示蓄电池在发动机起动时的供电能力，用倍率和持续时间来表示起动容量有两种规定：常温起动容量和低温起动容量。

(1) 常温起动容量。常温起动容量为电解液初始温度为 25℃，以 5min 放电率的电流放电时，放电 5min 至单格电池电压降至 1.5V 时所输出的电量。5min 放电率的电流数值约为其额定容量的 3 倍。

(2) 低温起动容量。低温起动容量为电解液温度为 $-18℃$，以 5min 放电率的电流放电时，放电 2.5min 至单格电压降至 1V 时所输出的电量。

2. 蓄电池容量的影响因素

蓄电池的容量不是一个常数，它与很多因素有关，除了活性物质的数量、极板的厚度、活性物质的孔率等与生产工艺及产品结构有关的因素以外，主要的影响因素是使用条件，如放电电流、电解液的温度和电解液的相对密度等。

1) 放电电流

放电电流越大，蓄电池的容量就越低。因为放电电流越大，单位时间所消耗的硫酸就越多，极板孔隙内由于硫酸消耗较快造成孔隙内电解液密度下降越快。故大电流放电时，极板表面活性物质的孔隙极易被生成的硫酸铅堵塞，使孔隙内实际参加化学反应的活性物质的数量下降，因此随着放电电流的增加，蓄电池的容量会减小。

2) 电解液的温度

电解液的温度较低时，电解液的粘度增大，致使渗透能力下降，造成容量降低。此外，温度越低，电解液的溶解度与电离度也越低，加剧了容量的下降。由于温度对蓄电池的端电压和容量均有较大的影响，所以在寒冷地区要特别注意蓄电池的保温。

3) 电解液的密度

适当增加电解液的密度，可以减小内阻，有利于提高电解液的渗透能力，使蓄电池的容量增加，但密度过高时，由于电解液的粘度增加使内阻增加引起渗透能力降低从而导致容量下降，此外电解液密度较高时，易造成极板硫化而导致容量下降。实践证明，电解液密度偏低，有利于提高放电电流和电量以及延长蓄电池的使用寿命，冬季在不致使电解液结冰的前提下，也尽可能采用低密度的电解液。

1.1.6 蓄电池的充放电特性

1. 蓄电池的充电特性

蓄电池的充电特性是指在恒流充电过程中，蓄电池的端电压 U、电动势 E 和电解液的密度 ρ 随时间变化的规律。

在充电过程中，由于电流恒定，所以单位时间内所生成的硫酸的量是一定的，电解液密度、静止电动势与充电时间呈直线关系增长。端电压也不断上升，并总大于电动势。

充电开始阶段，电动势和端电压迅速上升，然后缓慢上升到 2.3~2.4V，开始产生气泡，接着电压急剧上升到 2.7V 但不再上升。电解液呈现"沸腾"状态，这就是充电终了。如果此时切断电流，电压将迅速降低到静止电动势的数值。

端电压如此变化的原因是：刚开始充电时，在极板孔隙表层中，首先形成硫酸，使孔隙中电解液的密度增大，所以电动势和端电压迅速上升，当继续充电至孔隙中产生硫酸的速度和向外扩散速度达到平衡时，端电压和电动势随着整个容器内电解液密度缓慢上升，当端电压达到 2.3~2.4V 时，极板上可能参加变化的活性物质大多恢复为 PbO_2 和 Pb，若继续通电，便使电解液中的水分解，产生 H_2 和 O_2，以气泡形式放出，形成"沸腾"现象。因为氢离子在极板处与电子的结合不是瞬时的而是缓慢的，于是在靠近负极板处就积存了大量的正氢离子 H^+，使溶液和极板产生附加电位差(0.33V)，因而端电压急剧上升到 2.7V 左右，此时应切断电路，停止充电，否则不但不能增加蓄电池的电量，反而会损坏极板。

由此可知，蓄电池的充电终了特征如下。

(1) 蓄电池内产生大量气泡，形成"沸腾"现象。

(2) 电解液密度和端电压上升到最大值，且 2~3h 内不再增加。

图 1.5 为 3-Q-75 型蓄电池以 10.5A 电流充电时的一组特性曲线。

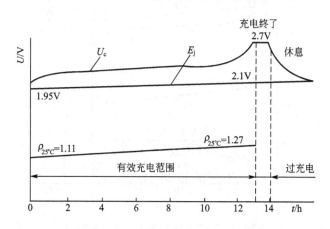

图 1.5　3-Q-75 型蓄电池的充电特性曲线

2. 蓄电池的放电特性

蓄电池的放电特性是指恒流放电时，蓄电池的端电压 U、电动势 E 和电解液密度 $\rho_{25℃}$ 随时间变化的规律。

放电过程中，电流恒定，单位时间内所消耗的硫酸的量是一定的，所以电解液的密度 $\rho_{25℃}$ 沿直线下降，一般 $\rho_{25℃}$ 每下降 0.028~0.030，蓄电池放电约 25%。因静止电动势 E_0 与 $\rho_{25℃}$ 成正比，所以 E 也沿直线下降。

在放电过程中，由于蓄电池内阻 R 的影响，所以蓄电池的端电压总低于其电动势。在放电开始时，蓄电池的端电压从 2.1V 迅速下降，这是因为放电之初极板孔隙内的 H_2SO_4 迅速消耗，密度迅速下降。随着极板孔隙外的电解液向极板孔隙内渗透的速度加快，当其渗透的速度与化学反应速度达到相对平衡时，极板孔隙内的电解液密度的变化速率趋于一致，端电压将随整个容器内的电解液密度降低而缓慢下降到 1.85V。随后端电压又迅速降低到 1.75V，此时应立即停止放电，并称此电压值为单格电池的终止电压。若继续放电，端电压会急剧下降，这是因为放电终了时，化学反应深入到极板的内层，并且放电过程中生成的 $PbSO_4$ 较原来的活性物质体积大且积聚在孔隙内，从而使孔隙变小，电解液渗透困难，由此造成极板孔隙内电解液密度迅速下降，端电压随之急剧下降。继续放电则为过放电。过度放电对蓄电池极为有害，极板孔隙中生成粗结晶硫酸铅，充电时不易还原，即造成极板硫化，易导致蓄电池的寿命下降。

放电停止后，由于电解液渗透的结果，使孔隙内外的电解液密度趋于一致，蓄电池单格电池电动势会回升到 1.95V。蓄电池放电终了的特征如下。

(1) 单格电池电压下降至放电终止电压，以 20h 放电率放电，单格电池电压降至 1.75V。

(2) 电解液密度下降至最小的许可值，大约为 1.11g/cm³。

同时注意允许的放电终止电压与放电电流强度有关,放电电流强度越大,则放完电的时间越短,而允许的放电终止电压越低。

图1.6为3-Q-75型蓄电池以5.25A电流放电时的放电特性。

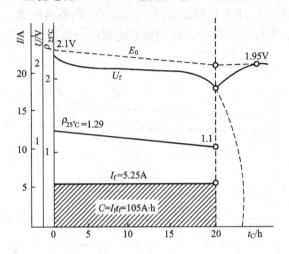

图1.6 3-Q-75型蓄电池的放电特性

1.1.7 蓄电池的充电

1. 蓄电池的充电种类

蓄电池的充电种类有初充电、补充充电和去硫化充电等种类。

1) 初充电

新蓄电池或修复后的蓄电池在使用之前的首次充电称为初充电。

首先按照厂家要求,并结合当地气候条件选择一定相对密度的电解液。电解液温度不超过30℃,加注后静置4~6h,这期间因电解液渗入极板,液面有所下降,应补充电解液使之高出极板15mm。等蓄电池温度低于35℃时方可充电。表1-3为蓄电池的充电电流规范。

初充电的程序一般分为两个阶段:第一阶段的充电电流约为额定容量的1/15,充电至电解液中逸出气泡,单格电池端电压至2.4V时为止;第二阶段将充电电流减半,继续充电到电解液沸腾,相对密度和端电压连续3h不变时为止。全部充电时间需要60h左右。

充电过程中应经常测量电解液温度,如果温度上升到40℃,应将充电电流减半。如果温度继续上升到45℃,应立即停止充电,待冷却至35℃以下后再进行充电。初充电接近完毕时,应测量电解液的相对密度。如果电解液相对密度不符合表1-1中的规定数值,应用蒸馏水或相对密度为1.4的电解液进行调整。调整后,再充电2h直至符合规定为止。

2) 补充充电

蓄电池在汽车上使用时,经常有充电不足的现象发生,应根据需要进行补充充电。

如果发现下列现象之一的,必须随时进行补充充电:电解液相对密度下降到1.20以下;单格电池电压下降到1.7V以下;冬季放电超过25%,夏季放电超过50%;起动无力。

补充充电也要按表1-3中规范的电流值充电,分两个阶段进行:第一阶段,充到单格池电压为2.4V;第二阶段充到单格电池电压为2.5~2.7V,电解液相对密度恢复到规定值,并且3h保持不变,则说明已经充足。补充充电一般共需13~16h。

表1-3 蓄电池的充电电流规范

蓄电池型号	额定容量/(A·h)	额定电压/V	初充电				补充充电			
			第一阶段		第二阶段		第一阶段		第二阶段	
			电流/A	时间/h	电流/A	时间/h	电流/A	时间/h	电流/A	时间/h
3-Q-75	75	6	5	25~35	3	20~30	7.5	10~11	4	3~5
3-Q-90	90		6		3		9.0		5	
3-Q-105	105		7		4		1.05		5	
3-Q-120	120		8		4		1.20		6	
6-Q-60	60	12	4	25~35	2	20~30	6.0	10~11	3	3~5
6-Q-75	75		5		3		7.5		4	
6-Q-90	90		6		3		9.0		4	
6-Q-105	105		7		4		1.05		5	
6-Q-120	120		8		4		1.20		6	

3)去硫化充电

蓄电池长期充电不足,或者放电后长时间未充电,极板上会逐渐生成一层白色的粗晶粒硫酸铅,在正常充电时不能转化为活性物质,这种现象称为硫酸铅硬化,简称硫化。极板硫化会使蓄电池内阻增加,起动困难。

去硫化充电的方法是,先倒出容器内的电解液,用蒸馏水反复冲洗数次,然后加注蒸馏水,使液面高出极板15mm。用初充电电流进行充电,随时测量电解液相对密度。如果相对密度上升到1.150时,要加蒸馏水,继续充至密度不再上升,然后进行放电。反复进行到在6h之内,密度值不再变化为止。最后按初充电的方法进行充电,调整电解浓密度至规定值。

2. 蓄电池的充电方法

蓄电池的充电有定流充电、定压充电和快速脉冲充电等方法。

1)定流充电

在充电过程中,保持充电电流恒定的充电方法称为定流充电。

采用定流充电法可以同时对多个蓄电池进行充电,各蓄电池之间串联,如图1.7所示。充电电流要按照蓄电池的容量确定,如果被充电蓄电池的容量不同,应先按照小容量蓄电池选择充电电流,待小容量蓄电池充足电后,将其摘除,再按余下蓄电池的容量重新选择充电电流,继续充电。

图1.7为定流充电的特性曲线。一般分为两个阶段:第一阶段以规定的充电电流进行充电,但单格的电压升至2.4V,应将充电电流减一半转入第二阶段的充电,直到电解液的相对密度达到规定值且2~3h不变,并有气泡冒出为止。

2)定压充电

保持充电电压恒定的充电方法称为定压充电。

采用定压充电法也可以同时对多个蓄电池进行充电,但要求每组蓄电池端电压相同,各蓄电池组之间并联,如图1.8所示。随着蓄电池的电动势E的增加,充电电流会减小。

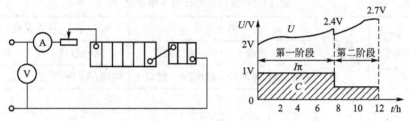

图 1.7 定流充电的连接简图和充电特性图

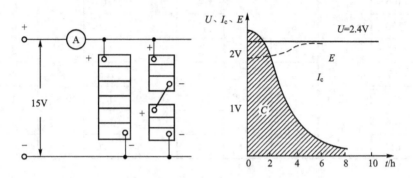

图 1.8 定压充电的连接简图和充电特性图

采用定压充电法,充电电压一般按每格 2.5V 选择,如电池组的额定端电压为 12V,充电电压应选为 15V,过大的充电电压会使蓄电池温度过高,造成活性物质脱落。定压充电法的特点是充电效率高,在充电开始的 4.5h 内,就可以获得 90%～95% 的容量,可大大缩短充电时间。蓄电池充足电后,充电电流会自动趋于零,但采用这种方法不能确保蓄电池完全充足电。

3) 快速脉冲充电

定流充电时间太长,给使用带来很多不便。若加大充电电流或提高充电电压,虽然会缩短充电时间,但会产生大量气泡,造成极板活性物质脱落,缩短蓄电池的寿命。

采用自动控制电路,对蓄电池进行正反向脉冲充电,可以大大提高充电效率,造成的不良影响又不大。对蓄电池进行补充充电仅需 0.5～1h。快速脉冲充电过程分为充电初期和脉冲期两个阶段。

充电初期。采用大电流定流充电,自充电开始至单格电池电压上升到 2.4V 左右且冒出气泡为止,使蓄电池在较短的时间内获得额定容量的 60% 左右,然后进入脉冲期。

脉冲期。先停止充电 25～40ms,接着反向放电(反充电)150～1000μs,再停止充电 25ms(后停充),然后正向充电一段时间。这一过程由充电机自动控制,往复不断地进行,直至蓄电池充足电。

1.1.8 蓄电池的检测

1. 蓄电池的使用与维护

为了使蓄电池处于完好状态,延长其使用寿命,蓄电池的使用及维护要求如下。

(1) 定期检查蓄电池安装是否牢固,线夹与极桩的连接是否牢固,并及时清除线夹和极桩上的氧化物。在其表面涂上凡士林或黄油防止氧化。

（2）经常检查蓄电池表面是否清洁，应及时清除灰尘、油污、电解液等脏物。畅通加液孔盖通气小孔。

（3）定期检查电解液的液面高度，液面一般应高出极板10～15mm，液面过低时应及时补充蒸馏水。除非确知液面降低是由于电解液溅出所致，否则一般不允许加注硫酸溶液。

（4）检查蓄电池的放电程度，如果放电程度冬季超过25%，夏季超过50%时，就应立即对蓄电池进行补充充电。

（5）定期对蓄电池进行补充充电，不考虑蓄电池放电程度强制性进行补充充电，以保证蓄电池始终保持充足电状态，避免极板硫化。定期补充充电一般为每月一次。城市公共汽车可短些，而长途运输车可更长一些。

（6）连接蓄电池时，细心查明极性，不要接错。

（7）脱开蓄电池时，始终要先拆负极（搭铁）电缆。

（8）千万不要把工具放在蓄电池上，它们可能会同时触及两个极桩，使蓄电池短路而引起事故。

2. 蓄电池技术状况的检查

蓄电池技术状况的检查包括电解液液面高度的检查和蓄电池放电程度的检验等。

1）电解液液面高度的检查

电解液液面高度可用玻璃管检查，液面应高出极板顶部10～15mm，如图1.9所示。电解液不足时应加注蒸馏水补充。

2）蓄电池放电程度的检验

通过测量电解液相对密度估算放电程度。可用吸式密度计测量电解液相对密度，如图1.10所示。将实际测量的数值转换成25℃的相对密度值。

经验表明，相对密度每减小$0.01g/cm^3$，相对于蓄电池放电6%，所以从测得的电解液相对密度可以估计出蓄电池的放电程度。

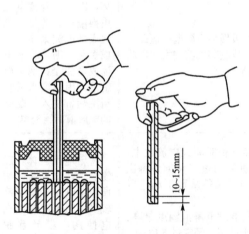

图1.9 电解液液面高度的检查

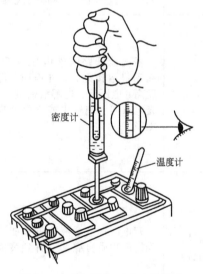

图1.10 电解液相对密度的检查

3. 蓄电池的常见故障及排除方法

蓄电池常见故障及排除方法见表1-4。

表1-4 蓄电池常见故障及排除方法

故障名称	故障现象	主要原因	排除方法
自行放电	充足电的蓄电池放置不用,会逐渐失去电量,这种现象称为自行放电。蓄电池放置几天后,在无负荷的情况下,储电量自行明显下降,甚至为全无电	(1) 电解液不纯,有杂质。杂质与极板之间以及沉附于极板上的不同杂质之间形成电位差,通过电解液产生局部放电 (2) 蓄电池表面脏污,造成轻微短路 (3) 极板活性物质脱落,下部沉积物过多使极板短路 (4) 蓄电池长期放置不用,硫酸下沉,从而造成下部密度比上部密度大,极板上下部发生电位差引起自行放电	先将蓄电池全部放电或过放电,使极板上的杂质进入电解液,倒出电解液,清洗几次,最后加入新配制的电解液(配制电解液必须用蓄电池专用硫酸和蒸馏水)。充足电后如仍有自放电现象,则重复上述步骤,直到故障排除
极板硫化	蓄电池长期处于放电状态或者充电不足,会在极板上逐渐生成一层白色的粗晶粒的硫酸铅,正常充电时,不能转化成PbO_2和Pb,称为硫酸铅硬化,简称硫化。这种粗晶粒的硫酸铅极易堵塞极板孔隙,使电解液渗入困难,电池容量下降,又由于硫化层导电性能差,内阻大,所以蓄电池的起动性能和充电性能明显下降。充电时单格电池电压迅速上升到2.8V左右,电解液密度上升不明显,且过早出现"沸腾"现象	(1) 充电不足的蓄电池长期放置时,当温度升高时,极板上一部分硫酸铅溶于电解液中,在温度下降时,溶解度随之减少,硫酸铅再结晶成粗大颗粒的硫酸铅附在极板上,使之硫化 (2) 蓄电池内电解液量不足,使极板一部分外露在空气中而遭氧化,生成粗晶粒的硫酸铅,从而使极板硫化 (3) 电解液密度过大或电解液不纯、气温变化大时都能使之硫化	当硫化不严重时,可采用去硫化充电法进行充电。当硫化严重时,应予以报废
内部短路	蓄电池开路时端电压过低,起动机运转无力。充电时,温度高、电压低、电解液密度低,充电末期气泡较少或产生气泡太晚	(1) 隔板损坏而漏电或短路 (2) 电池底部沉淀物太多而将极板短路	若是属于隔板损坏,则应拆开蓄电池更换隔板。若是因电池底部电淀太多而造成短路,则可将蓄电池放电完全,倒出电解液,用蒸馏水反复清洗后,注入新配制的电解液后再充电
活性物质脱落	充电时,电解液沸腾并能见到褐色物质自底部上升到表面的现象	(1) 经常长时间大电流放电,如起动机使用过于频繁、每次起动时间过长等从而引起过度放电 (2) 充电时电解液温度过高,充电电压过高、经常过充电等 (3) 电解液密度经常过大,对极板栅架产生强腐蚀	将蓄电池解体,反复清洗,检查活性物质脱落情况。若脱落较少,则可以继续充电使用,若严重脱落,则更换新极板,重新组装使用

1.1.9 新型蓄电池介绍

1. 免维护蓄电池

免维护蓄电池的简称是 MF（Maintenance-Free），是指汽车在合理使用期间，不需要对蓄电池进行加注蒸馏水、检测电解液液面高度、检测电解液密度等维护作业。

随着单向气阀技术的发展，开、闭阀压力控制日益准确，阀成为气体复合与密封的主要部件，免维护蓄电池演变为阀控蓄电池。

阀控蓄电池由极板、隔板、防爆帽、外壳等部分组成，采用全密封、贫液式结构和阴极吸附式原理，在电池内部通过实现氧气与氢气的再化合，达到全密封的效果。

1）阀控蓄电池的特点

阀控蓄电池有以下特点。

（1）固定的电解液，增进氧气从正极向负极的扩散。

（2）内部密封结构和自动开关的安全阀。蓄电池在内部压力下工作，以促进氧气的再化合。蓄电池内部压力增加到一定程度时，安全阀自动打开排气；而当气压将低到规定限度以下时，安全阀自动关闭。

（3）改进的板栅材料。阀控蓄电池的正极板用高纯度的铅锑合金制成，负极板用高纯度的铅钙合金支撑，这样的结构可减少电腐蚀的程度。

（4）较坚硬的外壳。由于阀控蓄电池的外壳要承受一定的内部压力，故外壳采用高强度耐压防爆的材料制成，使得外壳更加坚固耐用。

（5）不需加水、补酸。阀控蓄电池的阀控密封结构和内部的氧循环机制使得其电解液损失小，在使用期间无需加水、补酸。

（6）安装占用空间小，可分层安装在电池架上或电池屏内。

（7）对环境污染小。运行期间酸雾和可燃气体逸出少。

（8）对使用环境要求较高，受环境温度影响大。

2）影响阀控蓄电池寿命的因素

影响阀控蓄电池寿命的因素有很多，主要因素是温度和充电方式。

环境温度过高对阀控蓄电池使用寿命的影响很大。温度升高时，蓄电池的极板腐蚀将加剧，同时将消耗更多的水，从而使电池寿命缩短。阀控蓄电在使用中对温度有一定要求。典型的阀控蓄电池高于25℃时，每升高6～9℃，电池寿命缩短一半。因此，其浮充电压应根据温度进行补偿，一般为2～4 mV/℃，而现有很多充电机没有此功能。

提升浮充电压，或环境温度升高，使充入电流陡升，气体再化合效率随充电电流增大而变小。由于过充电将使产生的气体不可能完全被再化合，从而引起电池内部压力增加，当到达一定压力时，安全阀打开，氢气和氧气逸出，同时带出酸雾，消耗了有限的电解液，导致电池容量下降或早期失效。

2. 燃料电池

燃料电池是一种化学电池，利用物质发生化学反应时释出的能量，直接将其变换为电能。从这一点看，燃料电池与铅酸蓄电池等是类似的。但是，燃料电池工作时需要连续地向其供给燃料和氧化剂等反应物质，这又与其他普通化学电池不大一样。由于燃料电池是把燃料通过化学反应释出的能量变为电能输出，所以被称为燃料电池。

具体地说，燃料电池是利用水的电解的逆反应的"发电机"。它由正极、负极和夹在正负极中间的电解质板所组成。最初，电解质板是利用电解质渗入多孔的板而形成，现在正发展为直接使用固体的电解质。

工作时向负极供给燃料（氢），向正极供给氧化剂（空气，起作用的成分为氧气）。氢在负极分解成正离子 H^+ 和电子 e^-。当 H^+ 进入电解液中，而 e^- 就沿外部电路移向正极。用电的负载就接在外部电路中。在正极上，空气中的氧同电解液中的 H^+ 吸收抵达正极上的 e^- 形成水。这正是水的电解反应的逆过程。此过程水可以得到重复利用，发电原理与太阳能电池有异曲同工之妙。

燃料电池的电极材料一般为惰性电极，具有很强的催化活性，如铂电极、活性炭电极等。

利用这个原理，燃料电池便可在工作时源源不断地向外部输电，所以也可称它为一种"发电机"。

燃料电池的化学反应方程式，需要高度注意电解质的酸碱性。在正、负极上发生的电极反应不是孤立的，它往往与电解质溶液紧密联系。如氢-氧燃料电池有酸式和碱式两种，在酸溶液中负极反应式为：$2H_2 - 4e^- = 4H^+$，正极反应式为：$O_2 + 4H^+ + 4e^- = 2H_2O$；在碱溶液中，则不可能有 H^+ 出现，在酸溶液中，也不可能出现 OH^-。

若电解质溶液是碱、盐溶液则负极反应式为：$2H_2 + 4OH^- - 4e^- = 4H_2O$，正极为：$O_2 + 2H_2O + 4e^- = 4OH^-$。

若电解质溶液是酸溶液则负极反应式为：$2H_2 - 4e^- = 4H^+$（阳离子），正极为：$O_2 + 4e^- + 4H^+ = 2H_2O$。

氢氧燃料电池(hydrogen oxygen fuel cell)是以 H_2 作燃料，O_2 作氧化剂，通过燃料的燃烧反应，将化学能转变为电能的电池。

氢氧燃料电池工作时，向氢电极供应氢气，同时向氧电极供应氧气。氢气、氧气在电极上的催化剂作用下，通过电解质生成水。这时在氢电极上有多余的电子而带负电，在氧电极上由于缺少电子而带正电。接通电路后，这一类似于燃烧的反应过程就能连续进行。

1.2 发电机的检修

1.2.1 发电机的结构与类型

1. 发电机的功用

发电机是汽车电源系统的主电源，在汽车正常运行时，它除了向起动机之外的全部用电设备供电外，还可为蓄电池充电。

由于现代汽车的各种功能越来越完善，自动化程度越来越高，导致用电设备的数量越来越多。因此，要求发电机有较大的输出功率。传统的整流子换向式的直流发电机因发电量较小等原因，近年来已基本被交流发电机所取代。

汽车上所用的交流发电机大多为三相交流发电机，主要由三相同步交流发电机和六只硅二极管组成，所以又称其为硅整流交流发电机，简称交流发电机。因其具有体积小、重量轻、比功率大、低速充电性能好、维修方便等优点，所以在汽车上被广泛应用。

2. 交流发电机的类型与型号

按照交流发电机总体结构，交流发电机可分为普通型交流发电机、整体式交流发电机、带泵交流发电机、无刷交流发电机和永磁交流发电机等类型。

根据我国汽车行业标准 QC/T 73—93《汽车电气设备产品型号编制方法》的规定，汽车硅整流发电机的型号组成如下。

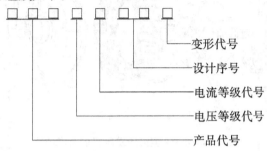

1) 产品代号

硅整流发电机的产品代号共有 JF、JFZ、JFB 和 JFW 4 种，分别表示硅整流发电机、整体式硅整流发电机、带泵硅整流发电机和无刷硅整流发电机(字母"J"、"F"、"Z"、"B"和"W"分别为"交"、"发"、"整"、"泵"和"无"字的汉语拼音第一个大写字母)。

2) 电压等级代号和电流等级代号

分别用一位阿拉伯数字表示，其含义分别见表 1-5 和表 1-6。

表 1-5 电压等级代号

电压等级代号	1	2	3	4	5	6
电压等级/V	12	24	—	—	—	6

表 1-6 电流等级代号

电流等级代号	1	2	3	4	5	6	7	8	9
电流/A	≤19	20～29	30～39	40～49	50～59	60～69	70～79	80～89	≥90

3) 设计序号

按产品设计先后顺序，由 1～2 位阿拉伯数字组成。

4) 变形代号

硅整流发电机以调整臂位置作为变形代号。从驱动端看，在中间不加标记；在右边时用 Y 表示；在左边时用 Z 表示。

例如桑塔纳、奥迪 100 型轿车用 JFZ1913Z 型硅整流发电机，含义是电压等级为 12V、电流等级为大于等于 90A、第 13 次设计，调整臂在左边的整体式硅整流发电机。

3. 交流发电机的结构

汽车用交流发电机主要由转子、定子、整流器及前后端盖等组成。JF132 型交流发电机的组成部件如图 1.11 所示。

1) 转子

转子是交流发电机的磁场部分，主要是由爪极、磁场绕组、滑环等组成的，其结构如图 1.12 所示。

两块爪极压装在转子轴上，内腔装有磁轭，磁轭上绕有磁场绕组，绕组两端的引线分

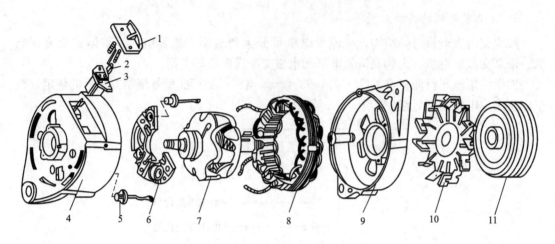

图 1.11　JF132 型交流发电机的组成部件

1—电刷弹簧压盖；2—电刷；3—电刷架；4—后端盖；5—硅二极管；
6—散热板；7—转子总成；8—定子总成；9—前端盖；10—风扇；11—皮带轮

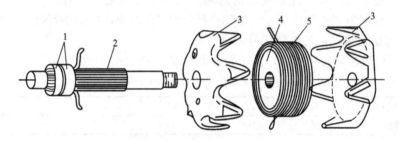

图 1.12　交流发电机的转子

1—滑环；2—转子轴；3—爪极；4—磁轭；5—磁场绕组

别焊在与转子轴绝缘的两个滑环上。两个电刷装在与端盖绝缘的电刷架内，通过弹簧使电刷与滑环保持接触。当发电机工作时，两电刷与直流电源连通，为磁场绕组提供定向电流并产生轴向磁通，使两块爪极分别磁化为 N 极和 S 极，从而形成犬牙交错的磁极对并沿圆周方向均匀分布。磁极对数可为 4 对、5 对和 6 对，我国设计的交流发电机的磁极对数多为 6 对。爪极凸缘的外形呈鸟嘴形，当发电机工作时，可在定子铁心内部形成近似正弦变化的交变磁场。

2) 定子

定子又称电枢，由定子铁心和定子绕组组成。定子铁心由一组相互绝缘且内圆带有嵌线槽的环状硅钢片叠制而成，定子槽内嵌有三相对称绕组。

三相绕组的连接方法有星形接法(又称 Y 形接法)和三角形接法(又称△形接法)两种。Y 形接法是将三相绕组的 3 个末端 X、Y、Z 接在一起，将三相绕组的首端 A、B、C 作为交流发电机的交流输出端，如图 1.13(a)所示。而△形接法则是将每相绕组的首端和另一相绕组的末端依次相连接，因而有 3 个接点，这 3 个接点即为交流发电机的交流输出端，如图 1.13(b)所示。汽车用交流发电机大多采用 Y 形接法，美国通用汽车公司等交流发电机采用△形接法。

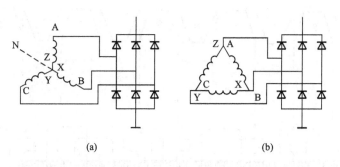

图 1.13 交流发电机定子及定子绕组的连接方法
(a) Y形接法；(b) △形接法

为了在三相绕组中产生大小相等、频率相同，且相位相差 120°的对称电动势，三相绕组的绕法应遵循以下原则。

(1) 每相绕组的线圈个数及每个线圈的匝数须完全相等。以 JF11 交流发电机为例，定子总槽数 Z 为 36，每相绕组占用的槽数应为 12。因采用单层集中绕法，即每个槽内放置 1 个有效边，每 1 个线圈放置在两个槽中，故每相绕组是由 6 组线圈串联而成的，若每个线圈有 13 匝，则每相绕组共有 78 匝。

(2) 每个线圈的节距须相等。节距 y_1 和极距 y_p 是两个重要的结构参数。Y_1 在数据上等于线圈的两个有效边之间的定子槽数，而相邻异性磁极中心线之间的定子槽数则称为极距 y_p。

要使线圈内能产生最大的感应电动势，线圈的两个有效边应分别置于异性磁极下面，若每个线圈的节距 y_1 相等并等于极距 y_p 时，便可满足上述条件获得最大感应电动势。极距 y_p 可通过公式计算，即

$$y_1 = y_p = \frac{Z}{2P} \tag{1-4}$$

式中：Z——定子铁心的总槽数；
P——磁极对数。

(3) 三相绕组的首端 A、B、C 在定子槽内的排列须间隔 120°电角度。转子旋转时，磁场相对定子中的导体运动，在定子绕组中产生感应电动势。且每转过一对磁极时，线圈中的感应电动势就变化一个周期，即 360°电角度，由此计算($P=6$，$Z=36$)。每个槽的电角度(θ)为 60°，即

$$\theta = \frac{360° \times P}{Z} = \frac{360° \times 6}{36} = 60° \tag{1-5}$$

由此分析，要使三相绕组的电动势相差 120°相位角，必须符合以下条件：相邻两相绕组线圈的起端间隔距离应等于($-1+3n$)个槽($y_1=3$，$n=1$，2，3，…)，即 2、5、8、11、…个槽均可。如图 1.14 所示，JF11 系列型交流发电机定子绕组的三相绕组的 3 个首端 A、B、C，被依次嵌入第 1、9、17 这 3 个槽中，而末端 X、Y、Z 则相应嵌在 34、6、14 这 3 个槽内，正好与给定条件相符。

3) 整流器

整流器的作用是将定子绕组产生的三相交流电转换为直流电，并可阻止蓄电池电流向发电机倒流。

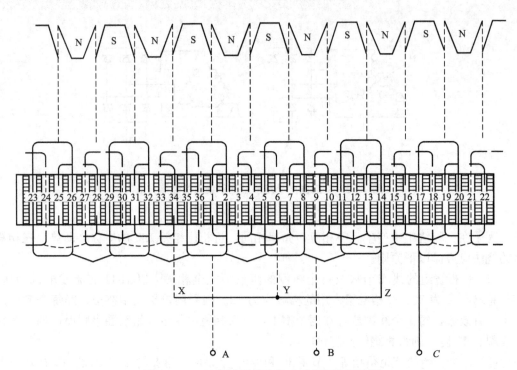

图 1.14　JF11 型交流发电机定子绕组的展开图

由 6 只硅整流二极管组成三相桥式全波整流器，如图 1.15 所示，硅整流二极管通常直接压装在散热板上或发电机后端盖上。其中压装在散热板上的三只硅二极管，引线为正极，外壳为负极，称为"正极管"，引线端一般涂有红色标记；压装在后端盖上的二极管，引线为负极，外壳为正极，称为"负极管"，引线端一般涂有黑色标记。新型的交流发电机将 6 只硅整流二极管分别压装在不同的散热板上。

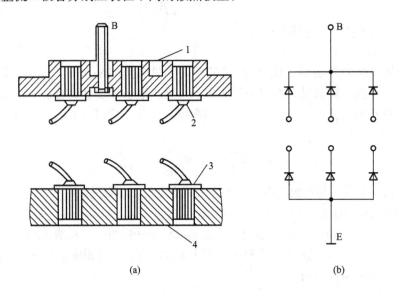

图 1.15　6 只整流二极管的安装和电路符号
（a）整流二极管的安装；（b）整流二极管的电路符号
1—元件板；2—正极管引线（红色标记）；3—负极管引线（黑色标记）；4—后端盖板

为便于散热,散热板通常用铝合金制成,它与后端盖用绝缘材料垫片隔开,固定在后端盖上,用螺栓引至后端盖外部作为发电机的电源输出端,并在后端盖上铸有标记"B"或"+"、"A"、"电枢"。

4) 端盖与电刷总成

前、后端盖均由铝合金压铸或用砂模铸造而成。铝合金为非导磁材料,可减少漏磁并具有轻便、散热性能良好等优点。为了提高轴承孔的机械强度,增加其耐磨性,有的发电机端盖的轴承座内镶有钢套。

后端盖上装有电刷架,它用酚醛塑料或玻璃纤维增强尼龙制成。两个电刷分别装在电刷架的孔内,借弹簧压力与滑环保持接触。国产交流发电机的电刷架有两种结构形式:一种是电刷架可直接从电机外部进行拆装,如图1.16(a)所示;另一种则不能直接在电机外部进行拆装,如图1.16(b)所示,若需更换电刷,必须将发电机拆开,故这种结构的电刷将逐渐被淘汰。

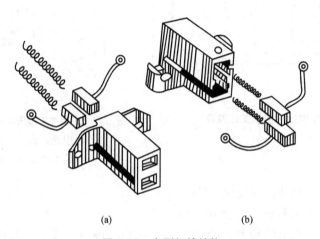

图1.16 电刷架的结构

(a) 能从外部拆除的电刷架;(b) 不能从外部拆除的电刷架

发电机的前端装有皮带轮,其后面装有叶片式风扇,前后端盖上分别有出风口和进风口。当发动机的曲轴驱动皮带轮旋转时,可使空气高速流经发电机内部进行冷却。

1.2.2 交流发电机工作原理及特性

1. 交流发电机的工作原理

1) 发电原理

交流发电机的工作原理如图1.17所示。三相定子绕组按一定规律分布在发电机的定子槽中,彼此相差120°电角度。三相绕组的末端连在一起,成星形连接。

当转子旋转时,定子绕组与磁力线之间产生相对运动,在三相绕组中产生频率相同、幅值相等、相位相差120°电角度的三相正弦交流电动势,其波形如图1.18(b)所示。

每相电动势的有效值为

$$E_\phi = 4.44 K f N \phi \tag{1-6}$$

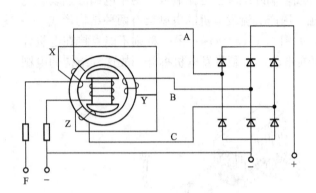

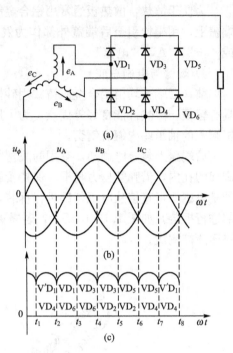

图 1.17 交流发电机的工作原理

图 1.18 三相桥式整流电路中的电压、电流波形
(a) 电路；(b) 三相交流电动势；
(c) 整流后的交流发电机输出电压波形

式中：E_ϕ——每相电动势的有效值，V；

　　　K——定子绕组系数，一般小于 1；

　　　f——感应电动势的频率，Hz，$f=pn/60$（p 为磁极对数，n 为转速）；

　　　N——每相绕组的匝数，匝；

　　　ϕ——每极磁通，Wb。

2）整流原理

交流发电机定子绕组产生的交流电，通过硅整流二极管组成的整流电路转变为直流电。二极管具有单向导电性，当二极管加上正向电压时，二极管导通，呈现低阻状态；当二极管加上反向电压时，二极管截止，呈现高阻状态。利用二极管的单向导电性，即可把交流电转变成直流电。

交流发电机的整流装置实际上是一个由 6 只硅整流二极管组成的三相桥式整流电路，如图 1.18 所示。

由硅二极管单向导电特性可推出以下两点结论。

(1) 当二极管的外加电压为正向电压时，管子呈低阻抗，处于"导通"状态。

(2) 当外加电压为反向电压时，管子呈高阻抗，处于"截止"状态。

由此得出，在某一时刻，总是正极电位最高和负极电位最低的一对管子导通，其整流过程如下。

当 $t=0$ 时，C 相电位最高，而 B 相电位最低，所对应的二极管 VD_5、VD_4 均处于正向导通。电流从绕组 C 出发，经 VD_5→负载 RL→VD_4→绕组 B 构成回路。由于二极管的内阻很小，所以此时发电机的输出电压可视为 B、C 绕组之间的线电压。

在 $t_1 \sim t_2$ 时间内，A 相的电位最高，而 B 相电位最低，故对应 VD_1、VD_4 处于正向导通。同理，交流发电机的输出电压也可视为 A、B 绕组之间的线电压。

$t_2 \sim t_3$ 时间内，A 相电压最高，C 相电压最低，VD_1、VD_6 管获得正向电压而导通，A、C 相之间的线电压加在负载 RL 上，形成电流回路。

以此类推，周而复始，在负载上便可获得一个比较平稳的直流脉动电压[图 1.18(c)]。交流发电机输出电压的平均值为

$$U_{av} = 2.34 U_\phi \tag{1-7}$$

式中：U_{av}——输出直流电压平均值，V；

U_ϕ——发电机相电压有效值，V。

3）励磁方式

交流发电机的励磁方式是先他励、后自励。当发电机转速较低，其电压低于蓄电池电压时，由蓄电池向发电机磁场绕组供电输出，为他励方式；当发电机转速升高、其电压高于蓄电池电压时，发电机向自身的磁场绕组供电，为自励方式。

一般交流发电机的励磁电路如图 1.19 所示。当点火开关 K 接通时，励磁电路是：蓄电池"+"→点火开关 K→电压调节器→磁场绕组→蓄电池"-"。

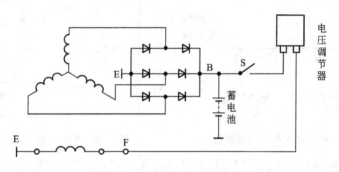

图 1.19　交流发电机的励磁电路

当发电机电压高于蓄电池电压时，励磁电路是：发电机定子绕组→正极二极管→点火开关 K→电压调节器→磁场绕组→发电机"E"端→负极二极管→定子绕组。

4）带中性点输出的交流发电机整流原理

(1) 中性点抽头。在星形接法的交流发电机中，将三相绕组的中性点用导线引出，称为中性点抽头，如图 1.20 所示。其接线柱的标记为"N"，输出电压用 U_N 表示。由于 U_N 是通过 3 个搭铁的负极管子整流后得到的直流电压，即三相半波整流电压，所以其大小为

$$U_N = 1/2 U \tag{1-8}$$

该电压一般用来控制各种用途的继电器，如磁场继电器、充电指示灯继电器等。

(2) 中性点整流输出。在星形接法的交流发电机中，其中性点 N 不仅具有直流电压（等于发电机直流输出电压的一半），而且还包含有交流电压成分。中性点瞬时电压为三相基波电压整流得到的直流分量和三次谐波交流分量的叠加，三次谐波交流分量与发电机转速有关，转速越高，三次谐波交流分量的瞬时最高值越大，如图 1.21 所示。

当发电机转速升高到一定程度时（超过 2000r/min），交流分量的最高瞬时值有可能超过发电机的直流输出电压 U_B(14V)，最低瞬时值则可能低于搭铁电压(0V)。交流分

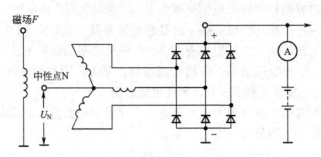

图1.20 带中性点抽头的交流发电机电路

量中高于发电机直流输出电压 U_B 和低于 0V 时便有可能对外输出。因此,可在中性点和发电机的"B+"端以及与搭铁端"E"之间分别增加一只整流二极管,这两只二极管称为中性点整流二极管。中性点二极管 VD_7 和 VD_8 的连接如图1.22所示,其工作原理如下。

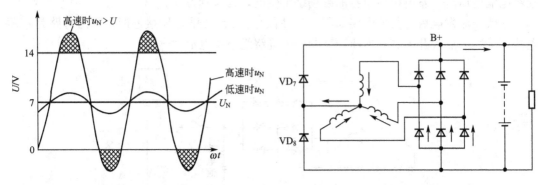

图1.21 不同转速时中性点电压波形　　图1.22 中性点整流输出的基本电路

① 当中性点的瞬时电压高于发电机的输出电压 U_B 时,二极管 VD_7 导通,电流经 VD_7→负载→3只负极管子中的1只后经某一相绕组形成回路。

② 当中性点的瞬时电压低于 0V 时,二极管 VD_8 导通,电流则从某一相流出,经该相的正极管→负载→搭铁→VD_8,回到中性点而形成回路。

增加中性点整流输出后,发电机在高速状态下的输出电流和功率可增加 10%～15%。

5) 带励磁二极管的交流发电机整流原理

为进一步提高发电机的电流输出,增加发电机的输出功率,在交流发电机中增加3只正整流管作为励磁二极管,带励磁二极管的交流发电机的基本电路如图1.23所示。

当发电机处于自励状态时,三相绕组的电流分两路输出,一路作为输出电流通过6只二极管组成的三相全波桥式整流电路通过接线端子"B+"对外输出;另一路通过3只励磁二极管(正二极管)和3只整流负二极管组成的励磁整流电路,作为励磁电流通过接线端子"D+"电压调节器→磁场绕组,向磁场绕组提供励磁电流。

接线端子"D+"同时接充电指示灯。发动机起动时,点火开关闭合,发电机为他励方式工作,励磁电流经→电压调节器→磁场绕组,充电指示灯点亮;发动机正常运转时,接线端子"D+"输出 14V 电压,充电指示灯熄灭。若发电机不工作或工作不良,充电指示灯经电压调节器、磁场绕组形成闭合回路,充电指示灯点亮,表明发电机存在故障。

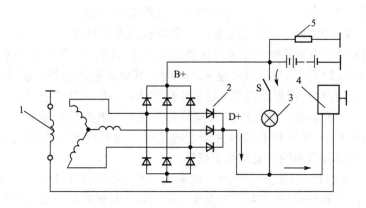

图 1.23　带励磁二极管的发电机基本电路
1—励磁绕组；2—励磁二极管；3—充电指示灯；4—电压调节器；5—负载

带励磁二极管和中性点整流输出的交流发电机的电路如图 1.24 所示。VD_1、VD_2、VD_3、VD_4、VD_5、VD_6 6 只整流二极管组成全波桥式整流电路，VD_{10}、VD_{11} 组成中性点整流输出电路，VD_2、VD_4、VD_6 3 只负二极管和 VD_1、VD_3、VD_5 3 只正二极管组成励磁整流电路。该种形式的发电机广泛应用在一汽大众、上海大众生产的各种轿车上。

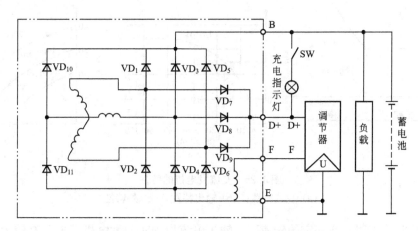

图 1.24　带磁场二极管和中性点整流输出的发电机基本电路

2．交流发电机的工作特性

交流发电机的工作特性是指发电机经整流后输出的直流电压 U、电流 I 和转速 n 之间的关系，包括空载特性、输出特性和外特性。

1) 空载特性

当发电机空载运行时，发电机端电压 U 和转速 n 之间的关系，即负载电流 $I=0$ 时，$U=f(n)$ 的函数关系，称为发电机的空载特性，如图 1.25(a)所示。空载特性可以判断发电机低速充电性能的好坏。

2) 输出特性

当发电机输出电压一定时，输出电流 I 与发电机转速 n 之间的关系，即 U 为常数时，

$I=f(n)$ 的函数关系，称为发电机的输出特性，如图 1.25(b)所示。

发电机达到额定电压时的空载转速 n_1。发电机的输出特性曲线表明，端电压保持不变，即标称电压 12V 电源系统，发电机保持额定电压 14V；标称电压 24V 电源系统，发电机保持额定电压 28V。当发电机转速 $n>n_1$ 时，其输出电流随着转速增加而逐渐增大；当发电机转速 $n<n_1$ 时，因发电机端电压低于额定值，不能向外输送电流，只能由蓄电池供电，故称 n_1 为空载转速。空载转速 n_1 通常作为选择发电机与发动机传动比的依据。

发电机达到额定功率时的转速称为额定转速 n_2，这时发电机的负载电流为额定电流 I_N。转速 n_2 是判断发电机的性能的重要指标。

当发电机转速达到一定值后，发电机的输出电流几乎不再继续增加，这说明硅整流发电机具有限制最大输出电流的作用。这是由于随着定子绕组中感应电动势的增加，定子绕组的阻抗也随转速的升高而增加；同时定子电流增加时，电枢反应的增强也使感应电动势下降。由于上述原因，使发电机转速达到一定值后，其输出电流几乎不变，即具有限定输出电流的作用，故交流发电机不需设置限流器。

3) 外特性

当发电机转速一定时，发电机端电压 U 与输出电流 I 之间的关系，即 n 为常数时，$U=f(I)$ 的函数关系，称为发电机外特性，如图 1.25(c)所示。

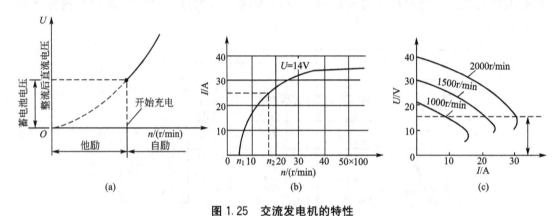

图 1.25 交流发电机的特性
(a) 空载特性；(b) 输出特性；(c) 外特性

外特性曲线表明，在一定的转速下，输出电流增加时，发电机端电压有较大幅度的下降，因此，要使输出电压稳定，必须配备电压调节器。另外，在发电机高速运转时，如果突然失去负载，端电压会急剧升高，电气设备中的电子元件将有击穿的危险。

1.2.3 交流发电机集成电路电压调节器的工作原理

1. 交流发电机集成电路电压调节器

集成电路又称 IC 电路，可根据使用要求，将电路中的若干元件集成在同一基片上，制成一个独立的电子芯片。由于集成电路具有体积小、可靠性高、成本低、适应性强等优点，因而被广泛用于汽车电子工业上。

用集成电路开发的电压调节器体积很小，可方便地安装在发电机内部与发电机组成一个整体，故装有集成电路调节器的交流发电机又称为整体式交流发电机。

集成电路调节器根据发电机的电压信号,利用三极管的开关特性来控制发电机的磁场电流,达到稳定发电机输出电压的目的。

根据输入电压信号检测点的不同,集成电路调节器的基本电路又可分为发电机电压检测法和蓄电池电压检测法。图1.26(a)所示的电路采用发电机电压检测法,图1.26(b)所示的电路采用蓄电池电压检测法。

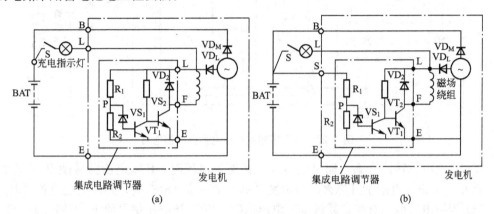

图1.26 集成电路调节器的基本电路
(a)发电机电压检测法;(b)蓄电池电压检测法

发电机电压检测法与蓄电池电压检测法的区别在于:前者控制电路所取信号直接来自于发电机的输出端,后者则来自于蓄电池端。

相比而言,采用发电机电压检测法,可省去信号输入线,缺点是当发电机至蓄电池电路上的压降损失较大时,可导致蓄电池的端电压偏低引起蓄电池充电不足。因此,一般大功率发电机多采用蓄电池电压检测法,使蓄电池的端电压得以保证。但采用蓄电池电压检测法后,若发电机的电压输出线或信号输入线断路时,由于无法检测发电机的工作情况,会造成发电机失控。故在大多数实用电路的设计中,对具体电路作了相应改进。

2. 夏利轿车集成电路调节器

图1.27为夏利轿车用集成电路调节器电路图。该调节器内有一IC电路,它的"IG"端经点火开关接至蓄电池,用于检测蓄电池和发电机电压,从而控制三极管VT_2的导通与截止。它的P端接至发电机定子绕组某一相上,该点电压为交流发电机直流输出电压的一半。单片集成电路调节器从P端检测到交流发电机的电压,从而控制三极管VT_1的导通与截止。

该调节器的工作原理如下。

(1)接通点火开关,发电机未运转时,蓄电池电压经点火开关加到发电机的"IG"端和调节器的"IG"端,IC电路检测出该电压,使VT_2导通,于是磁场电路接通。其电路为:蓄电池"+"极→发电机"B"端→磁场绕组→调节器"F"端→$VT_2(c→e)$→E端→搭铁→蓄电池"-"极。

此时,发电机不发电,P端电压为零,IC电路检测出该电压,使VT_1导通,于是充电指示灯亮,指示蓄电池放电。

充电指示灯电路为:蓄电池"+"极→点火开关→充电指示灯→"L"端→$VT_1(c→e)$→E端→搭铁→蓄电池"-"极。

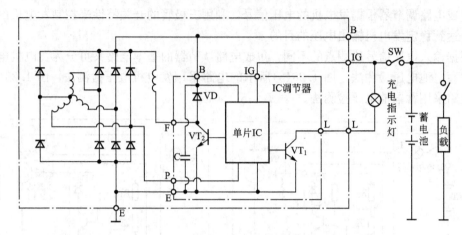

图 1.27　夏利轿车用集成电路调节器电路

(2) 当发电机转速升高，输出电压大于蓄电池电压时，P 端电压信号使 IC 电路控制 VT_1 截止，于是充电指示灯熄灭，指示发电机开始向蓄电池充电，并向用电设备供电。

(3) 当发电机电压升高，超过调节电压值时，"B"端电压信号使 IC 电路控制 VT_2 截止，切断了磁场电流，使发电机电压下降。当发电机电压下降到低于调节电压值时，IC 电路又控制 VT_2 导通，磁场电流又接通，发电机电压又升高，该过程反复进行，使"B"端电压稳定于调节电压值。

(4) 当磁场电路断路使发电机不发电时，P 端电压为零，IC 电路检测出该点电压信号后便控制 VT_1 导通，使充电指示灯亮，从而告知驾驶员充电系统出现故障。

(5) 发电机运行中，若发电机输出端"B"与蓄电池正极的连线断开，IC 电路仍能检测出发电机"B"端电压，使调节器仍然正常工作，防止了发电机输出电压过高。

3. 广州本田飞度轿车发动机电脑控制的电压调节器

图 1.28 为广州本田飞度轿车直列 4 缸发动机配用的发电机调节器电路图，发电机整流器为六管。调节器为内装式外搭铁型，由发电机计算机控制。

在汽车电路中有一个负载检测器(ELD)，检测电路中总电流负载大小，送信号到计算机，调节器 C 接线端子送发电机电压信号到计算机，计算机根据这两个信号判断磁场电路应该接通还是断开，输出控制信号到 FR 端子，驱动调节器的控制电路，适时地接通和断开磁场绕组电路，以此控制发电机的输出电压。

1.2.5　内装集成电路调节器的检查

由于集成电路调节器都是用环氧树脂封装或塑料模压而成的全密封结构。因此，损坏或失调后，只能更换而无法修复或调整，故只需检查出调节器好坏即可。

判断集成电路调节器好坏的最简单的方法是就车检查。检查之前，应首先明确发电机、集成电路调节器与外部连接端子的含义。

带有集成电路调节器的整体式交流发电机与外部(蓄电池、线束)连线端子通常用 B+(或+B、BATT)、IG、L、S(或 R)和 E(或-)等符号表示，这些符号通常在发电机端盖上标出，其代表的含义如下：

B+(或+B、BATT)为发电机输出端子，用一根粗导线连接至蓄电池正极或起动机上。

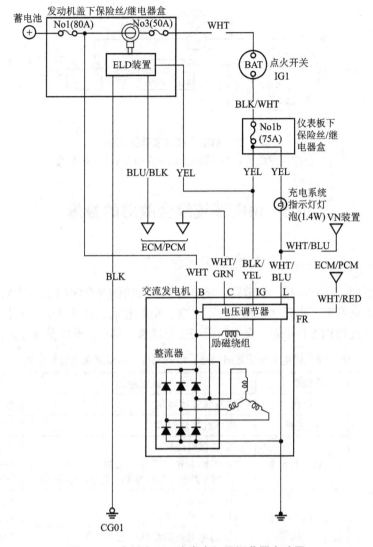

图1.28　广州本田飞度发电机及调节器电路图

C、FR—接电脑；L—接充电指示灯；IG—接点火开关；B—发电机输出接柱

IG通过线束连接至点火开关，有的发电机上无此端子。

L为充电指示灯连接端子，通过线束接充电指示灯或充电指示继电器。

S(或R)为调节器的电压检测端子，通过导线直接连接蓄电池的正极。

E为发电机和调节器的搭铁端子。

首先拆下整体式发电机上所有连接导线，在蓄电池正极和交流发电机L接线柱之间串联一只5A电流表，也可用12V、20W车用灯泡代替(对24V调节器可用24V、25W的车用灯泡)，再将可调直流稳压电源的"+"接至交流发电机的S接头，"-"与发电机外壳或E相接，如图1.29所示。

连接好电路后，调节直流稳压电源，使电压缓慢升高，直至电流表指示0或测试灯泡熄灭，该直流电压就是集成电路调节器的调节电压值。若该值在13.5～14.5V的范围内，说明集成电路调节器正常。否则，说明该集成电路调节器有故障。

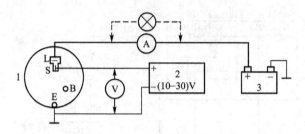

图 1.29 集成电路调节器的检查
1—交流发电机；2—可调直流稳压电源；3—蓄电池

1.3 供电系统综合故障的检修

1.3.1 供电系统的故障部位、故障原因及排除方法

发动机运转时，由发电机、调节器、蓄电池等组成的供电系统的工作情况，可通过充电指示灯或电流表来判断。当充电系统出现不充电、充电电流过大或过小、充电电流不稳定等故障时，应及时进行检查并排除。充电系统的故障现象、部位、原因及排除方法见表 1-8。

表 1-8 供电系统的故障现象、故障部位、故障原因及排除方法

故障现象	故障部位		故障原因	排除方法
不充电（电流表指示放电或充电指示灯亮）	接线		接线断开或脱落	修理
	电流表		损坏或接线错误	更换、改接
	发电机不发电		① 二极管烧坏 ② 电刷卡死与滑环不接触 ③ 定子或转子绕组断路、短路、绝缘不良	更换 更换、修理 更换、修理
	调节器	调节电压过低	① 调整不当 ② 触点接触不良	调整 修理
			① 高速触点烧结在一起 ② 内部断路或短路	更换 更换、修理
		磁场继电器工作不良	① 继电器线圈或电阻断路、短路 ② 触点接触不良 ③ 大功率管断路或其他元件断路、短路	更换 修理 更换
充电电流过小（起动性能变差，灯光变暗）	接线		接头松动	修理
	发电机发电不足		① 发电机皮带过松 ② 个别二极管损坏 ③ 电刷接触不良，滑环油污 ④ 转子绕组局部短路，定子绕组局部短路或接头松开	调整 更换 修理 更换、修理
	调节器		① 电压调整偏低 ② 触点脏污或接触不良	调整 修理

续表

故障现象	故障部位	故障原因	排除方法
充电电流过大（灯丝易烧坏、蓄电池电解液消耗过快）	调节器	①调整不当 ②触点脏，高速触点接触不良 ③线圈断路、短路 ④加速电阻断路低速电阻烧结 ⑤功率晶体管击穿	调整 修理、更换 修理、更换 修理、更换 更换
充电电流不稳定（电流表指针摆动）	接线	各连接处松动，接触不良	修理
	发电机	①皮带过松 ②转子或定子绕组有故障 ③电刷压力不足，接触不良 ④接线柱松动，接触不良	调整 修理、更换 修理、更换 修理
	调节器 调节作用不稳定 触点式	①触点脏污，接触不良 ②线圈、电阻有故障	修理 修理
	调节器 调节作用不稳定 电子式	①连接部分松动 ②电子元件性能变坏	修理 更换
	调节器 继电器工作不良	①继电器线圈或电阻断路、短路 ②触点接触不良	更换 修理、更换
发电机有异响（机械故障）	发电机	①发电机安装不当，连接松动 ②发电机轴承损坏，转子与定子相碰撞 ③二极管短路、断路、定子绕组断路	修理 修理、更换 修理、更换

1.3.2　上海大众 SANTANA 2000 系列轿车供电系统电路分析

上海大众 SANTANA 2000 系列轿车供电系统电路如图 1.30 所示，交流发电机为整体式结构，集成电路调节器与电刷组件组成一个整体安装在发电机内部。整流电路中带中性点整流输出和励磁整流管，共 11 只整流管构成。位于仪表板的发光二极管式充电指示灯通过中央线路板与发电机"D+"端子连接，监视发电机的工作状况。接通点火开关，发动机不工作时充电指示灯点亮，进行充电指示灯的自检；发动机运转时充电指示灯熄灭，表明充电系统工作正常；发动机运转时，充电指示灯点亮，表明充电系统出现故障。

1.3.3　上海通用别克轿车供电系统电路分析

上海通用别克轿车供电系统电路如图 1.31 所示，交流发电机为整体式结构，采用多功能固态调节器。发电机三相绕组为三角形连接方式，整流电路中带 6 只整流管构成三相全波桥式整流电路。发动机运行时，动力系统控制模块(PCM)通过"L"端子、"225"号线路控制发电机"L"端子，控制发电机工作和充电指示灯工作。动力系统控制模块通过"F"端子、"23"号线路监视发电机"F"端子电压，通过动力系统控制模块 2 级串行数据接口向仪表组件 2 级串行数据接口传送数据，控制充电指示灯工作。接通点火开关，发动机不工作时充电指示灯点亮，进行充电指示灯的自检；发动机运转时充电指示灯熄灭，表明充电系统工作正常；发动机运转时，充电指示灯点亮，表明充电系统出现故障。

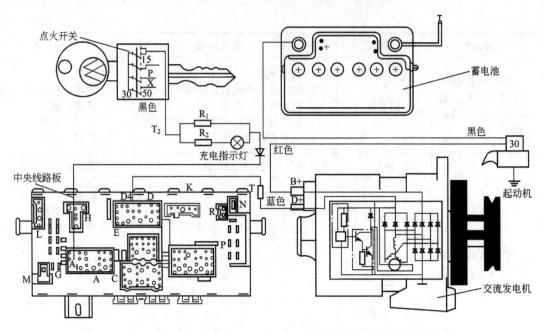

图 1.30 上海大众 SANTANA 2000 系列轿车供电系统电路

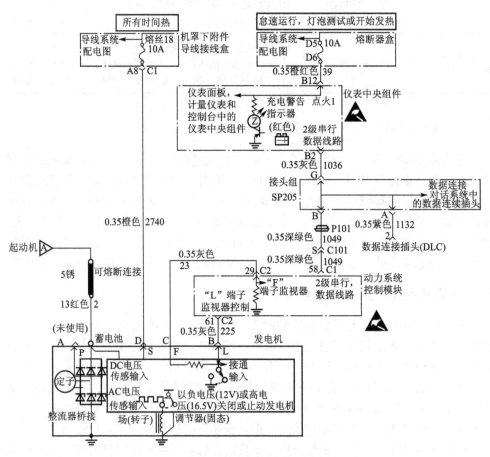

图 1.31 上海通用别克轿车供电系统电路分析

1.4 项目实训

1.4.1 蓄电池的恒流充电

1. 实训目的和要求

（1）掌握蓄电池的充、放电工作特性。
（2）掌握蓄电池充电的方法。

2. 实训仪器和设备

铅酸蓄电池、万用表、充电机、密度计、吸液器、温度计。

3. 实训步骤

蓄电池的充电作业方法通常有：恒压充电、恒流充电和脉冲快速充电三种。从延长蓄电池使用寿命角度出发，建议采用恒流充电方式。

蓄电池的充电作业根据使用情况，分初充电和补充充电两种工艺过程。

参见表1-8选择蓄电池，采用恒流充电方法对蓄电池进行充电作业，将充电过程蓄电池参数的变化记录在表1-9中。

表1-8 蓄电池恒流充电规范

蓄电池型号	额定容量 C_{25}/(A·h)	额定电压/V	初充电				补充充电			
			第一阶段		第二阶段		第一阶段		第二阶段	
			充电电流/A	时间/h	充电电流/A	时间/h	充电电流/A	时间/h	充电电流/A	时间/h
3-Q-75	75	6	5.25	30~40	2.25	25~30	7.5	10~12	3.75	3~5
3-Q-90	90	6	6.3	30~40	2.7	25~30	9	10~12	4.5	3~5
3-Q-120	120	6	8.4	30~40	3.6	25~30	12	10~12	6	3~5
6-Q-60	60	12	4.2	30~40	1.8	25~30	6	10~12	3	3~5
6-Q-90	90	12	6.3	30~40	2.7	25~30	9	10~12	4.5	3~5
6-Q-105	105	12	7.35	30~40	3.15	25~30	10.5	10~12	5.25	3~5
6-Q-120	120	12	8.4	30~40	3.6	25~30	12	10~12	6	3~5
6-QA-36	36	12	2.5	30~40	1	25~30	3.6	10~12	1.8	3~5
6-QA-40	40	12	2.8	30~40	1.2	25~30	4	10~12	2	3~5
6-QA-60	60	12	4.2	30~40	1.8	25~30	6	10~12	3	3~5
6-QA-75	75	12	5.25	30~40	2.25	25~30	7.5	10~12	3.75	3~5
6-QA-100	100	12	7	30~40	3	25~30	10	10~12	5	3~5

表1-9 蓄电池充电记录(环境温度/℃)

蓄电池规格型号				充电机规格型号		
充电前蓄电池状态		密度: ;端电压: ;高率放电计测量电压值: ;剩余电量: 。				
一阶段充电记录	时间/h					
	密度/(g/cm³)					
	端电压/V					
	内部温度/℃					
二阶段充电记录	时间/h					
	密度/(g/cm³)					
	端电压/V					
	内部温度/℃					
充电后蓄电池状态		密度: ;端电压: ;高率放电计测量电压值: ;剩余电量: 。				

4. 注意事项

(1) 严格遵守各种充电方法的操作规范。

(2) 充电过程中,要及时检查记录各单格电池电解液密度和端电压。在充电初期和中期,每2h检查记录一次即可,接近充电终了时,每1h检查记录一次。如发现个别单格电池的端电压和电解液密度上升比其他单格电池缓慢,甚至变化不明显时,应停止充电,及时查明原因,消除故障。或单独进行小电流充电,使其恢复正常后,再与其他电池一起充电。

(3) 整个充电过程中必须随时测量各单格电池的温度,以免温度过高影响蓄电池的性能。当电解液温度上升到40℃时,应立即将充电电流减半,减小充电电流后,如果电解液温度仍继续升高,应该停止充电,待温度降低到35℃以下时,再继续充电,也可以采用风冷或水冷的方法降温。

(4) 初充电作业应连续进行,不可长时间间断。

(5) 充电时,应旋开出气孔盖,使产生的气体能顺利逸出,以免发生事故。

(6) 充电室要安装通风和防火设备,在充电过程中,严禁烟火。

1.4.2 交流发电机的检测与维护

1. 实训目的和要求

(1) 掌握交流发电机的就车检测。

(2) 掌握交流发电机的拆卸与安装。

(3) 掌握交流发电机解体后的检测。

2. 实训仪器和设备

汽车专用万用表4台,台架发动机4台,工具箱2套。

3. 实训步骤

1) 交流发电机的就车检测

(1) 检测发电机充电指示灯。当发电机正常运转时充电指示灯应熄灭。打开点火开关不起动发动机时，如果仪表板上的充电指示灯没有点亮，说明充电存在故障，如充电指示灯保险丝可能已熔断、指示灯灯泡已损坏。

(2) 检查传动带的外观。查看传动带有无裂纹、传动带的磨损状况、带与带轮的啮合状况。

(3) 检查传动带的挠度。用30~50N的力按下传动带，挠度应为10~15mm。

(4) 检查有无噪声。

(5) 检查导线连接情况。"B"接线柱必须加装弹簧垫圈。

(6) 发电机外部励磁电路。检查有无电压输入。拔出发电机励磁电路的连接插头，用万用表检查针孔有无电压信号。

(7) 发电机内部励磁电路。检查发电机转子轴有无磁性。用铁质金属体靠近发电机转子轴，如果转子轴将铁质金属体吸引，说明发电机励磁电路正常工作，若无吸引力则需分解发电机检测。

(8) 发电机电压测试（如果汽车装有催化式排气净化装置，发动机运转时间不超过5min）。

①在发动机停转时，测基准电压（蓄电池电压）。

②起动发动机，保持在2000r/min，在不使用电气设备的情况下，测蓄电池电压，应比参考电压略高，不超过2V。

2) 交流发电机零部件的检测

(1) 转子的检测。

① 转子绕组短路与断路的检查：用数字万用表的低电阻挡检测两集电环之间的电阻，应符合技术标准。若阻值为"∞"，则说明断路；若阻值过小，则说明短路。一般阻值约为3.5~6Ω，如图1.32所示。

② 转子绕组搭铁检查：即检查转子绕组与铁心（或转子轴）之间的绝缘情况。用万用表导通挡检测两集电环与铁心（或转子轴）之间的导通情况。若为零且万用表发出响声，说明有搭铁故障，正常应为"∞"，如图1.33所示。

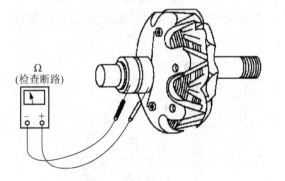

图1.32 转子绕组短路、断路检查

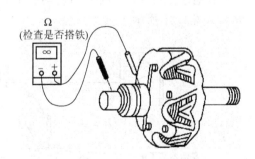

图1.33 转子绕组绝缘检查

③ 集电环的检查：集电环表面应平整光滑，无明显烧损，否则用"0"号砂布打磨。两集电环间隙处应无积物。集电环圆度误差不超过0.025 mm，厚度不小于1.5 mm。

④ 转子轴检查：用百分表检查轴的弯曲，弯曲度不超过 0.05 mm（径向圆跳动公差不超过 0.1 mm），否则应予以校正。爪形磁极在转子轴上应固定牢靠、间距相等。转子轴受径向力较小，弯曲度一般不会超过规定值。

(2) 定子的检测。

① 定子绕组短路与断路的检查：用数字万用表的低电阻挡位检测定子绕组三个接线端，两两相测。正常时，阻值小于1Ω且相等。阻值为"∞"，说明断路；阻值为零，说明短路，如图 1.34 所示。

② 定子绕组搭铁检查：即检查定子绕组与定子铁心间绝缘情况。用数字万用表导通挡测定子绕组接线端与铁心间的电阻，若电阻过小（表内发出响声），说明有绝缘不良故障，正常应指示"∞"，如图 1.35 所示。

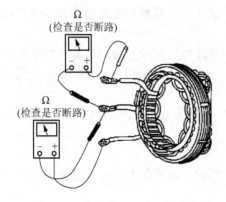
图 1.34 定子绕组短路、断路检查

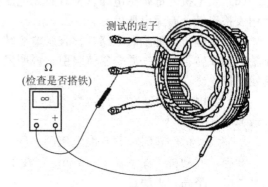
图 1.35 定子绕组绝缘检查

(3) 整流器的检查（主要是整流二极管）。

① 检测正极管：用数字万用表的导通挡位，黑表笔接整流器输出端子，红表笔分别接整流器各接柱，万用表均应导通，否则说明该二极管断路，应更换整流器总成；调换两表笔进行测试，此时万用表均应不导通，否则说明二极管短路，亦应更换整流器总成，如图 1.36 所示。

② 检测负极管：用数字万用表的导通挡位，红表笔接整流器负极管的外壳，黑表笔分别接整流器各接柱，万用表均应导通，否则说明该二极管断路，应更换整流器总成；调换两表笔进行测试，此时万用表均应不导通，否则说明二极管短路，亦应更换整流器总成，如图 1.37 所示。

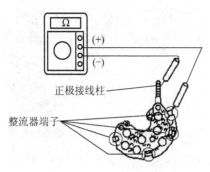
图 1.36 正极管的检查

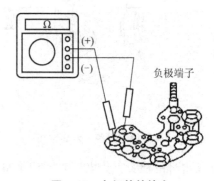
图 1.37 负极管的检查

③ 电刷组件的检查：电刷表面不得有油污，且应在电刷架中活动自如，电刷磨损不得超过原高度的 1/2（标准长度为 10.5 mm）；当电刷从电刷架中露出 2 mm 时，电刷弹簧力一般为 2～3 N；电刷架应无烧损，破裂或变形。

3）交流发电机的整机检测

（1）用万用表检测。

在发电机不解体时，用万用表测量各接线柱间的电阻值，可初步判断发电机是否有故障，其方法是用万用表 R×1 挡测量发电机 F 与 E 之间的电阻值、发电机 B 与 E 之间的电阻值，并记录下所测各值，与相应的标准值（几种交流发电机各接柱之间的电阻见表 1-10）比较。

表 1-10 常见交流发电机各接柱之间电阻标准值

交流发电机型号		F 与 E 间/Ω	B 与 E 间		N 与 E 间	
			正向/Ω	反向/Ω	正向/Ω	反向/Ω
有刷	JF11、JF13、JF15、JF21	5～6	40～50	>10000	10	>10000
	JF12、JF22、JF23、JF25	19.5～21				
无刷	JFW14	3.5～3.8				
	JFW28	15～16				

① F 与 E 之间的电阻。若超过规定值，可能是电刷与集电环接触不良；若小于规定值，可能是励磁绕组有匝间短路或搭铁故障；若电阻为零，可能是两个集电环之间有短路，或者 F 接线柱有搭铁故障。

② B 与 E 之间的电阻值。若示值在 40～50Ω 以上，可认为无故障；若示值在 10Ω 左右，说明有失效的整流二极管，需拆检；若示值为零，则说明有不同极性的二极管被击穿，需拆检。

若交流发电机有中性抽头接线柱（N），用万用表 R×1 挡，测 N 与 E 以及 N 与 B 之间的正反向电阻值，可进一步判断故障在正极管还是在负极管。

（2）交流发电机的就车检验法。

就车检验法就是在汽车上进行的检验。关掉点火开关，临时拆下蓄电池搭铁线，将一块 0～40A 的电流表串接到发电机输出（B）接线柱与原接线之间，再将一块 0～50 V 的电压表接到 B 与 E 之间，连接好蓄电池的搭铁线。起动发动机，并提高转速，当发电机转速为 2500r/min 时，电压应在 14V 或 28V 以上，电流应在 10A 左右。此时打开前照灯、刮水器等负载，电流若为 20A 左右，则表明发电机工作正常。

（3）用实验法检测。

将发电机按图 1.38 所示的接线方法装夹在专用试验台上，进行发电机空载试验和负荷试验，测出发电机在空载和满载情况下发出额定电压时对应的最小转速，从而判断发电机的工作是否正常。

① 空载试验。合上开关 S_1，由蓄电池供给发电机励磁电流进行他励，当发电机转速为 1000r/min（用转速表测量）时，对标称电压为 12V 的发电机电压应为 14 V，对标称电压为 24 V 的发电机电压应为 28 V。

② 负荷试验。断开开关 S_1，发电机转为自励，合上开关 S_2，调节可调电阻 R，在发

电机转速为 1000 r/min 时，发电机电压应大于 12 V 或 24 V；在发电机转速为 2500 r/min 时，电压应达到 14 V 或 28 V，电流应达到或接近该发电机的额定电流。

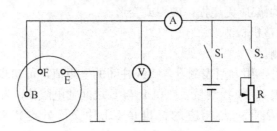

图 1.38　交流发电机实验接线方法

4. 注意事项

(1) 安装或者拆卸发电机皮带时，一定不要起动发动机。

(2) 在解体过程中，若遇转子轴与轴承配合过紧时，应当使用拉力器拆卸，如无拉力器，可用橡胶锤轻击使之分离。

(3) 发电机分解后，应用压缩空气吹进内部的灰尘，并用汽油清洗各部件油污（绕组和电刷组件除外），然后再检修。

(4) 有的车型的交流发电机有故障时，不能分解修理，必须整体更换。

1.4.3　供电系统综合故障排除

1. 实训目的和要求

掌握充电系的综合故障排除方法。

2. 实训仪器和设备

(1) 充电、着车性能良好的发动机实验台架两台或汽车两辆。

(2) 常用工具两套，万用表两个，导线、试灯若干。

3. 实训步骤

按照从简单到复杂、从外到内的故障排除顺序进行：

(1) 检查皮带松紧度及磨损状况。

(2) 检查各接线柱链接是否牢靠，确保无氧化、脏污现象。

(3) 短接调节器给发电机直接励磁看发电机是否发电。

(4) 检查充电系线路。

(5) 拆检发电机。

4. 注意事项

(1) 检测发电机电枢"B+"时，注意此点电压不受点火开关控制，严禁其引线搭铁短路。

(2) 严禁使用搭铁试火法，检测线路节点是否有电。

(3) 工作过程中注意用电安全。

小　　结

　　蓄电池是一种既能将化学能转化为电能，也能将电能转换为化学能的可逆低压直流电源。

　　发动机起动时，蓄电池向汽车供电。发动机停止运转或怠速时，汽车也由蓄电池供电。

　　当汽车出现供电需求超过发电机输出电量时，蓄电池也参与供电。

　　蓄电池可以缓和电气系统中的冲击电压。

　　蓄电池的构造主要包括极板、隔板、电解液和外壳等。

　　蓄电池正极板上的活性物质是二氧化铅，负极板上的活性物质是海绵状纯铅。

　　电解液由蒸馏水和纯硫酸组成，其相对密度为 $1.12\sim1.308\text{g/cm}^3$。

　　蓄电池在放电过程中，正负极板上的活性物质都转变为硫酸铅。

　　蓄电池的型号中第一部分表示蓄电池的单格数，第二部分表示蓄电池的类型，第三部分表示极板类型，第四部分表示额定容量，第五部分表示特殊性能。

　　蓄电池放电终了的特征是单格电压降低到最低允许值，电解液密度下降到最低允许值。

　　蓄电池充电终了的特征是单格电压上升到最大值；电解液密度上升到最大值；电解液呈沸腾状况。

　　蓄电池容量的单位为安培小时（A·h），常用的容量有额定容量和起动容量。

　　影响蓄电池容量的影响因素有：放电电流、电解液的温度和电解液的密度。

　　接通起动机的时间不要超过5s，两次起动之间的间隔为15s。

　　如果能确认蓄电池的电解液没有泄漏，在电解液不足时，应补加蒸馏水。

　　蓄电池的充电方法有定电流充电、定电压充电和快速充电等。

　　充电种类有初充电、补充充电、去硫化充电等。

　　蓄电池极板硫化的原因主要是长期充电不足，电解液不足等。

　　蓄电池技术状况的检查主要包括电解液液面高度的检查，电解液密度的检查等。

　　交流发电机由转子、定子、整流器、端盖与电刷总成等部分组成。

　　交流发电机的转子为一旋转磁场，磁力线与定子绕组之间产生相对运动，产生交流电动势，然后通过三相桥式整流电路，把交流电转化为直流电，供给汽车上的用电设备。

　　交流发电机的整流有6管整流、8管整流、9管整流、11管整流。工作原理大同小异。

　　交流发电机的特性有空载特性、输出特性和外特性，其中以输出特性最为重要。

　　交流发电机的维护包括单机静态测试与交流发电机零部件的检查。

　　单机静态测试包括各接线柱间阻值测量、试验台动态试验与交流发电机的就车检验。

　　交流发电机零部件的检查包括硅二极管的检查、定子绕组的检查、励磁绕组的检查、转子轴的检查、集电环的检查与电刷的检查。

　　交流发电机转子转速及负载在很大范围内变化，均可引起发电机的输出电压发生较大变化，因此交流发电机必须配备电压调节器，使其输出电压保持稳定。

　　集成电路电压调节器将所有的二极管、晶体管的管芯都集成在一块基片上，实现了调节器的小型化，并将其装在发电机内部，减少了外部线路，缩小了整个充电系统的体积。

电压调节器有内外搭铁的区别，必须与发电机匹配使用。

在某种特殊情景下，电压调节器与交流发电机的内外搭铁形式不能匹配时，可以临时替代使用，但其线路连接也应做相应的改动。

集成电路电压调节器的检查包括 3 引线集成电路电压调节器的测试与 4 引线集成电路电压调节器的测试。

交流发电机的常见故障有不发电、充电电流过小、充电电流过大、充电不稳等。

由发电机、调节器、蓄电池等组成的充电系统的故障，可以根据电路图，通过充电指示灯的工作状况、利用检测仪器进一步判断。

习　　题

一、填空题

1. 蓄电池每个单格的电压为＿＿＿＿＿。汽油车起动电压一般为＿＿＿＿＿V，柴油车起动电压一般为＿＿＿＿＿V。

2. 汽车蓄电池是一种储存电能的装置，一旦连接外部负载或接通充电电路，便开始了它的能量转换过程。在放电过程中，蓄电池中＿＿＿＿＿能转变成＿＿＿＿＿能；在充电过程中，＿＿＿＿＿能被转变成＿＿＿＿＿能。

3. 蓄电池正极板的活性物质为＿＿＿＿＿，呈＿＿＿＿＿色；负极板的活性物质为＿＿＿＿＿，呈＿＿＿＿＿。

4. 极板是蓄电池的核心部分，它分为＿＿＿＿＿和＿＿＿＿＿。

5. 蓄电池是否放电终了，可通过测量其＿＿＿＿＿和＿＿＿＿＿来判断。

6. 蓄电池充放电的化学反应方程式为＿＿＿＿＿。蓄电池充电时电解液的密度＿＿＿＿＿，主要原因是＿＿＿＿＿。

7. 单格蓄电池的终止电压是＿＿＿＿＿V。

8. 三相同步发电机主要由＿＿＿＿＿、＿＿＿＿＿、＿＿＿＿＿、＿＿＿＿＿、风扇与带轮等组成。

9. 定子总成的作用是＿＿＿＿＿，它由＿＿＿＿＿和＿＿＿＿＿组成。

10. 转子总成的作用是＿＿＿＿＿，它由转子轴、磁轭、＿＿＿＿＿、＿＿＿＿＿和＿＿＿＿＿组成。

11. 三相同步交流发电机定子绕组多为＿＿＿＿＿连接，一般接有＿＿＿＿＿线。

12. 交流发电机在输出电压建立前采用＿＿＿＿＿发电，在输出电压建立后采用＿＿＿＿＿发电。

13. 交流发电机产生交流电的装置是＿＿＿＿＿。

14. 压装在散热板上的三只硅二极管，引线为正极，外壳为负极，称为＿＿＿＿＿，引线端一般涂有＿＿＿＿＿标记；压装在后端盖上的二极管，引线为负极，外壳为正极，称为＿＿＿＿＿，引线端一般涂有＿＿＿＿＿标记。

15. 三相同步交流发电机中，每相电动势有效值的大小与转子的＿＿＿＿＿和磁极＿＿＿＿＿的乘积成正比。

16. 三个正极管子导通的条件是，在某一瞬时＿＿＿＿＿最高的那个管子导通。

17. 十一管硅整流发电机的整流器总成由六只_____二极管、三只_____二极管和两只_____二极管组成。

18. 空载特性是指交流发电机空载时，_____随_____的变化关系。

19. 从输出特性曲线可以看出，硅整流发电机具有自身限制_____的能力。

20. 汽车充电指示灯用来表示_____的工作情况，大多数汽车在灯亮时表示_____，灯灭时表示_____。

二、判断题

1. 在单格电池中，正极板的数量总比负极板多一片。（   ）
2. 蓄电池液面应高出极板 10～15mm。（   ）
3. 在放电过程中，正负极板上的活性物质都转变为硫酸铅。（   ）
4. 蓄电池在放电过程中，电解液相对密度是逐渐升高的。（   ）
5. 电解液密度越大，则蓄电池的容量越大。（   ）
6. 蓄电池电解液不足，可加注自来水。（   ）
7. 铅锑合金中加锑的目的是为了提高力学强度和改善浇铸性能，所以多加锑比少加锑好。（   ）
8. 铅-低锑合金栅架的含锑量一般不超过 2%～3%。（   ）
9. 使用中电解液液面低于规定值时宜加蒸馏水补足。（   ）
10. 为了防止电解液溢出，在汽车行驶时，应将其加液孔封闭。（   ）
11. 在充、放电过程中，正、负极板上的活性物质全部都参加电化学反应。（   ）
12. 蓄电池的容量等于在放电允许条件下，恒定的放电电流与连续放电时间的乘积。（   ）
13. 交流发电机的中性点电压等于发电机直流输出电压的一半。（   ）
14. 交流发电机在正常工作时自励发电。（   ）
15. 九管整流器比六管整流器增加的三个二极管控制磁场电流。（   ）
16. 汽车用交流发电机在任何转速下都能发电。（   ）
17. 现代轿车发电机检查时可用搭铁试火法。（   ）
18. 汽车用交流发电机是由一台三相异步交流发电机和一套硅整流器组成。（   ）
19. 交流电的瞬时电压使二极管正极电位高于负极电位时就导通。（   ）
20. 发电机过载时，蓄电池能协助发电机供电。（   ）
21. 奥迪 100 轿车采用十一管交流发电机。（   ）
22. 汽车上蓄电池与发电机串联使用。（   ）
23. 蓄电池向发电机供电时，必须通过调节器。（   ）

三、选择题

1. 将同极性极板并联在一起形成极板组的目的是（   ）。
    A. 提高端电压   B. 增大容量   C. 提高电动势
2. 安装隔板时，隔板带沟槽的一面应向着（   ）。
    A. 负极板   B. 正极板   C. 无要求
3. 我国规定，起动型铅蓄电池内电解液液面应高出防护片（   ）。
    A. 5～10mm   B. 10～15mm   C. 15～20mm

4. 在充电过程中电解液的密度（　　）。
   A. 加大　　　　　　B. 减小　　　　　　C. 不变
5. 铅蓄电池在放电过程中，端电压（　　）。
   A. 上升　　　　　　B. 不变　　　　　　C. 下降
6. 随放电电流的加大，蓄电池的容量（　　）。
   A. 加大　　　　　　B. 不变　　　　　　C. 减小
7. 无须维护蓄电池是指使用中（　　）。
   A. 根本不需维护　　　　　　　　B. 3～4 年不必加蒸馏水
   C. 3～4 个月不必加蒸馏水
8. 使用一段时间的蓄电池进行充电叫作（　　）。
   A. 补充充电　　　B. 初充电　　　C. 去硫化充电
9. 定电流充电法（　　）。
   A. 可将数只蓄电池并联充电　　　B. 会严重影响蓄电池寿命
   C. 适用于快速充电　　　　　　　D. 可将数只蓄电池串联充电
10. 蓄电池电解液液面降低应及时添加（　　）。
    A. 蒸馏水　　　B. 浓硫酸　　　C. 电解液　　　D. 稀硫酸
11. 汽车正常行驶时，充电指示灯由亮转灭，说明（　　）。
    A. 发电机处于他励　　　　　　B. 发电机处于自励
    C. 充电系统有故障　　　　　　D. 以上说法都不对

四、名词解释

1. 初充电
2. 极板硫化
3. 正极管
4. 输出特性

五、简答题

1. 蓄电池主要有哪些部分组成？
2. 试写出蓄电池充电过程、放电过程的反应方程式。
3. 简述蓄电池的充电特性和放电特性。
4. 什么是蓄电池的额定容量？其影响因素有哪些？
5. 蓄电池有哪些充电方法？
6. 简述蓄电池的常见故障及其原因。
7. 交流发电机工作原理是什么？有何特点？
8. 交流发电机主要组成部件有哪些？其作用如何？
9. 怎样检修交流发电机？
10. 简述交流发电机的输出特性、空载特性的外特性。

项目 2

汽车起动系统的检修

知识要求	掌握起动机的组成； 掌握起动机的工作原理； 掌握起动系统的常见故障检修
能力要求	掌握起动机的拆装方法； 掌握起动机的故障检修方法； 熟练掌握起动机在发动机上的安装方法

项目导读

发动机必须依靠外力带动曲轴旋转后，才能进入正常工作状态，通常把汽车发动机曲轴在外力作用下，从开始转动到怠速运转的全过程，称为发动机的起动。起动系统的作用就是供给发动机曲轴足够的起动转矩，以便使发动机曲轴达到必需的起动转速，使发动机进入自行运转状态。当发动机进入自由运转状态后，便结束任务立即停止工作。

发动机常用的起动方式有人力起动、辅助汽油机起动和电力起动机起动。人力起动是用手摇或绳拉，属于最简单的一种，现代汽车上仍有部分车型将人力手摇起动作为后备方式保留，有些车型则已取消。辅助汽油机起动方式只在少数重型汽车上采用。电力起动机起动是由直流电动机通过传动机构将发动机起动的，它具有操作简单，起动迅速可靠，重复起动能力强等优点。现代汽车上均采用这种方式，电力起动机简称为起动机，均安装在汽车发动机飞轮壳前端的座孔上，用螺栓紧固。

汽车起动系统由蓄电池、起动机和起动控制电路等组成，起动控制电路包括起动按钮或开关、起动继电器等。起动机的实物如图 2.1 所示。

图 2.1 起动机实物图

起动机在点火开关或起动按钮控制下，将蓄电池的电能转化为机械能，通过飞轮齿圈带动发动机曲轴转动。为增大转矩，便于起动，起动机与曲轴的传动比：汽油机一般为 13~17，柴油机一般为 8~10。

2.1 汽车起动机的检修

2.1.1 起动系统的组成和作用

1. 起动系统的组成

起动系统的组成如图 2.2 所示，主要由蓄电池、点火开关、起动继电器、起动机等组成。

2. 起动系统的作用

起动系统的作用是通过起动机将蓄电池的电能转换为机械能，起动发动机运转。

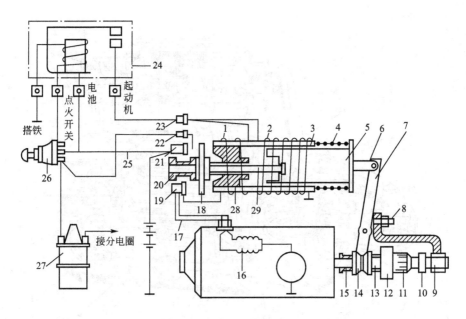

图2.2　起动系统的基本组成

1—吸引线圈；2—保持线圈；3—套筒；4—引铁复位弹簧；5—引铁；6—耳环；7—拨叉；
8—拨叉限位螺钉；9—止推垫圈；10—限位螺母；11—驱动齿轮；12—单向离合器；
13—缓冲弹簧；14—滑环；15—定位弹簧；16—磁场绕组；17—导电片；18—接触盘；
19、21—电动机开关接柱；20—接触盘复位弹簧；22—附加电阻短路开关接柱；
23—电磁开关接柱；24—起动继电器；25—附加电阻线；26—点火开关；
27—点火线圈；28—固定铁心；29—触盘顶杆

2.1.2　起动机的结构与工作原理

1. 起动机的组成

起动机的结构如图2.3所示。起动机一般由直流电动机、传动机构和电磁操纵机构3个部分组成，各部分的功用如下。

（1）直流电动机的作用是产生电磁转矩。

（2）传动机构的作用是起动时，使起动机小齿轮与飞轮齿圈啮合，并将起动机转矩传给发动机曲轴；起动后，使起动机小齿轮与飞轮齿圈脱开啮合。

（3）电磁操纵机构的作用是接通或切断起动机与蓄电池间的主电路，并产生驱动拨叉的电磁力。

2. 直流电动机的结构

汽车用起动电动机一般为串励式直流电动机，主要由电枢（转子）、换向器、磁极（定子）以及机壳等部件组成。

1）电枢与换向器

电枢由电枢轴、电枢铁心和电枢绕组等组成，电枢的结构如图2.4所示。

铁心由外圆带槽的硅钢片叠制而成，压装在电枢轴上，电枢绕组嵌装在铁心的槽内。为了得到较大的转矩，流经电枢绕组的电流很大，一般为200～600A，故电枢绕组采用较

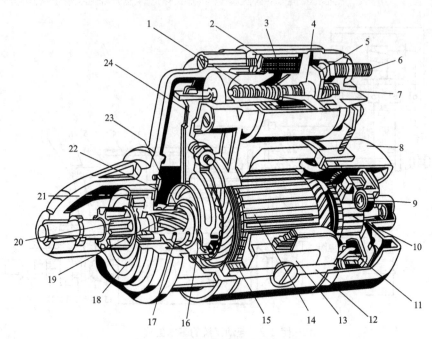

图 2.3　电磁啮合式起动机的结构

1—回位弹簧；2—保位线圈；3—吸拉线圈；4—起动开关外壳；5—接触盘；6—接线柱；
7—接触盘回位弹簧；8—后端盖；9—电刷弹簧；10—换向器；11—电刷；12—磁极；
13—磁极铁心；14—电枢；15—磁场绕组；16—移动衬套；17—缓冲弹簧；
18—单向离合器；19—电枢轴花键；20—驱动齿轮；21—罩盖；
22—制动盘；23—传动套筒；24—拨叉

粗的矩形裸铜线绕制。为了防止裸铜线绕组间短路，在铜线与铜线之间、铜线与铁心之间，用绝缘纸隔开。裸铜线在高速运转时易在离心力的作用下甩出，因此在铁心槽口两侧用轧线将铁心挤紧。电枢绕组各线圈的端头均焊接在换向器上。换向器由铜片和云母片相间叠压而成，压装在电枢轴上。

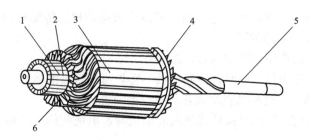

图 2.4　电枢的结构

1—换向器铜片；2—云母片；3—电枢铁心；4—电枢绕组；5—电枢轴；6—电枢绕组接线端

2）磁极

磁极由固定在机壳上的铁心和缠绕在铁心上的磁场绕组组成。磁极的作用是建立磁场，一般多为 4 个磁极，功率超过 7.35kW 的起动机也有用 6 个磁极的。磁场绕组与电枢绕组串联，用矩形裸铜线绕制。4 个磁场绕组的连接方式有两种，如图 2.5 所示。不管采用哪一种连接方式，4 个磁场绕组所产生的磁极应该是相互交错的。

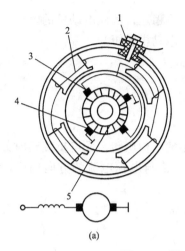
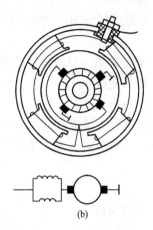

图2.5 磁场绕组的连接方式

(a) 4个绕组相互串联；(b) 两个绕组串联后并联

1—绝缘接线柱；2—磁场绕组；3—正电刷；4—负电刷；5—换向器

3）电刷与电刷架

电刷与电刷架的作用是将电流引入电动机。电刷一般用铜粉和石墨粉压制而成，以减小电阻，增加耐磨性。电刷装在电刷架中，借弹簧压力紧压在换向器上。电动机内装有4个电刷架，其中两个电刷架与机壳直接相连而搭铁，称为搭铁电刷架，如图2.6所示。

3. 直流电动机的工作原理

直流电动机将电能转变为机械能，其工作原理如图2.7所示。由于换向器的作用，在N极和S极间的导体电流方向保持不变，电磁力形成的转矩方向保持不变，使电枢始终按同一方向转动。

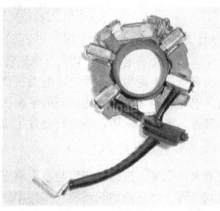

图2.6 电刷与电刷架实物图

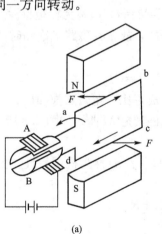
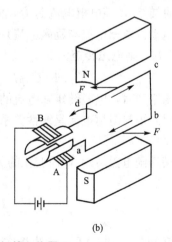

图2.7 直流电动机的工作原理

由于一个线圈所产生的转矩不够大,且转速不稳定,因此电动机的电枢上绕有多组线圈,换向器的片数也随线圈的增加而相应增加,电动机转矩为

$$M = C_m \phi I_S \tag{2-1}$$

式中：C_m——电机常数,与电机的结构有关；

ϕ——磁极磁通；

I_S——电枢电流。

当直流电动机接入电源时,产生的电磁转矩使电枢旋转,而电枢旋转时其绕组切割磁力线产生感应电动势,其方向按右手定则判断,恰与电枢电流的方向相反,称为反电动势,其大小为

$$E_f = C_m \phi n \tag{2-2}$$

式中：E_f——反电动势；

n——电动机的转速。

这样,外加电压 U 一部分降落在电枢绕组 R_S 和励磁绕组的电阻 R_L,另一部分则用来平衡电动机的反电动势 E_f,即

$$U = E_f + I_S R_S + I_S R_L \tag{2-3}$$

式(2-3)称为电动机的电压平衡方程式。由式(2-3)可得

$$I_S = \frac{U - E_f}{R_S + R_L} = \frac{U - C_m \phi n}{R_S + R_L} \tag{2-4}$$

当电动机轴上的阻力矩增大时,电枢转速就会降低,分别由式(2-2)、式(2-4)、式(2-1)可知 E_f 减小、电枢电流增大、电磁转矩也随之增大,直到电动机产生的电磁转矩与阻力矩达到新的平衡为止。反之,电动机负载减小时,电枢转速升高,电枢转矩也随之减小,直到电磁转矩与阻力矩达到新的平衡为止。可见,串励直流电动机,当负载发生变化时,其转速、电流和转矩,将会自动发生变化,以满足负载变化的需要。

4. 串励直流电动机的特性

在直流电动机中,按磁场绕组与电枢绕组的连接方式的不同,又可分为串励式、并励式和复激式3种。汽车用的起动机大多为串励式直流电动机,其具有如下特性。

1) 转矩特性

电动机电磁转矩 M 随电枢电流 I_S 变化的关系 $M = f(I_S)$ 称为转矩特性。

串励直流电动机电枢电流与励磁电流是相等的,故 ϕ 在磁路未饱和时,磁通与电流成正比,即 $\phi = C_1 I_S$。则电磁转矩为

$$M = C_m \phi I_S = C_m C_1 I_S^2 = C I_S^2 \tag{2-5}$$

即在磁路未饱和时,电磁转矩随电流的平方成正比；在磁路饱和后,电流增大,磁通保持不变,电磁转矩与电枢电流呈线性关系,电磁转矩 M 曲线如图2.8所示。

2) 机械特性

电动机的转速随电磁转矩 M 而变化的关系 $M = f(n)$ 称为机械特性。由电压平衡方程式可得

$$n = \frac{U - I_S(R_S + R_L)}{C_m \phi} \tag{2-6}$$

在磁路未饱和时,I_S 增大时,ϕ 也增大,其转速 n 将迅速下降,如图2.8中的曲线所

示。由于 $M \propto I_S^2$,所以串励直流电动机的转速随转矩的增加而迅速下降,即具有软的机械特性,如图2.9所示。

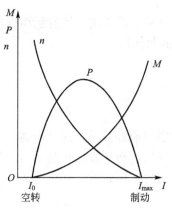

图2.8 直流串励电动机的电磁转矩特性曲线

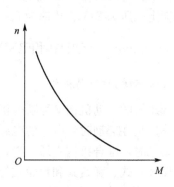

图2.9 直流串励电动机的机械特性

3) 起动机的功率及其影响因素

(1) 起动机的功率。起动机的功率 $P(\text{kW})$ 可由下式确定

$$P = \frac{Mn}{9550} \tag{2-7}$$

式中:M——起动机输出转矩,N·m;

n——起动机的转速,r/min。

起动机在全制动($n=0$)和空载($M=0$)时,其输出功率均为零,而在接近全制动电流的一半时其输出功率最大。由于起动机工作时间短,允许在最大功率状态下工作。通常将起动机的最大功率作为它的额定功率。

(2) 影响起动机功率的因素。起动机工作过程中电流很大,所以其输出功率受起动机内部的电阻影响较大,除此之外,还受以下几方面因素的影响。

① 接触电阻和导线电阻。接触电阻包括导线与蓄电池极桩、起动机接线柱以及起动机内电刷与换向器等的接触电阻。接触电阻大、导线截面积过小或过长,都会造成较大的电压降,而使起动机功率下降。

② 蓄电池的容量。蓄电池的容量越小,其内阻越大,起动时电动机的端电压就越低,此时会引起起动机的输出功率减小。

③ 温度。温度降低时,蓄电池的容量下降,其内阻变大,导致起动机输出功率下降。

5. 起动机的型号与分类

根据QC/T 72—93《汽车电器设备产品型号编制方法》规定,起动机的规格型号如下。

1️⃣ 2️⃣ 3️⃣ 4️⃣ 5️⃣

第一部分表示产品代号,起动机的产品代号QD、QDJ、QDY分别表示起动机、减速起动机及永磁起动机。

第二部分表示电压等级代号,1代表12V,2代表24V,6代表6V。

第三部分表示功率等级代号:"1"代表0~1kW,"2"代表1~2kW,…,"9"代表

8～9kW。

第四部分表示设计序号。

第五部分表示变型代号。

例如：QD124 表示额定电压为 12V、功率为 1～2kW、第 4 次设计的起动机；QD27E 表示额定电压为 24V、功率为 6～7kW、第 5 次设计的起动机。

2.1.3 起动机的传动机构和电磁操纵机构

1. 起动机的传动机构

起动机的传动机构又称啮合机构或啮合器，其主要组成部分是单向离合器。单向离合器的作用是在起动时将电枢的电磁转矩传递给发动机飞轮，而在发动机起动后，发动机带动起动机时，啮合机构立即打滑，即具有单向传递动力的作用。常见的单向离合器有滚柱式、摩擦片式、弹簧式和棘轮式等。

1) 滚柱式单向离合器

滚柱式单向离合器的结构如图 2.10 所示，驱动齿轮与外壳连接成一体，外壳内装有十字块，十字块与花键套筒固定连接，在外壳与十字块形成的 4 个楔形槽内分别装有一套滚柱、压帽与弹簧，外壳与护盖相互扣合密封，在花键套筒外面套有移动衬套及缓冲弹簧。整个单向离合器总成利用花键套筒套在电枢轴的花键上，离合器总成在传动拨叉作用下，可以在电枢轴上轴向移动，也可以随电枢轴转动。

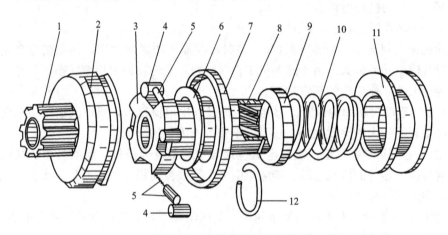

图 2.10 滚柱式单向离合器

1—驱动齿轮；2—外壳；3—十字块；4—滚柱；5—压帽与弹簧；6—垫圈；7—护盖；
8—花键套筒；9—弹簧座；10—缓冲弹簧；11—移动衬套；12—卡簧

滚柱式单向离合器工作原理如图 2.11 所示，发动机起动时，电枢轴通过花键套筒带动十字块旋转，这时滚柱在摩擦力作用下，滚入楔形槽的窄端，将十字块与外壳楔成一体，于是将转矩传给了驱动齿轮，带动飞轮齿圈转动，起动发动机。发动机起动后，随着曲轴转速升高，飞轮齿圈将带动驱动齿轮高速旋转，当其转速大于十字块转速时，在摩擦力作用下，滚柱滚入楔形槽的宽端而打滑，这样转矩不能从驱动齿轮传给电枢轴，从而防止了电枢超速飞散。滚柱式单向离合器结构简单，工作可靠，但不能传递大的转矩。

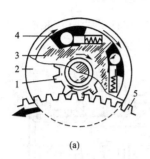 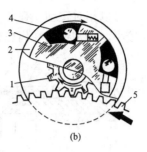

图 2.11 滚柱式单向离合器工作原理

(a)发动机起动时；(b)发动机起动后

1—驱动齿轮；2—外壳；3—十字块；4—滚柱；5—飞轮齿圈

2) 摩擦片式单向离合器

摩擦片式单向离合器多用于的功率较大的柴油机起动机上。摩擦片式单向离合器的结构如图 2.12 所示，花键套筒套在电枢轴的螺旋花键上，它的外表面上有 3 条螺旋花键套着内接合鼓，内接合鼓上有 4 个轴上槽，用来插放主动摩擦片的内凸齿，被动摩擦片的外凸齿插在与驱动齿轮成一体的外接合鼓的槽中。主、被动摩擦片相间排列。离合器工作时，利用主、被动摩擦片产生的摩擦力传递转矩。发动机起动时，内接合鼓开始的瞬间是静止的，在惯性力作用下，内接合鼓由于花键套筒的旋转而左移，从而使主、被动摩擦片压紧而传递动力，电枢转矩从而传给驱动齿轮。

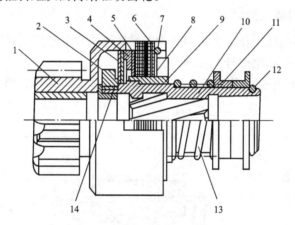

图 2.12 摩擦片式单向离合器

1—驱动齿轮与外接合鼓；2—螺母；3—弹性圈；4—压环；5—调整垫圈；
6—被动摩擦片；7、12—卡环；8—主动摩擦片；9—内接合鼓；
10—花键套筒；11—移动衬套；12—缓冲弹簧；14—挡圈

发动机起动后，飞轮齿圈的转速高于驱动齿轮，于是内接合鼓又沿传动套筒的螺旋花键右移，使主、被动摩擦片出现间隙而打滑，避免了电枢超速而飞散。

摩擦片离合器可以传递较大转矩，并能在超载时自动打滑，但由于摩擦片易磨损，需经常检查调整，同时其结构也较为复杂。

3) 弹簧式单向离合器

弹簧式单向离合器的结构如图 2.13 所示，花键套筒套在电枢轴的螺旋花键上，驱动齿轮套在电枢轴的光滑部分，两者之间用两个月形键连接，使驱动齿轮与花键套筒之间不能做轴向移动，但可以相对转动。在驱动齿轮柄和花键套筒外装有扭力弹簧，弹簧的两端各有1/4圈内径较小，分别箍紧在齿轮柄和花键套筒上。

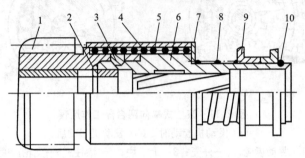

图2.13 弹簧式单向离合器

1—驱动齿轮；2—挡圈；3—月形键；4—扭力弹簧；5—护圈；6—花键套筒；
7—垫圈；8—缓冲弹簧；9—移动衬套；10—卡簧

起动发动机时，电枢轴带动花键套筒转动，扭力弹簧顺着其螺旋方向将齿轮柄与花键套筒包紧，起动机转矩经扭力弹簧传给驱动齿轮，起动发动机。发动机起动后，驱动齿轮转速高于花键套筒，扭力弹簧放松，驱动齿轮与花键套筒松脱，发动机的转矩不能传给电动机电枢。弹簧式单向离合器结构简单，寿命长，成本低。但其轴向尺寸较大，因此，主要用在一些大功率起动机上。

2. 起动机的电磁操纵机构

起动机的操纵机构按工作方式不同分为机械操纵式和电磁控制式两类。现代汽车均采用电磁操纵机构，它是由电磁开关控制的。

富康轿车起动机电磁开关的组成与工作原理如图2.14所示。接通起动开关后，吸拉

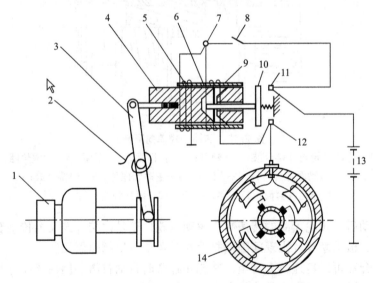

图2.14 富康轿车起动机电磁开关的组成与原理

1—驱动齿轮；2—回位弹簧；3—拨叉；4—活动铁心；5—保持线圈；6—吸拉线圈；
7—电磁开关接线柱；8—起动机开关；9—铁心套筒；10—接触盘；
11、12—接线柱；13—蓄电池；14—电动机

线圈和保持线圈通电,在吸拉线圈和保持线圈电磁力的共同作用下,使活动铁心克服弹簧力右移,活动铁心带动拨叉移动,将驱动齿轮推向飞轮。当驱动齿轮与飞轮啮合时,接触盘也被活动铁心推至与触点接触位置,使起动机通入起动电流,产生电磁转矩起动发动机。接触盘接通触点后,吸拉线圈被短路,活动铁心靠保持线圈的电磁力保持其啮合位置。

发动机起动后,断开起动开关,此时电磁开关线圈电流为:蓄电池正极→接线柱11→接触盘→接线柱12→吸引线圈→保持线圈→搭铁→蓄电池负极。由于吸引线圈产生了与保持线圈相反方向的磁通,两线圈电磁力相互抵消,活动铁心在弹簧力的作用下回位,使驱动齿轮退出啮合状态;接触盘同时回位,切断起动机电路,起动机便停止工作。

2.1.4 减速起动机和永磁起动机

1. 减速起动机

在起动机电机轴与驱动齿轮之间装有减速器的起动机称为减速起动机。减速起动机可以解决直流电动机转速高与汽车发动机要求起动转矩大的矛盾。增加减速器,直流电动机的允许转速可达 2000r/min,这样可以减小电动机的体积和重量,特别是高转速低扭矩的直流电动机,其工作电流较小,可大大减轻蓄电池的负担,延长其使用寿命。常用减速起动机的减速器转速比约为 4∶1。

减速起动机的减速器,按齿轮的啮合方式不同,可分为外啮合式减速器、内啮合式减速器和行星齿轮减速器3种,如图 2.15 所示。

外啮合式减速器,如图 2.15(a)所示。它的主动齿轮轴与从动齿轮轴平行,但两轴中心距较大。优点是结构简单、工作可靠、噪声小、便于维修;缺点是增加了起动机的径向尺寸。内啮合式减速器,如图 2.15(b)所示。其特点是两轴中心距离较小,工作可靠,但噪声较大。行星齿轮减速器,如图 2.15(c)所示。两轴中心线重合,有利于起动机的安装;因为扭力负载平均分布在几个行星齿轮上,故可采用塑料内齿圈和粉末冶金的行星齿轮,既减轻了起动机重量又抑制了噪声,是应用较广泛的一种。

2. 永磁起动机

用永磁材料制成起动机的磁极,以取代原有的磁场绕组和磁极铁心的起动机称为永磁起动机。

奥迪 100 型轿车使用的永磁起动机控制原理图,如图 2.16 所示。由于取消了磁场绕组和磁极铁心,起动机的体积和质量大大减小,机械特性和换向性能得到改善,使换向火花造

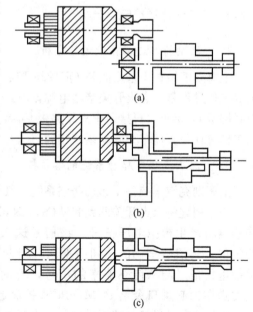

图 2.15 起动机减速器啮合方式
(a) 外啮合式减速器;(b) 内啮合式减速器;
(c) 行星齿轮减速器

成的高频干扰减小，起动机的工作可靠性提高。但永磁材料随着使用时间的加长，会产生退磁现象，这样就使起动功率随使用期的延长而下降，所以目前仅限于小功率起动机应用。在永磁起动机电枢轴与驱动齿轮之间加装减速器，就产生了永磁减速起动机。它同时具有永磁起动机和减速起动机的特点。

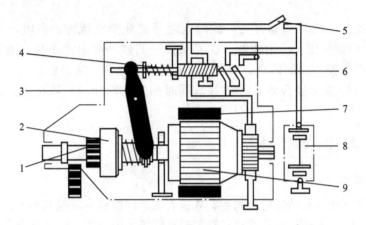

图2.16　永磁起动机控制原理

1—驱动齿轮；2—滚柱式单向离合器；3—传动叉；4—回位弹簧；
5—起动开关；6—电磁开关；7—磁极；8—蓄电池；9—电枢

2.2　汽车起动系统故障的诊断与排除

2.2.1　汽车起动系统电路分析

1. 桑塔纳轿车起动系统电路分析

上海桑塔纳轿车采用的是QD1225型起动机，其起动系统电路图如图2.17所示。其主要工作过程是：点火开关接通电源，由红—黑色导线从点火开关上"50"接线柱送至中央线路板B_8接点，再接通中央线路板C_{18}接点，接至起动机电磁开关"50"接线柱。以后的工作过程与其他车型起动系统相同。

2. 上海别克轿车起动系统电路分析

上海别克汽车装备了起动防盗系统，其电路图如图2.18所示。

当用钥匙将点火开关调到起动(START)位置时，位于点火锁芯总成的遥控接收器传感器将产生模拟电压信号，该信号送入BCM。该模拟电压信号对确定车辆为一个特定值，其值随车辆的不同而不同。当起动发动机时，BCM将会比较预设定储存的模拟电压信号与从传感器来的信号，若两个信号一致，BCM就会通过2级串行数据线发送燃油起动口令给PCM，PCM控制起动继电器，从而允许将燃油输送到发动机。

当起动发动机时，若不采用与点火开关相匹配的钥匙来起动发动机，遥控接收器传感器会发出不同数值的模拟电压信号。因该信号与BCM的信号不匹配，BCM就不能通过2级串行数据线发送燃油起动密码给PCM，结果使发动机不能起动。

项目2 汽车起动系统的检修

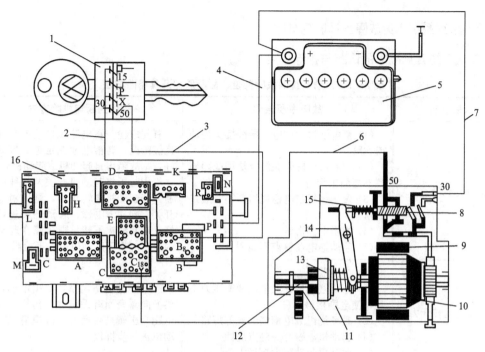

图 2.17 桑塔纳轿车起动系统电路图

1—点火开关；2、4—红色线；3、6—红—黑色线；5—蓄电池；
7—黑色线；8—电磁开关；9—定子；10—转子；11—起动机；12—小齿轮；
13—单向离合器；14—拨杆；15—回位弹簧；16—中央线路板

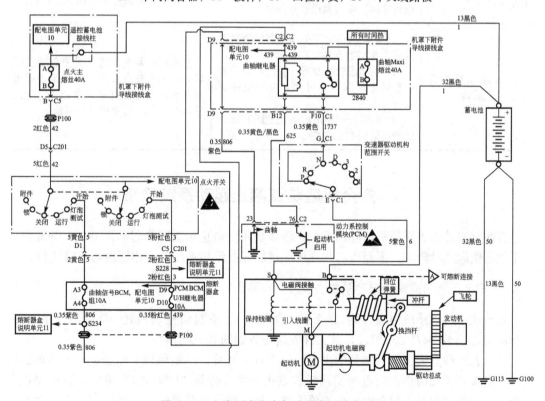

图 2.18 上海别克汽车起动防盗系统电路图

2.2.2 起动系统常见故障的诊断与排除

起动系统常见故障的诊断与排除见表2-1。

表2-1 起动系统的故障部位、故障原因及其排除方法

故障名称	故障主要原因	故障判断与排除方法
起动机不转	（1）蓄电池过度放电，导线接头松动或太脏 （2）起动机电磁开关触点烧蚀或因调整不当而未闭合 （3）磁场绕组或电枢绕组断路、短路或搭铁 （4）绝缘电刷搭铁 （5）起动继电器触点不能闭合	首先应检查蓄电池充电情况和导线连接情况，若蓄电池充足电、接线良好，则故障出自起动机或起动机开关可用起子将起动机开关两接线柱连通，若起动机空转正常，则应对电磁开关、起动继电器、起动开关进行检修；若起动机不转，则故障在起动机内部，应拆下起动机进一步检修
起动机运转无力	（1）换向器过脏 （2）电刷磨损过甚或电刷弹簧压力不足，使电刷接触不良 （3）磁场绕组或电枢绕组局部短路 （4）起动机电磁开关触点烧蚀 （5）发动机起动阻力矩过大	拆下起动机防尘箍，取出电刷，观察换向器表面有无烧蚀与污垢，以及电刷与压簧是否良好，再视情况对起动机进一步拆检
起动机驱动齿轮与飞轮不能啮合且有撞击声	（1）起动机驱动齿轮或飞轮齿圈磨损过甚或已损坏 （2）电动机开关闭合过早，起动机驱动齿轮尚未啮合就已快速旋转	首先将起动机电磁开关接通时机调迟，缩短活动铁心拉臂长度，如故障不能排除，则须拆下起动机进行检修
松开起动开关后起动机仍运转	（1）起动机电磁开关在电路接通时因强烈火花将触点烧结在一起 （2）驱动齿轮轴变形、脏污，驱动齿轮在轴上滑动阻力过大，或回位弹簧太软 （3）因匝间短路造成吸拉线圈和保持线圈有效匝数比改变	立即断开蓄电池搭铁线使起动机停转，首先检查点火开关导线是否接错及起动继电器触点是否常开，若都正常，则必须对起动机进行拆检

2.3 安全钥匙防盗禁止起动系统检修

有些汽车装备了发动机防起动系统，该系统用于防止非法用户起动发动机，只允许使用正确的钥匙起动汽车。下面以广州本田飞度轿车介绍该系统的工作原理与故障检修。

2.3.1 安全钥匙防盗禁止起动系统组成及工作原理

发动机防起动系统由应答器（置于点火钥匙内）、防起动控制装置—接收器、指示灯、防起动装置及ECM/PCM组成，其元件安装位置如图2.19所示。

该车有两种点火钥匙：黑色的主钥匙用于点火开关、门锁和行李厢盖锁；灰色的副钥匙用于点火开关和门锁。当点火钥匙插入点火开关并转至"ON（Ⅱ）"位时，防起动控制装置—接收器将向点火钥匙内的应答器发送信号，然后应答器将一个加密信号送回防起动

控制装置，防起动控制装置再将此加密信号发送至 ECM/PCM。系统框图如图 2.20 所示。

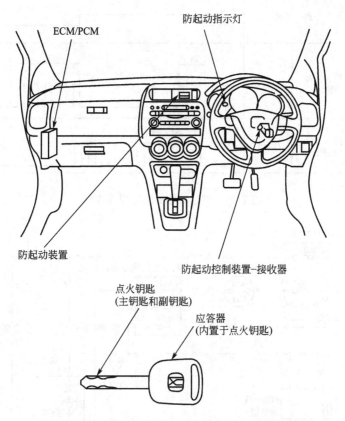

图 2.19　广州本田飞度轿车防起动系统元件安装位置

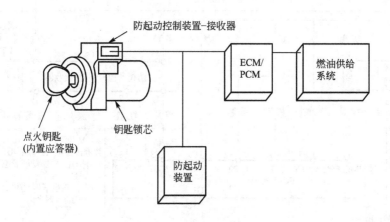

图 2.20　防起动系统框图

如果使用正确的钥匙，防起动指示灯会点亮大约 2s 后熄灭；如果使用错误的钥匙，或者装置未接收到或未能识别密码，则指示灯会点亮约 2s 后持续闪烁。如果点火开关已经置于"OFF"位，则指示灯将闪烁约 5s，以指示装置已经正确复位，随后指示灯熄灭。如果客户钥匙丢失，无法起动发动机，需要与广州本田特约维修站联系。防起动器指示灯的闪烁方式如图 2.21 所示，系统电路如图 2.22 所示。

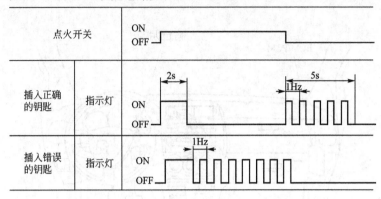

图 2.21 防起动器指示灯闪烁方式

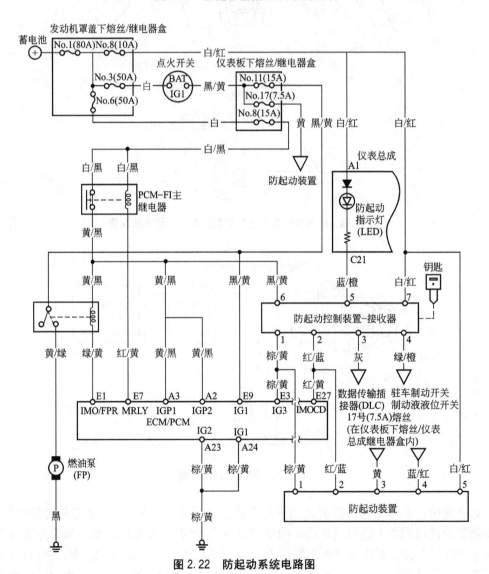

图 2.22 防起动系统电路图

2.3.2 安全钥匙防盗禁止起动系统故障检修

(1) 在对发动机防起动系统进行故障检修之前，首先应进行以下检查。

① 确认 ECM/PCM 内没有存储故障码（DTC），若有故障码，应对故障码进行检修排除。

② 由于防起动系统的作用，与没有防起动系统的车辆相比，发动机的起动时间要稍长一点。

③ 若系统正常，且插入正确的钥匙，指示灯将会点亮 2s 后熄灭。如果 2s 后指示灯持续闪烁，或者发动机不能起动，可再次起动发动机，如果仍不能工作，应检查发动机防起动系统故障。

(2) 发动机防起动系统故障检修步骤如下。

① 使用正确的钥匙，将点火开关转到"ON(Ⅱ)"。

② 如果防起动指示灯点亮，转到第 3 步；否则，检查以下问题。

a. 发动机罩盖下保险丝/继电器盒内的 8 号(10A)保险丝是否熔断。

b. 仪表总成与防起动控制装置—接收器之间的蓝/橙色导线是否断路。

c. 防起动指示灯是否存在故障。如果所有检查均正常，转到第 3 步。

③ 拆除转向柱盖。

④ 从防起动控制装置—接收器上断开 7 针插接器。

⑤ 检查防起动控制装置—接收器 7 针插接器 7 号端子与车身接地之间的电压。如为蓄电池电压，转到第 6 步；否则，可能是以下问题。

a. 发动机罩盖下熔丝/继电器盒内的 8 号(10A)熔丝熔断。

b. 白/红色导线断路。

⑥ 检查当点火开关置于"ON(Ⅱ)"时，防起动控制装置—接收器 7 针插接器 6 号端子与车身接地之间的电压。如果为蓄电池电压，转到第 7 步；否则，可能是以下问题。

a. 发动机罩盖下熔丝/继电器盒内 6 号(50A)熔丝熔断。

b. PGM-FI 主继电器 1 故障。

c. 黄/黑色导线断路。

⑦ 拉起驻车制动器手柄然后松开，检查防起动控制装置—接收器 7 针插接器 4 号端子与车身接地之间的电压。如果拉起时为 1.0V 或更低，放开时为 5.0V 或更高，转到第 8 步；否则，可能是以下问题。

a. 驻车制动器开关故障或驻车制动器开关接地不良。

b. 制动液液位开关故障。

c. 绿/橙色导线断路。

d. 制动器指示灯故障。

⑧ 检查防起动控制装置—接收器 7 针插接器 1 号端子与车身接地之间的导通性。如果导通，转到第 9 步；否则，可能是以下问题。

a. G101 处(参见图 2)接地不良。

b. ECM/PCM 故障，或 ECM/PCM 插接器断开。

c. 棕/黄色导线断路。

⑨ 检查防起动控制装置—接收器 7 针插接器 2 号端子与 ECM/PCM 插接器 E27 端子

之间的导通性。如果导通，转到第 10 步；否则，维修红/蓝色导线断路故障。

⑩ 检查防起动控制装置—接收器 7 针插接器 2 号端子与防起动装置插接器 2 号端子之间的导通性。如果导通，更换防起动控制装置—接收器（更换防起动控制装置—接收器后，应用本田 PGM 或 HDS 对装置进行匹配登记）；否则，维修红/蓝色导线断路故障。

⑪ 如以上各步骤线束检查均正常，则对防起动装置进行输入测试，方法如下。

a. 拆除中心面板。

b. 从防起动装置上断开 5 针插接器。

c. 检查插接器和插座端子，确认它们全部接触良好，如果端子弯曲、松脱或腐蚀，则根据需要进行维修，然后重新检查系统；如果端子外观良好，转到第 4 步。

d. 线路测试如表 1 所示，如果测试显示出现故障，找出原因并排除故障后重新检查系统；如果所有输入测试结果均正常，说明防起动装置存在故障，应将其更换。

2.4 项目实训

2.4.1 起动机的试验

1. 实训目的和要求

学会对起动系进行检查与性能测试，能对起动系的常见故障进行分析和诊断。

2. 实训仪器和设备

汽车电气万能试验台、起动机、万用表、发动机台架、台虎钳等。

3. 实训步骤

起动机由电磁开关控制，而电磁开关又受点火开关控制。接通点火开关起动挡，电磁开关内的吸引线圈和保持线圈通电，产生电磁力，使得触点闭合，蓄电池直接向起动机提供大电流。点火开关退出起动挡，电磁开关断电，触点断开，起动机停止工作。

起动机的性能直接影响到汽车能否正常起动，因此有必要对起动机进行一系列的性能测试，测试项目主要包括空转试验和全制动试验。

1) 空转试验

空转试验的目的是检查起动机内部是否有电路故障和机械故障，如图 2.23 所示。

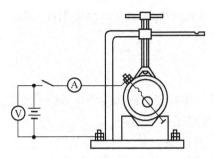

图 2.23 起动机空转试验

(1) 将起动机固定在万能实验台上，连接好工作电路和测试电路。

(2) 接通开关，起动机转动应均匀、无抖动，电刷与换向器之间应无火花。

(3) 记录实验台上电流表和电压表的读数，并测量转速值，试验时间不得超过一分钟。

(4) 将记录的数值与起动机铭牌上的标准数据进行比较。

(5) 如果电流大、转速低，则说明存在装配过紧等机械故障，或电枢、磁场绕组搭铁、短路等电路故障。

(6) 如果电流和转速都很小，则说明电路中有接触不良的故障存在。

2) 全制动试验

全制动试验的目的是检查起动机主电路是否正常，单向离合器是否打滑，如图2.24所示。

(1) 将起动机夹紧在试验架上，在驱动齿轮一侧装好扭力杠杆和弹簧秤，连接好工作电路和测试电路。

(2) 接通开关，在5秒钟之内，观察起动机单向离合器是否打滑，并立即记录电流表、电压表和弹簧秤的读数，与起动机铭牌上的标准数据进行比较。

(3) 如果转矩小、电流大，说明电枢、磁场绕组搭铁、短路。

(4) 如果转矩和电流都小，则说明电路中有接触不良的故障存在。

(5) 如果驱动齿轮锁止而电枢轴有缓慢转动，则说明单向离合器打滑。

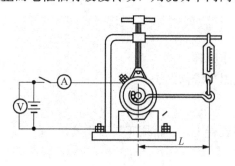

图2.24 起动机全制动试验

除了以上性能测试之外，还可利用下列试验测试电磁开关的性能。

3) 吸引动作试验

(1) 将起动机固定到台虎钳上。

(2) 拆下起动机"C"端子上的导电铜片，用电缆将起动机"C"端子和电磁开关壳体分别与蓄电池负极连接。

(3) 用电缆将起动机"50"端子与蓄电池正极连接，此时，驱动齿轮应向外移出。

(4) 如果驱动齿轮不动，则说明电磁开关故障，应予以修理或更换。

4) 保持动作试验

(1) 在吸引动作试验的基础上，当驱动齿轮在伸出位置时，拆下电磁开关"C"端子上的电缆。此时，驱动齿轮应保持在伸出位置不动。

(2) 如驱动齿轮复位，则说明保持线圈断路，应予以检修或更换电磁开关。

5) 复位动作试验

(1) 在保持动作试验的基础上，再拆下起动机壳体上的电缆。此时，驱动齿轮应迅速复位。

(2) 如驱动齿轮不能复位，则说明复位弹簧失效，应更换弹簧或电磁开关总成。

4. 注意事项

(1) 起动机零部件较笨重，拆装过程中要防止打滑跌落。
(2) 在用万用表、卡尺的检测过程中要认真仔细。
(3) 实验过程中要保证记录时间的准确性。
(4) 要认真观察电流表及电压表数值，保证实验记录的准确。
(5) 每次空载试验不要超过一分钟，以免起动机过热。
(6) 起动机每次起动时间不能超过 5 秒。相邻两次起动之间应间隔 15 秒以上。
(7) 在低温下起动发动机时，应先预热发动机再起动。
(8) 起动机电路的导线连接要牢固，导线的截面积不应太小。
(9) 使用不具备自动保护功能的起动机时，应在发动机起动后迅速松开起动开关。在发动机正常工作时，切勿随便接通起动开关。
(10) 应尽可能使蓄电池处于充足电的状态，以保证起动机工作时的电压和电流，减少起动机重复工作的次数。
(11) 应定期对起动机进行全面的维护和检修。

2.4.2 起动机的检修

1. 实训目的和要求

(1) 熟悉起动机的工作原理。
(2) 掌握起动机的检测与维修方法。

2. 实训仪器和设备

起动机若干台，万用表若干块，常用工具若干套。

3. 实训步骤

1) 起动机的解体和清洗

首先将待修起动机外部的尘污、油污清除干净，拆去防尘箍。然后用钢丝提起电刷弹簧取出电刷，拆下起动机贯穿螺栓，使后端盖、起动机外壳、电枢分离，最后拆下中间轴承板、拨叉和单向离合器。单个总成是否进一步分解，应视具体情况而定。图 2.25 所示为广州本田雅阁汽车起动机的分解图。

2) 电枢检查与测试

换向器表面检查。如果表面污脏或烧蚀，则用车床修整表面，或者用砂纸修复，如图 2.26 所示。

3) 换向器直径检查

用游标卡尺测量换向器直径，如果测得直径在使用极限以下，则更换电枢。

4) 云母深度的检查

如图 2.27 所示，如果云母过高(B)，则用钢锯条将云母凹槽切至适当的深度(A)。切除换向器整流片之间的所有云母(C)。凹槽不能太浅、太窄或呈 V 形(D)。

换向器云母深度标准值为：0.50~0.80mm，使用极限：0.2mm。

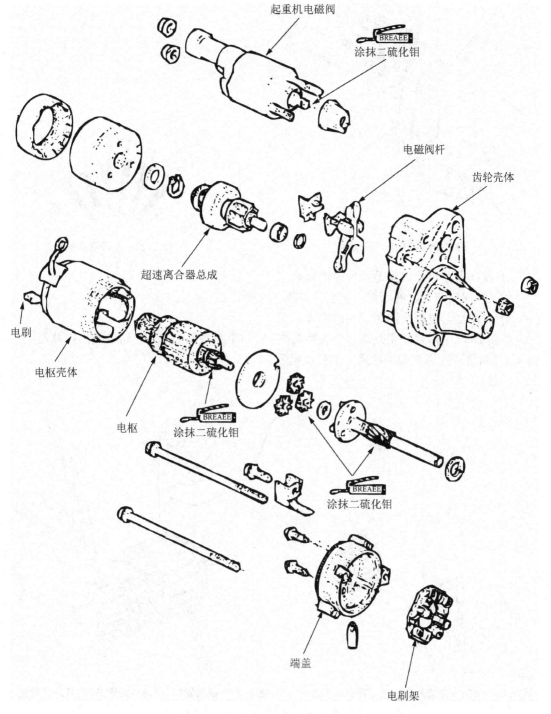

图 2.25 广州本田雅阁汽车起动机分解

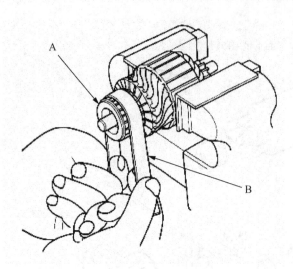

图2.26 换向器表面修复

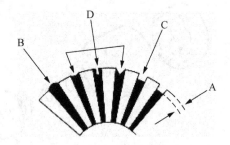

图2.27 云母深度的检查

5）换向器整流片之间是否导通的检查

如果任何整流片之间断路，则更换电枢，如图2.28所示。

6）换向器与电枢线圈芯短路的检查

如图2.29所示，使用欧姆表检查换向器(A)与电枢线圈芯(B)之间以及换向器与电枢轴(C)之间是否导通。如果导通，则更换电枢。

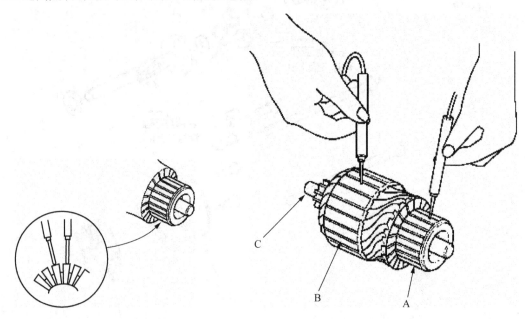

图2.28 换向器整流片之间是否导通的检查　　图2.29 换向器(A)与电枢线圈芯(B)短路的检查

7）电刷与电枢壳体是否短路的检查

如图2.30所示，检查电刷(A)之间是否导通。如果不导通，则更换电枢壳体(B)。检查每个电刷和电枢壳体之间是否导通。如果导通，则更换电枢壳体。

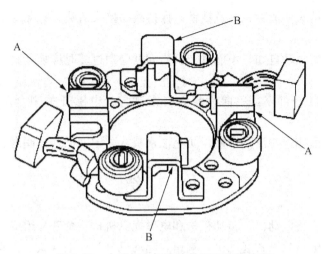

图 2.30 电刷与电枢壳体是否短路的检查

8) 电刷架是否短路的检查

如图 2.31 所示,检查电刷架(A)与电刷架(B)之间是否导通。如果导通,则更换电刷架总成。

9) 超速离合器的检查

沿轴滑动超速离合器(A),如果不能平稳地滑动,则将其更换。如图 2.32 所示。

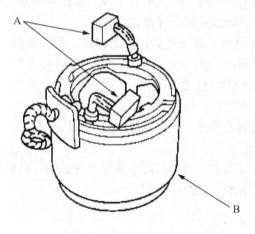

图 2.31 电刷架短路的检查

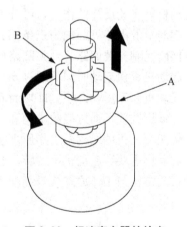

图 2.32 超速离合器的检查

10) 电磁开关的检修

检查接触盘表面和触点。表面轻微烧蚀可用砂布打光,严重烧蚀应修复或更换。

检查吸拉线圈和保位线圈。用万用表 R×1 挡检查吸拉线圈和保位线圈的电阻值。若已断路或有严重短路,应更换电磁开关。

4. 注意事项

(1) 电枢轴上的铜衬套一般装用青铜衬套或粉末冶金衬套(不得装用铸钢衬套),否则运转时承受较大的冲击载荷时容易出现早期磨损。

(2) 用细砂布擦拭换向器后必须用毛刷或高压空气吹净金属屑或污物,避免出现飞口毛刺而冒出火花。接头处清除积污及铁锈，保持线路接头清洁，拧紧后涂上少许凡士林以防锈蚀。

（3）装配炭刷要活动自如、不能发卡。当高度磨损过多时应换新件，炭刷弹簧压力应合适。

（4）各部接触良好可靠，单向齿轮无打滑现象，电磁开关闭合动作正常，触点无烧蚀。

（5）起动机表面应保持清洁干燥，防止油水浸入，定期保养、润滑和调整。

小　　结

起动机由串励直流电动机、传动机构和电磁操纵机构三个部分组成。

现在广泛使用电磁操纵式起动机。减速式起动机分为外啮合式、内啮合式和行星齿轮啮合式三种类型。

串励直流电动机由电枢（转子）、换向器、磁极（定子）以及机壳等主要部件构成。

串励直流电动机的特点是起动转矩大，具有软机械特性。

起动机由于其轻载或空载时转速很高，容易造成零部件"飞散"事故，对于功率较大的串励直流电动机，不允许轻载或空载长时间运行。

电枢电流接近制动电流的一半时，电动机输出功率最大。最大功率作为额定功率。

起动机的传动机构由单向离合器和减速机构（减速起动机）组成。单向离合器具有防止起动机被飞轮反拖的作用，可分为滚柱式、摩擦片式、弹簧式几种。

起动机的电路可归纳为三条回路，即主回路、开关回路、控制回路。其控制关系是：控制回路控制开关回路，开关回路控制主回路。

起动机每次起动时间不超过 5s，再次起动时应停止 15s。

发动机起动后，必须立即切断起动机控制电路，使起动机停止工作。

起动机性能可通过空载试验和全制动试验来检验。它也是故障诊断的基本方法。

依照起动机的结构及工作原理检修起动机。

起动机主要有起动机不运转、起动机运转无力、起动机运转有噪音等故障，可以根据起动机的结构与工作原理检修起动机，或者对起动机换件修理。

习　　题

一、填空题

1. 起动机一般由_____、_____和_____三大部分组成。
2. 起动系的作用就是将蓄电池的_____能转变为_____能，产生转矩，起动发动机。
3. 直流串励式电动机主要由_____、_____、_____、电刷与电刷架等组成。
4. 电枢的功用是用来产生_____，它由_____、_____和_____等组成。

5. 磁极的功用是建立_____，它由_____和_____组成。
6. 励磁绕组的连接方式有_____联和_____联。采用_____联连接时，电动机的总电阻较小，工作时可获得更大的_____，提高输出功率。
7. 起动机的传动机构主要由_____和_____等部件组成。
8. 单向离合器的作用是在发动机起动时，将电动机的_____传给发动机，而在发动机起动后能_____，保护起动机不致_____损坏。
9. 目前起动机常用的单向离合器主要有_____式、_____式和_____式三种。
10. 起动机电磁开关内有_____线圈和_____线圈两个线圈，推杆上装有铜质_____，刚接通点火开关电路时，推杆上_____推动运动的。
11. 起动继电器用来控制起动机电磁开关中_____线圈和_____线圈中电流的_____，以保护_____。
12. 电磁开关强制啮合式起动机起动中_____线圈被短路，起动后两线圈电流方向_____。

二、判断题

1. 常规起动机吸引线圈、励磁绕组及电枢绕组是串联连接。（   ）
2. 在起动机起动的过程中，吸引线圈和保持线圈中一直有电流通过。（   ）
3. 平衡轴式起动机的驱动齿轮需要用拨叉使之伸出和退回。（   ）
4. 换向器的作用是使直流电动机维持定向旋转。（   ）
5. 直流串励式电动机在磁路饱和、磁通基本不变时，电磁转矩与励磁电流的平方成正比。（   ）
6. 在负载较轻的情况下，直流串励式电动机的转速较低。（   ）
7. 直流串励式电动机在制动状态下转矩最大，这时输出功率也最大。（   ）
8. 直流串励式电动机空载时，输出功率为零。（   ）
9. 起动机投入工作时，应先接通主电路，然后再使齿轮啮合。（   ）
10. 电磁开关将起动机主电路接通后，活动铁心靠吸引线圈产生的电磁力保持在吸合位置上。（   ）
11. 功率较小的起动机上广泛使用的离合器是单向滚柱式离合器。（   ）
12. 弹簧式单向离合器也是靠摩擦力传递转矩的。（   ）
13. 较大功率的起动机多采用摩擦片式离合器。（   ）
14. 从车上拆下起动机前应首先切断点火开关，拆下蓄电池搭铁电缆。（   ）

三、选择题

1. 电磁开关将起动机主电路接通后，活动铁心靠（   ）线圈产生的电磁力保持在吸合位置上。
　　A. 吸拉　　　　B. 保持　　　　C. 吸拉和保持　　D. 以上均不对
2. （   ）式单向离合器最大传递转矩可以调整。
　　A. 滚柱　　　　B. 弹簧　　　　C. 摩擦片
3. 为了减少电阻起动机内导电开关及绕组均用（   ）制成。
　　A. 紫铜　　　　B. 黄铜　　　　C. 青铜

4. 起动机主电路接通后,电动机正常运转,曲轴不转动,则故障原因是(　　)。
   A. 起动机电磁开关故障　　　　　　　B. 电动机故障
   C. 单向啮合器打滑
5. QD124 型起动机电路中的起动继电器的作用是(　　)。
   A. 接通和切断起动机主电路　　　　　B. 接通和切断吸引线圈
   C. 接通和切断保持线圈　　　　　　　D. 接通和切断吸引线圈及保持线圈
6. 电动机开关闭合过早会引起(　　)。
   A. 起动机运转无力　　　　　　　　　B. 起动机空转
   C. 驱动齿轮不能进入啮合且有撞击声　D. 起动机不转

四、名词解释

1. 减速起动机
2. 永磁起动机
3. 起动机的额定功率

五、简答题

1. 常规起动机由哪几个部分组成?各起什么作用?
2. 直流串励式电动机中磁极、电枢、电刷及换向器的作用分别是什么?
3. 试分析桑塔纳轿车起动系统电路和起动系统工作过程。
4. 起动机的正确使用和维护要求有哪些?
5. 何谓起动机的空载试验和全制动试验?试验时应注意的问题有哪些?
6. 起动机常见故障有哪些?如何进行故障判断?

项目 3
汽油机点火系统的检修

知识要求	掌握电子点火系统的结构与工作原理； 掌握微机控制点火系统的结构与工作原理； 掌握微机控制点火系统的分类； 掌握微机控制点火系统的工作过程和控制过程掌握蓄电池的组成
能力要求	能对电子点火系统的元件进行检测维修； 能根据电子点火系统的工作原理排除故障； 能对发动机微机控制点火系统的元件进行检测维修； 能根据发动机微机控制点火系统的工作原理排除故障

项目导读

汽油机点火系统是发动机的重要组成部分，主要作用有以下3个方面。

(1) 将电源的低电压变成高电压，再按照发动机点火顺序轮流送至各汽缸，点燃压缩混合气。

(2) 适应发动机工况和使用条件的变化，自动调节点火时刻，实现可靠而准确的点火。

(3) 在更换燃油或安装分电器时人工校准点火时刻。

按照工作原理，点火系统主要分为以下几种类型。

(1) 传统点火系统：由蓄电池或发电机向点火系统提供电能，用机械触点控制点火时刻，点火时刻的调节采用机械式自动调节机构，储能方式为电感储能。传统点火系统结构简单、成本低，是一种应用较早、较普遍的点火系统。但该点火系统工作可靠性差，点火状况受转速、触点技术状况影响较大，需要经常维修、调整。传统点火系统现已淘汰，本书不再专题讲述。

(2) 电子点火系统：由蓄电池或发电机向点火系统提供电能，用晶体管控制点火时刻，点火时刻的调节采用机械式调节机构或电子调节机构，储能方式有电感储能和电容储能两种。电子点火系统的点火电压和点火能量高，受发动机工况和使用条件的影响小，结构简单，工作可靠，维护、调整工作量小，节约燃油，减小污染，现已普遍使用。电子点火系统有晶体管点火和集成电路点火装置两种形式。

(3) 微机控制点火系统：由蓄电池或发电机向点火系统提供电能，集成电路控制点火电路的通断及点火时刻，从而使发动机在各种工况下都可最佳地调整点火时刻，使点火提前到发动机刚好不发生爆震的范围。微机控制点火系统不再配置真空点火提前调节装置，具有能量损失小、高速性能好、电磁干扰少及点火精度高等优点，目前在应用越来越多，本书重点讲述。

根据发动机各工况的要求，点火系统应保证在各种使用条件下能可靠地点燃可燃混合气。因此，对点火系统的要求如下。

(1) 点火系统应能迅速及时地产生足以击穿火花塞电极间隙的高电压。使火花塞电极之间产生火花的电压称为击穿电压。影响击穿电压的因素有火花塞电极间隙、汽缸内混合气的压力与温度、电极的温度与极性。发动机正常工作时击穿电压一般均在15kV以上；发动机在满载低速时击穿电压为8～10kV；起动时需19kV。考虑各种不利因素的影响，通常点火系统的设计电压为30kV。

图3.1 点火系统的主要零件

(2) 电火花应具有足够的点火能量。正常工作情况下，可靠点燃可燃混合气的点火能量为50～80mJ，起动时需100mJ左右的点火能量。

(3) 能根据发动机各种工况提供最佳的点火时刻。发动机的温度、负荷、转速和燃油品质等，都直接影响混合气的燃烧速度。点火系统必须能适应上述情况变化并实现最佳点火时刻的变化。

点火系统的主要零件有电器、点火线圈、ECU，如图3.1所示。

3.1 电子点火系统的检修

3.1.1 无触点电子点火系统的组成与工作原理

无触点电子点火系统一般由点火信号发生器、电子点火器、配电器、点火线圈、火花塞等主要部件组成，如图3.2所示。转动的分电器根据发动机工作的需要，使点火信号发生器产生某种形式的电压信号（有模拟信号和数字信号两种），该电压信号经电子点火器大功率晶体管前置电路的放大、整形等处理后，控制串联于点火线圈初级回路的大功率晶体管的导通和截止。大功率晶体管导通时，点火线圈初级通路，点火系统储能；大功率晶体管截止时，点火线圈初级断路，次级绕组便产生高压电。

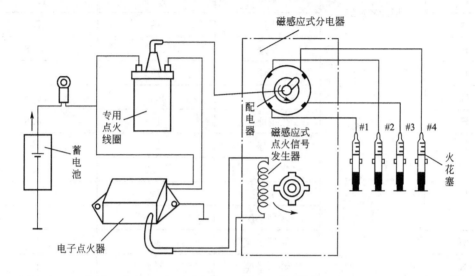

图 3.2　无触点电子点火系统的组成与工作原理

3.1.2　点火系统的主要零件

1. 火花塞

火花塞的工作条件极其恶劣，它要受到高压、高温以及燃烧产物的强烈腐蚀。因此要求火花塞必须具有足够的机械强度、能够承受冲击性高压电的作用、能承受剧烈的温度变化，具有良好的热特性，火花塞的材料能抵抗燃气的腐蚀。

1) 火花塞的结构

火花塞的结构如图 3.3 所示。在钢制壳体的内部固定有高氧化铝陶瓷绝缘体，使中心电极与侧电极之间保持足够的绝缘强度。绝缘体内的上部装有导电金属杆，通过接线螺母与高压导线相连，下部装有中心电极。导电金属杆与中心电极之间用导电玻璃密封。中心电极用镍锰合金制成，具有良好的耐高温、耐腐蚀和导电性能。壳体下部的螺纹与汽缸盖螺纹端面结合处配有密封垫圈，保证壳体与缸盖之间密封良好。

2) 火花塞的型号与类型

根据国家专业标准 QC/T 430—2005《火花塞产品型号编制方法》的规定，火花塞型号由三部分组成。

第一部分为字母，表示火花塞的结构类型及主要型式尺寸，见表 3-1。

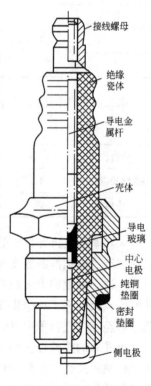

图 3.3　火花塞结构

表 3-1 火花塞的型号及规格参数

字母	螺纹规格	安装座型式	螺纹旋合长度/mm	壳体六角对边/mm
A	M10×1	平座	12.7	16
C	M12×1.25	平座	12.7	17.5
D		平座	19	17.5
E	M14×1.25	平座	12.7	20.8
F		平座	19	20.8
G		平座	9.5	20.8
H		平座	11	20.8
Z		平座	11	19
J		平座	12.7	16
K		平座	19	16
L		矮型平座	9.5	19
M		矮型平座	11	19
N		矮型平座	7.8	19
P		锥座	11.2	16
Q		锥座	17.5	16
R	M18×1.5	平座	12	20.8
S		平座	19	(22)
T		锥座	10.9	20.8

第二部分为阿拉伯数字,表示火花塞热值,见表 3-2。

表 3-2 火花塞的热特性参数

热值代号	3	4	5	6	7	8	9
裙部长度/mm	15.5	13.5	11.5	9.5	7.5	5.5	3.5
热特性	热型		中型		冷型		

火花塞的发火部位吸热并传递给发动机的性能,称为火花塞的热特性。实践证明,当火花塞绝缘体裙部的温度保持在 500~600℃ 时,落在绝缘体上的油滴能立即烧去,不形成积炭,这个温度称为火花塞的自洁温度。低于这个温度时,火花塞常因产生积炭而漏电,导致不点火;高于这个温度时,则当混合气与炽热的绝缘体接触时,可能早燃而引起爆燃,甚至在进气行程中燃烧,产生回火现象。

火花塞的热特性主要取决于绝缘体裙部的长度。绝缘体裙部长的火花塞,受热面积大,传热距离长,散热困难,裙部温度高,称为热型火花塞,适用于低速、低压缩比、小功率发动机;反之,裙部短的火花塞,受热面积小,传热距离短,容易散热,裙部温度低,称为冷型火花塞,适用于高速、高压缩比、大功率发动机。

第三部分为汉语拼音字母，表示火花塞派生产品、结构特性、材料特性及特殊技术要求等，见表3-3，其结构形式如图3.4所示。

表3-3 火花塞电极的热特征参数

字母	含义	字母	含义	字母	含义
B	半导体型	J	多电极型	V	V型
C	镍铜复合电极	R	电阻型	Y	沿面跳火型
F	非标准型	P	屏蔽型		
G	贵金属	T	绝缘体突出型		
H	环状电极型	U	电极缩入型		

    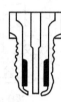

图3.4 火花塞电极结构形式
从左至右依次为：标准型、绝缘突出型、细电极型、锥座型、多极型、沿面跳火型

例如F4T型火花塞，表示螺纹旋合长度为19mm，壳体六角对边为20.8mm，热值为4的M14×1.25的绝缘体突出型火花塞。

电子点火系统的点火能量高，火花塞电极间隙一般为0.8～1.0mm；为了适应稀薄混合气燃烧，有的甚至达到1.0～1.2mm，并且各种车型差异较大，在检查、调整、维修时，应严格根据原车说明书进行。火花塞间隙过大或过小，应压下或撬起侧电极，调整到规定范围内。

2. 点火线圈

点火线圈由初级绕组、次级绕组和铁心等组成。按磁路的结构形式不同，可分为开磁路式点火线圈和闭磁路式点火线圈。

1) 开磁路式点火线圈

图3.5为一种常见的开磁路式点火线圈。有二接柱式（不带附加电阻）和三接柱式之分。

点火线圈的中心是用硅钢片叠成的铁心，在铁心外面套上绝缘的纸板套管，纸板套管上绕有直径为0.06～0.10mm、11000～23000匝的次级绕组；初级绕组用直径为0.5～1.0mm、230～370匝的高强漆包线，绕在次级绕组的外面，以利于散热，如图3.6所示。

绕组和外壳之间装有导磁钢套，底部有瓷质绝缘支座，上部有绝缘盖，外壳内充满沥青或变压器油等绝缘物，加强绝缘并防止潮气侵入。

三接线柱式与二接柱式点火线圈的区别在于三接柱式带附加电阻，而二接柱式不带附加电阻。三接柱式点火线圈的绝缘盖上有"一"、"开关"、"+开关"3个接柱，分别接断

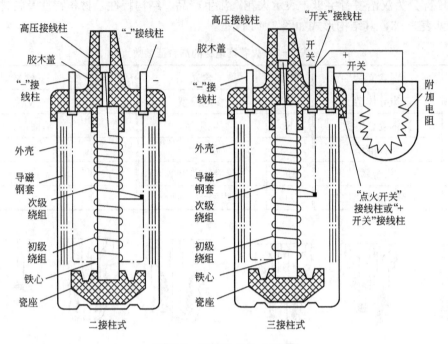

图 3.5　开磁路式点火线圈

电器、起动机附加电阻短路接柱、点火开关"IG"接柱或 15 接柱。附加电阻接在标有"开关"和"+开关"的两接柱上，与点火线圈的初级绕组串联。

2) 闭磁路式点火线圈

闭磁路式点火线圈的结构如图 3.7 所示。有"口"字形和"日"字形之分。与开磁路式点火线圈不同的是铁心内绕有初级绕组，而次级绕组绕在初级绕组外面。绕组在铁心中的磁通，通过铁心形成闭合磁路，故称为闭磁路式点火线圈。

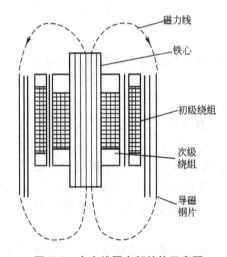

图 3.6　点火线圈内部结构示意图

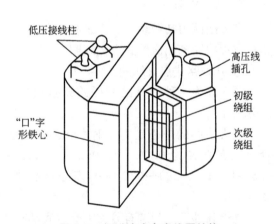

图 3.7　闭磁路式点火线圈结构

此外，与开磁路式点火线圈相比，闭磁路式点火线圈具有漏磁少、转换效率高、体积小、质量轻、铁心裸露易于散热等优点，目前已在电子点火系统中广泛采用。

3）附加电阻

附加电阻是一种正温度系数的热敏电阻，一般用低碳钢丝、镍铬丝或纯镍丝制成，具有受热时电阻值迅速增大，而冷却时电阻值迅速降低的特性。因此，用点火系统的初级电路来稳定初级电流，改善高速时的点火特性。

3.1.3 磁脉冲式电子点火系统的工作过程

图 3.8 为丰田汽车常用的磁脉冲式无触点电子点火装置。

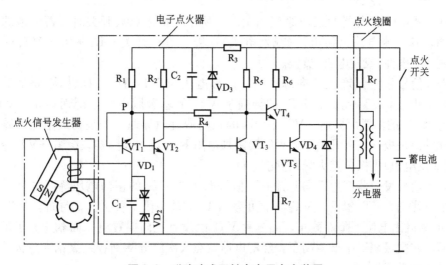

图 3.8 磁脉冲式无触点电子点火装置

1. 磁脉冲式点火信号发生器的工作原理

图 3.9 为磁脉冲式信号发生器的工作原理图。信号转子凸齿与发动机的汽缸数相同。

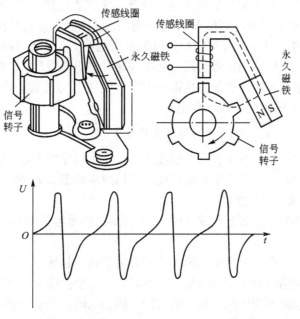

图 3.9 磁脉冲式点火信号发生器工作原理图

永久磁铁的磁通经信号转子凸齿、线圈铁心构成回路。当信号转子由分电器轴带动旋转时，转子凸齿与线圈铁心间的空气间隙将发生变化，磁路的磁阻随之改变，使通过线圈的磁通量发生变化，因而在线圈内感应出交变电动势。

磁脉冲式点火信号发生器具有点火信号电压的大小随发动机转速的变化而变化的特点。发动机转速升高时，点火信号发生器磁路的磁阻变化速率提高，相应磁通量的变化速率也提高，传感线圈产生的信号电压也就随之增大。

2. 磁脉冲式电子点火器的工作原理

磁脉冲式电子点火器的工作原理如图 3.8 所示。接通点火开关时，蓄电池的电压使 VT_1 导通，其直流电路为蓄电池（或发电机）正极→点火开关→R_3→R_1→VT_1→信号线圈→搭铁→蓄电池（或发电机）负极。

当点火信号发生器产生正向脉冲时，信号电压与 VT_1 的正向电压降叠加后，高于 VT_2 的导通电压，VT_2 导通。VT_2 的导通使 VT_3 的基极因电位下降而截止，VT_3 截止时，VT_4 因 R_5 的偏置而导通，VT_5 因 R_7 的正向偏置而导通。于是初级电流回路为蓄电池（或发电机）正极→点火开关→点火线圈附加电阻 R_f→点火线圈初级绕组→VT_5→搭铁→蓄电池（或发电机）负极，点火线圈储能。

当点火信号发生器产生反向脉冲时，信号电压与 VT_1 的正向电压降叠加后，使 VT_2 的基极电位降低，VT_2 截止。VT_2 的截止使 VT_3 的基极因电位上升而导通，VT_3 的导通使 VT_4 的基极因电位下降而截止，晶体管 VT_5 因没有正向偏置电压而截止。于是初级电流被切断，在次级绕组中产生高压，经配电器按点火次序分配到各缸火花塞点火，点燃可燃混合气使发动机做功。

电路中晶体管 VT_1 的基极和发射极相连，相当于发射极为正、集电极为负的二极管，起温度补偿作用。其原理如下：当温度升高时，VT_2 的导通电压会降低，使 VT_2 提前导通而滞后截止，从而导致点火推迟；VT_1 与 VT_2 的型号相同，具有同样的温度特性系数，故在温度升高时，VT_1 的正向导通电压也会降低，使 P 点电位 U_P 下降，正好补偿了温度升高对 VT_2 工作电位的影响，而使 VT_2 的导通和截止时间与常温时相同。

电路其他元件的作用是：R_3、VD_3 为电源稳压电路，使 VT_2 导通时不受电源系统电压波动的影响；VT_1、VT_2 为信号稳压，削平高速时感应线圈产生的峰值电压；VT_4 的作用是防止初级电流被切断时产生的高压击穿 VT_5；C_1 是信号滤波，C_2 是电源滤波；R_4 为正向反馈电阻，加速 VT_2 的导通和截止。

3. 磁脉冲式电子点火分电器的结构与工作原理

电子点火器与点火信号发生器是配套使用的，点火信号发生器一般安装在分电器内。磁脉冲式（磁感应）电子点火分电器总成的结构组成如图 3.10 所示。

1）磁脉冲式点火信号发生器

磁脉冲式点火信号发生器的组成如图 3.11 所示，主要由信号转子、传感线圈、定子、永久磁铁等组成。

信号发生器的转子套在分电器的轴上，随分电器轴一起转动，定子与永久磁铁构成一定的磁场与磁路，当信号转子转到与定子对齐时，磁路被接通并形成闭合的磁路，磁场增强，当信号转子转动离开定子时，磁路被切断，磁场减弱。于是在感应线圈中产生交变的电压信号并输出。

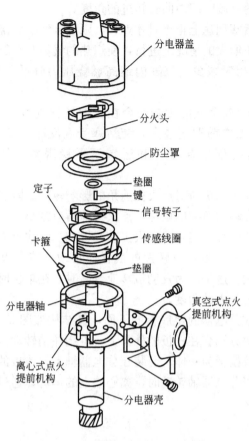

图 3.10 磁脉冲式电子点火分电器总成

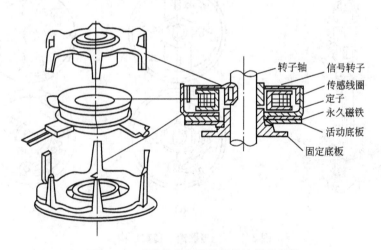

图 3.11 磁脉冲式电子信号发生器的结构

2) 点火提前装置

由于混合气在汽缸内燃烧占用一定的时间,所以混合气不应在压缩行程上止点处点火,而应适当提前,使活塞达到上止点时混合气已得到充分燃烧,从而使发动机获得较大功率,这个时间就是点火正时。点火时刻一般用点火提前角来表示,即从发出电火花开始到活塞到达上止点为止的一段时间内曲轴转过的角度。

如果点火过迟，当活塞到达上止点时才点火，则混合气的燃烧主要在活塞下行过程中完成，即燃烧过程在容积增大的情况下进行，使炽热的气体与汽缸壁接触的面积增大，因而转变为有效功的热量相对减少，汽缸内最高燃烧压力降低，导致发动机过热，功率下降。

如果点火过早，由于混合气的燃烧完全在压缩过程进行，汽缸内的燃烧压力急剧升高，当活塞到达上止点之前即达最大，使活塞受到反冲，发动机做负功，不仅使发动机的功率降低，并有可能引起爆燃和运转不平稳现象，加速运动部件和轴承的损坏。

发动机的转速和发动机的负荷对点火提前角的影响较大。随着发动机转速的增加，点火提前角应增大；随着发动机负荷的增加，点火提前角应减小。

点火提前装置主要有两种：离心式点火提前装置和真空式点火提前装置。

离心提前机构的作用是随发动机转速的变化而自动调节点火提前角。发动机转速越高，最佳点火提前角越大。这是因为发动机转速升高时，在单位时间内，活塞将移动距离较大，曲轴也相应地转过较大的角度。

离心提前机构安装在分电器固定底板的下面，其结构如图 3.12 所示。在分电器轴上固定有托板，两个离心块分别套在托板的柱销上，可绕柱销转动。离心块的另一端由弹簧拉向轴心。断电器凸轮及拨板为一体，套装在分电器轴上，拨板的矩形孔套在离心块的销钉上，受离心块驱动。当分电器轴转动时，离心块上的销钉即通过拨板带动断电器凸轮相对分电器轴转动一个角度。

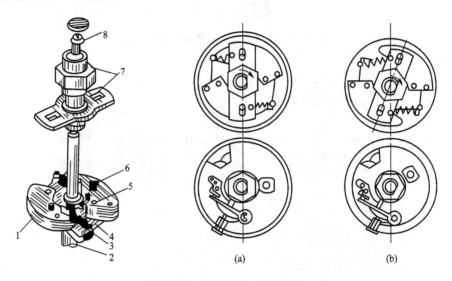

图 3.12　分电器离心提前机构

1—离心块；2—分电器轴；3—弹簧及支架；4—托板；
5—柱销；6—销钉；7—凸轮及拨板；8—限位螺钉

真空提前机构的作用是随发动机负荷的大小而自动调节点火提前角。在相同转速下，随着发动机负荷的增大，最佳点火提前角将随之减小。这是由于发动机负荷大即节气门开度大时，吸入汽缸的混合气增多，压缩终了时的汽缸压力和温度增高，使燃烧速度加快，因此最佳点火提前角应随负荷增大而减小。

真空提前机构的工作原理如图3.13所示。当发动机负荷较小时，节气门开度小，真空度增大，吸动膜片，克服弹簧弹力向右拱曲，拉杆拉动活动底板并带动断电器凸轮逆着分电器轴旋转方向向后转动一定角度，点火提前角增大，如图3.13(a)所示；当发动机负荷增大即节气门开度增大时，真空度减小，在弹簧弹力的作用下，膜片向左拱曲，拉杆带动活动底板顺着凸轮旋转方向向前转动一定角度，使点火提前角减小，如图3.13(b)所示。

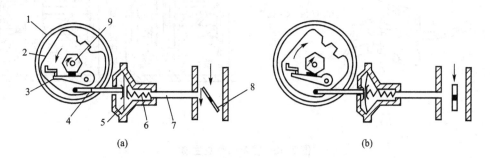

图3.13 真空提前机构的工作原理

(a)节气门开度减小时；(b)节气门开度增大时

1—分电器壳体；2—活动底板；3—触点；4—拉杆；5—膜片；6—弹簧；
7—真空管；8—节气门；9—凸轮

3.1.4 霍尔式电子点火系统的工作过程

1. 霍尔效应

霍尔效应的原理如图3.14所示。当电流通过放在磁场中的半导体基片（即霍尔元件），且电流方向与磁场方向垂直时，在垂直于电流和磁场的半导体基片的横向侧面上将产生一个电压U_H（通常称之为霍尔电压）。霍尔电压的高低与通过的电流和磁感应强度成正比，可用下式表示

$$U_H = \frac{R_H}{d} IB \quad (3-1)$$

式中：R_H——霍尔系数；
d——半导体基片厚度；
I——电流；
B——磁感应强度。

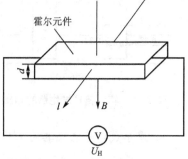

图3.14 霍尔原理

由式(3-1)可知，当通过的电流I为一定值时，霍尔电压U_H随磁感应强度B的大小而变化。

2. 霍尔效应式点火信号发生器的工作原理

霍尔信号发生器是利用霍尔现象来产生点火信号的。霍尔式信号发生器的结构组成如图3.15(a)所示，其工作原理如图3.15(b)、(c)所示。

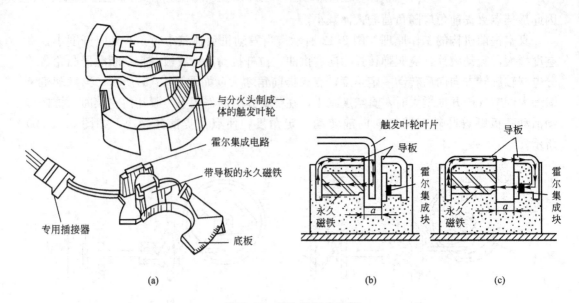

图 3.15 霍尔信号发生器
(a) 霍尔信号发生器的组成；(b) 叶片在气隙内；(c) 叶片不在气隙内

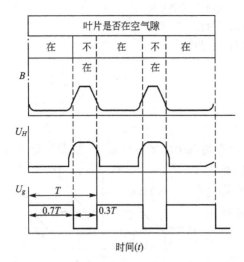

图 3.16 霍尔信号发生器的输出信号

在与分火头制成一体的触发叶轮的四周，均布着与发动机汽缸数相同的缺口，当触发叶轮由分电器轴带着转动，转到触发叶轮的本体(没有缺口的地方)对着装有霍尔集成块的地方时(叶片在气隙内)，通过霍尔集成块的磁路被触发叶轮短路，此时霍尔集成块中没有磁场通过，不会产生霍尔电压；当触发叶轮转到其缺口对着装有霍尔集成块的地方时(叶片不在气隙内)，永久磁铁所产生的磁场，在导板的引导下垂直穿过通电的霍尔集成块，于是在霍尔集成块的横向侧面产生一个霍尔电压 U_H，此电压是 mA 级，信号很微弱，需要由集成电路进行放大、脉冲整形信号处理，最后以整齐的矩形脉冲(方波)信号 U_g 输出，如图 3.16 所示。

3. 霍尔式电子点火器的工作原理

霍尔式电子点火器一般多由专用点火集成块 IC 和一些外围电路组成，比较接近微机控制的点火系统(但还是有根本的区别)。除了具有控制点火线圈初级电流的通断外，还具有其他辅助控制，如限流控制、停车断电保护等功能。这使该点火系统显示出更多的优越性，如点火能量高，在发动机转速范围内基本保持恒定，高速不断火，低速耗能少，起动可靠等。图 3.17 为霍尔式点火装置的工作原理图。

霍尔式电子点火器的基本工作过程如下。

接通点火开关，发动机转动，当霍尔信号发生器输出信号 U_g 为高电位，该信号通过点火器插座⑥端子和③端子进入点火器。此时，点火器通过内部电路，驱动点火器大功率

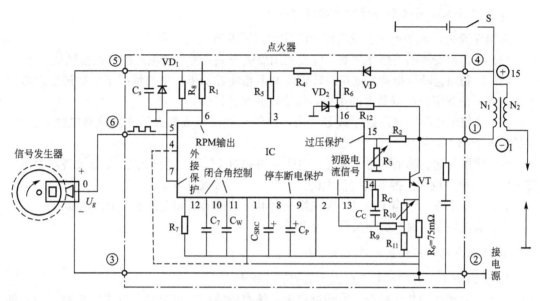

图 3.17 霍尔式点火装置工作原理图

晶体 VT 导通,接通初级电路。其电路是蓄电池(或发电机)"+"极→点火开关→点火线圈初级绕组 N_1→点火器大功率晶体管 VT→反馈电阻 R_s→搭铁→蓄电池(或发电机)"-"极。

当霍尔信号发生器输出信号 U_g 下跳为低电位时,点火器大功率晶体 VT 立即截止,切断点火线圈初级电路,次级绕组产生高压电。

3.1.5 电子点火系统的故障诊断

1. 点火系统的常见故障

点火系统的故障有无火、断火或缺火、点火正时不当和火花弱等类型。

1) 无火

各缸火花塞均不跳火。其故障表现是:发动机不能起动,或发动机在运行中突然熄火后再不能起动。

2) 断火或缺火

某缸火花塞不跳火或火花时有时无。其故障表现是:发动机怠速不稳、动力下降、有时会出现排气管放炮和冒黑烟。

3) 点火正时不当

点火正时不当而使点火提前角过大或过小,或者是点火提前调节装置不良而使点火提前角不当。当点火提前角过大时,会使发动机的功率下降,严重时会出现加大油门发动机就有尖锐的金属敲击声(俗称敲缸),并使发动机的温度过高。如果点火提前角过小,会出现发动机加速困难、排气管放炮、发动机温度过高等故障。

4) 火花弱

火花塞电极能跳火,但其火花能量不足。火花弱会导致发动机运转不平稳、排气管放炮、不能起动等故障现象。

2. 电子点火系统使用与维修中的注意事项

为确保安全,电子点火系统检修时应注意以下事项。

(1) 拆卸或安装电路部件之前,应先关闭点火开关或拆下蓄电池的负极搭铁线。

(2) 当利用起动机带动发动机旋转,而又不想使发动机发动的情况下,如进行汽缸压力检查等,应拔下分电器盖上的中央高压线,并将其搭铁。

(3) 检修电路时应使用数字式万用表,严禁采用试灯或划火的方法检修电路。否则,会导致电子部件的损坏。

(4) 使用的起动辅助装置起动时,电压不得超过 16.5V。使用快速充电设备对蓄电池充电时,必须从汽车上拆下蓄电池上的"+"、"-"接线柱电缆。

(5) 在车上进行电焊作业时,应先拆去蓄电池的搭铁线和电控单元的连接器。

(6) 清洗发动机时,必须关断点火开关。

3. 无触点电子点火系统的故障检查

1) 富康轿车磁脉冲式电子点火系统的故障检查

(1) 点火系统的整体检查。发动机点火系统有故障时,可拔出分电器中央高压线,使其端部离汽缸体 5~7mm,接通点火开关,起动发动机,观察高压线端部是否跳火,如无强烈火花,说明点火系统有故障。

(2) 点火线圈的检查。点火线圈可能出现的故障有:初级绕组或次级绕组有短路、断路或绕组绝缘性能不良。点火线圈的检查方法如下。

① 用电压表检测。

如图 3.18 所示,接通点火开关,用电压表测量点火线圈 "1" 或 "2" 接脚与接地电压,如果电压为蓄电池电压,说明点火线圈初级绕组无断路现象。拔出点火线圈高压线,测量点火线圈高压插孔对地电压。如果为 12V 电压,则说明点火线圈次级绕组无断路现象。或用 12V 试灯来检查 "1" 或 "2" 接脚的对地电压,试灯亮为正常。

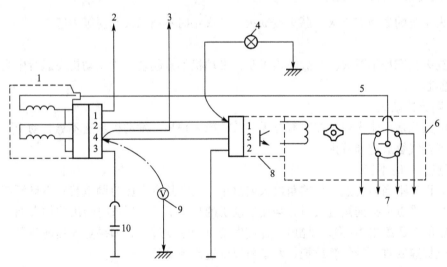

图 3.18　用电压表检查点火线圈有无断路

1—点火线圈;2—接转速表;3—接点火开关;4—试灯;5—中央高压线;6—分电器;
7—接火花塞;8—电子点火器;9—电压表;10—防干扰电容器

② 用欧姆表测电阻。

用欧姆表可检测点火线圈绕组的匝间短路、内部接触不良等故障。测量前先断开点火开关，拆除点火线圈上的导线。用万用表的欧姆挡检测点火线圈各接脚的电阻。初级绕组电阻为 0.8Ω，次级绕组电阻为 $5.2k\Omega$，任一接脚与搭铁间电阻应为无穷大。

(3) 火花塞的检查。火花塞的常见故障有：火花塞烧损、火花塞绝缘体破裂、电极烧蚀、熔化、火花塞积炭等，会导致点火系统的工作不可靠、火花弱、发动机缺火等故障。

拆下火花塞后查看火花塞的电极和绝缘体外观，有无烧损和沉积物。正常工作的火花塞绝缘体裙部呈浅棕色或灰白色，有轻微的积炭和电极烧蚀也属正常现象。

(4) 分电器的检查。分电器的常见故障有：分电器盖脏污或破损而漏电、分电器盖中央插孔内接触电刷弹簧失效或电刷卡住而使电刷与分火头导电片接触不良、分火头漏电等。

① 分电器盖的检查。检查分电器盖内外表面是否脏污、有无裂纹，检查分电器中央插孔内的接触电刷有无弹性、电刷是否卡住或太短。用万用表测量分电器盖各插孔之间的电阻，其电阻应在 $50M\Omega$ 以上。必要时更换分电器盖。

② 分火头的检查。检查分火头有无漏电、裂纹、导电片头有无烧损、分火头套在凸轮上端是否松旷等。

(5) 信号发生器的检查。点火信号发生器的常见故障是感应线圈不良，造成信号过弱或无信号产生，使发动机出现急速不稳或不能起动。其检查方法如图 3.18 所示。先从分电器上拆去电子点火器，用欧姆表检测感应线圈的电阻，正常的感应线圈电阻值为 385Ω，任一插脚与外壳之间的电阻应为无穷大。

(6) 点火器的检查。电子点火器的常见故障是内部电子元件不良、开关三极管不能导通或截止，使点火线圈初级绕组不能通电或不能断电，导致无点火高压产生。

可用高压试火法检查电子点火器故障。先从分电器端拔出中央高压线并插入火花塞，将火花塞搭铁，从分电器上拆下电子点火器，接通点火开关后，用一导线一端连接蓄电池正极，另一端触碰电子点火器的一个插脚。如果火花塞跳火，说明电子点火器良好。否则，说明电子点火器故障。

(7) 点火正时的检查。

① 急速点火提前角的检查。脱开分电器真空点火提前调节器的真空管，起动发动机，使发动机温度达到 $80℃$，使发动机转速保持 $750r/min$，用点火正时灯检测点火提前角，其正常值应为 $8°$左右。否则松开分电器固定螺栓，通过转动分电器进行调整。

② 不同转速和负荷点火提前角的检查。接好点火提前调节器的真空管，起动发动机运转，改变节气门的开度，用点火正时灯检测不同转速发动机点火提前角的变化是否符合规定。或在专用汽车电器实验台检测真空点火提前调节器和离心点火提前调节器的性能。必要时进行拆检或更换分电器。

2) 桑塔纳轿车霍尔式电子点火系统的故障检查

桑塔纳轿车霍尔式电子点火系统的故障检查如图 3.19 所示。

(1) 点火系统的检查。

怀疑点火系统有故障时，可拔出分电器中央高压线，使其端部离汽缸体 $5\sim7mm$，起动发动机运转，观察高压线端部是否跳火，如无强烈火花，说明点火系统有故障。

(2) 点火线圈、高压导线和分火头的检查。

测量点火线圈初、次级绕组的电阻值，测量前先断开点火开关，拆除点火线圈上的导线。初级绕组的电阻值，即点火线圈"＋"(或"15")与"－"(或"16")接线柱之间的电阻值，

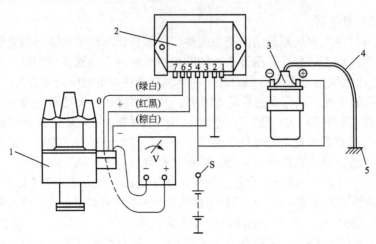

图 3.19　检查信号发生器输出电压
1—分电器；2—点火器；3—点火线圈；4—中央高压总线；5—发动机体

应为 0.52～0.76Ω；次级绕组的电阻值，即点火线圈"＋"与高压插孔之间的电阻值，应为 2.4～3.5kΩ，如电阻值符合规定，说明点火线圈良好，应及时装上点火线圈上的所有导线。

(3) 点火器的检查。

① 检查点火器电源电路是否正常。关断点火开关，拔下点火器的插接器，将万用表拨至直流电压挡，两表针接在线束插头的④和②接线柱上，接通点火开关，电压表测得的电压值应约为蓄电池电压。否则，应找出电源断路故障并予以排除。

② 检查点火器工作性能是否正常。关断点火开关，连接好点火器插接器，拔下分电器霍尔信号发生器插接器，将电压表两表针接在点火线圈 15(＋)和 16(－)接线柱上。当接通点火开关时，电压表的电压值应为 2～6V，并在 1～2s 后降为 0V，否则应更换点火器。

③ 检查点火器向霍尔信号发生器的输出电压值是否正常。关断点火开关，将电压表的两表针接在霍尔信号发生器线束插头"＋"和"－"接线柱上，接通点火开关时，电压表测得的电压值应为 5～11V，如低于 5V 或为 0V，再用同样方法对点火器插接器中的接线柱 5 和 3 进行测试，若电压值为 5V 以上，则说明点火器与信号发生器之间的线束断路，应予以拆除；若电压值仍为 5V 以下，则应更换点火器。

④ 检查霍尔信号发生器有无故障。在点火线圈、点火器及连接导线正常的前提下，关断点火开关，打开分电器盖，拔出分电器盖上的中央高压线并搭铁，将电压表的两表针接在插接器信号输出线(绿白线)和接地线(－)接线柱上，然后按发动机转动方向转动发动机，同时观察电压表上的读数，电压表上的读数应在 0～9V 之间变化。当分电器触发叶轮的叶片在空气隙时，其电压值为 2～9V；当触发叶轮的叶片不在空气隙时，其电压值约 0.3～0.4V。若电压不在 0～9V 之间变化，则应更换霍尔信号发生器。

3.2　汽油机微机控制点火系统的检修

3.2.1　微机控制点火系统的组成与功能

微机控制的点火系统主要由传感器、功率控制模块(power control module，PCM)和点火控制装置三大部分组成，如图 3.20 所示。点火系统的传感器主要有空气流量计、发动机转速传感器、节气门位置传感器、冷却液温度传感器及爆燃传感器等。

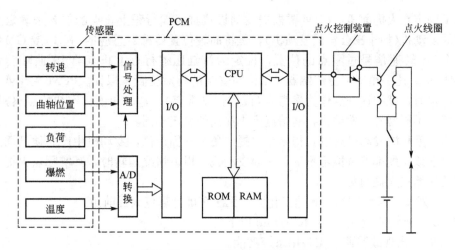

图 3.20 微机控制点火系统的组成

PCM 接收各种传感器送来的信号，经过数据处理后输出点火控制信号（缸序信号和点火信号），并通过电能输出极传到点火控制装置。

点火控制装置具有缸序判别、闭合角控制、恒流控制、安全信号等电路，其主要功能是接收 PCM 发出的缸序判别信号 IGdA、IGdB 和点火控制信号 IGT，驱动点火线圈工作，并向 PCM 输出点火反馈信号（IGF）。

3.2.2 点火提前角（点火正时）控制

为使发动机更有效地将热能转换为机械能，希望最高燃烧压力出现在上止点之后某一位置。图 3.21 显示出了发动机点火正时与汽缸压力的关系。图中 A 线表示无燃烧的压力线，以上止点为中心左右对称，B、C、D 线分别表示点火正时改变时的各燃烧压力波形。当点火时刻为②点时，最高燃烧压力正好出现在稍迟后于上止点的位置，且由阴影部分表示的燃烧压力所做的功最大。当点火时刻为①点时，虽然最高燃烧压力很高，但易发生爆燃现象。

从点火开始到出现最高压力点为止，经过滞燃期和火焰传播期等阶段，此阶段随着压缩比、汽油种类、空燃比、发动机负荷和转速状态等变化而变化。因此要根据发动机的运转状态控制点火提前角。

点火提前角（即点火正时）的控制，不同的厂家采取的控制方法各不相同。下面以一些车型上的发动机所采用的 ESA（electronic spark advance，电子点火提前）系统为例，介绍点火提前角的控制。

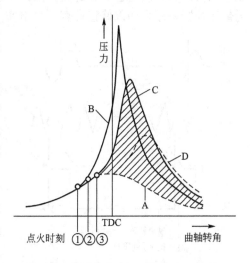

图 3.21 发动机点火正时与汽缸压力关系

1. 初始点火提前角

为了确定点火提前角，PCM 要根据发动机汽缸压缩行程上止点的位置来确定点火时刻。有的发动机(如丰田公司的发动机)，是将曲轴位置传感器感应的 G(G_1 或 G_2)信号后的第 1 个 Ne 转速信号过零点的位置，设定为汽缸压缩行程上止点前 $10°$ 曲轴转角，如图 3.22 所示。这一角度可由传感器的结构与安装的相对位置来保证。PCM 在计算、控制点火提前角时，就把这一点作为参考点(或称作基准点)，这个角度称作初始点火提前角。不同公司、不同型号的发动机，初始点火提前角的设定不同。

对同一型号的发动机来说，初始点火提前角为一固定值，发动机生产时便已固定，在任何工况下该角度都保持恒定不变。一般发动机在以下情况运转时，其实际点火提前角采用固定的初始点火提前角。

(1) 在发动机起动期间，转速变化大，无法正确计算点火提前角。

(2) 发动机转速较低(如在 400r/min 以下)。

(3) PCM 出现故障而起用备用系统功能。

有的发动机，PCM 的检查插接器中设有 T 或 TE_1 端子，也称为检验端子，以便在调整发动机的基本运行参数时，确认初始点火提前角。即在关闭全车附属用电设备、变速器置于规定的挡位、发动机以正常温度在规定的怠速运行(IDL 怠速触点闭合)时，短接 T 或 TE_1 端子与 E_1(搭铁)端子，实际点火提前角应固定在初始点火提前角(如丰田车为 BTDC $10°$ 曲轴转角)。使用点火正时灯和发动机转速表读取此时的点火提前角，如不符，可通过转动分电器壳体或曲轴位置传感器的位置，将其调整到规定值。

2. 点火提前角的计算

在 PCM 的 ROM 内存中，储存有发动机在各种工况点的基本点火提前角，它是根据发动机转速和进气量选择并经试验确定的最佳角度。发动机起动后正常运行时，PCM 根据当前的转速和负荷(进气流量或进气管压力，有的也用基本喷油时间)，查询内存的数据或插值计算，确定各工况的基本点火提前角，再按传感器送来的各种修正信号和内存中的修正控制程序，加以修正计算，得出实际的点火提前角，如图 3.23 所示。

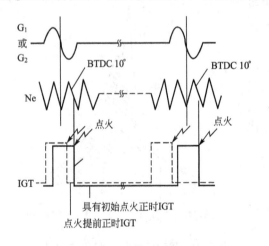

图 3.22 初始点火提前角

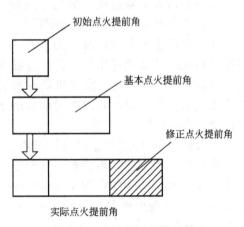

图 3.23 点火提前角的计算

实际点火提前角＝初始点火提前角＋基本点火提前角＋修正点火提前角

计算的实际点火提前角，是发动机在各种工况状态下的最佳点火提前角。PCM 每秒钟要对点火提前角进行数百次的调整，以使火花塞始终在最佳点火时刻点燃混合气。

需要说明的是，PCM 内存中的基本点火提前角是经试验确定的与发动机特定转速与负荷相对应的最佳值，对于其值以外的其他工况的基本点火提前角，则由 PCM 根据周围特定点的基本点火提前角的数据，用插值法经计算得出。

3. 点火提前角的控制

点火提前角的控制包括两种基本情况，即起动期间的点火提前角控制和起动后发动机正常运行期间的点火提前角控制。发动机正常运行期间的点火提前角控制包括基本点火提前角控制和修正点火提前角控制，如图 3.24 所示。对点火提前角进行控制的项目，随发动机型号的不同而异，并依发动机各自的修正特性进行控制。

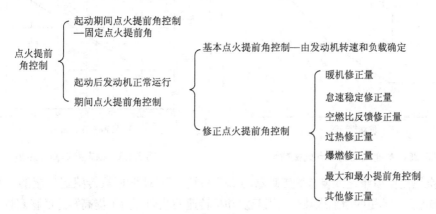

图 3.24 点火提前角的控制

1) 起动期间的点火提前角控制

在起动期间，发动机转速不稳定且较低（通常在 400r/min 以下），进气管压力信号或进气流量信号不稳定，将实际点火时间固定在初始点火提前角。

2) 起动后的点火提前角控制

发动机在起动后正常运行时，由微机根据传感器信号来控制点火提前角。

(1) 基本点火提前角。发动机在怠速工况运行时，节气门位置传感器的怠速触点 IDL 闭合，PCM 根据发动机转速和空调开关是否接通来确定基本点火提前角，如图 3.25 所示。此时的主要控制信号有：节气门位置信号、发动机转速信号、空调开关信号。

当节气门位置传感器的怠速触点 IDL 断开，发动机处于正常运行工况时，PCM 根据发动机的转速和负荷，通过查找 ROM 中的数据来计算确定该工况下的基本点火提前角。

有的发动机，按汽油辛烷值的不同，在 ROM 中存放有两张基本点火提前角数据表格（即点火正时图），驾驶员可根据实际使用燃油的辛烷值，通过燃油品种选择开关（或插头）来选择点火提前角。

具有爆燃控制功能的 ESA 系统，在 PCM 中还储存有专用于爆燃控制的数据。

(2)点火提前角的修正。

① 暖机修正：发动机冷机起动后，冷却液温度较低时，应增大点火提前角。在暖机过程中，随冷却液温度升高。修正特性曲线随发动机不同而异。

② 稳定怠速修正：发动机怠速运行，当负荷发生变化使怠速改变时，PCM 可以通过调整点火提前角修正怠速，使发动机在规定的目标怠速下稳定运转，从而有效地防止发动机怠速波动。在怠速工况，PCM 不断地检测发动机的实际转速，当实际转速低于目标怠速时，PCM 相应增大点火提前角；反之，则减小点火提前角。修正量随实际转速与目标怠速的差值的增大而增大，如图 3.26 所示。当空调工作时，怠速的点火提前角要小些。

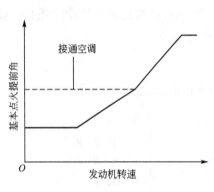

图 3.25 怠速工况基本点火提前角

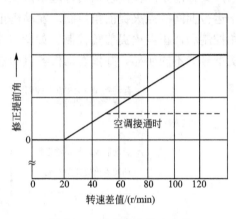

图 3.26 稳定怠速修正曲线

③ 空燃比反馈修正：装有氧传感器的 EFI 系统，PCM 根据氧传感器反馈的信号对空燃比进行修正。喷油量的增加或减少会引起发动机转速的波动，为了提高转速的稳定性，在反馈修正的喷油量减少时，点火提前角相应增大，如图 3.27 所示。

④ 过热修正：发动机处于正常运行工况（IDL 触点断开）时，若冷却液温度度过高，为了避免产生爆燃，应将点火提前角减小；当处于怠速工况（IDL 触点闭合）时，若冷却液温度度过高，为了避免发动机长时间过热，应将点火提前角增大。过热修正曲线变化趋势如图 3.28 所示。

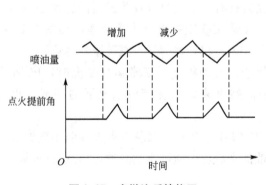

图 3.27 空燃比反馈修正

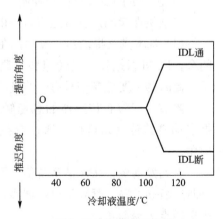

图 3.28 过热修正曲线

⑤ 爆燃修正：具有爆燃控制功能的 ESA 系统，PCM 根据爆燃传感器送来的爆燃信号修正点火时间，以防止爆燃的发生。

⑥ 最大和最小提前角控制：如果点火时刻过于提前或推迟时，发动机很难正常运转。PCM 规定了点火提前角的极限值，有的发动机规定点火提前角最大为 37°曲轴转角，最小为 −10°曲轴转角。

⑦ 大气压力修正：PCM 根据大气压力传感器输入的大气压力信号，对点火提前角作进一步修正。通常大气压力越低，点火提前角越大，以保证汽车在高原条件下行驶时发动机能稳定运转。

3.2.3 初级线圈通电时间的控制

对于常用的电感储能式电子点火系来说，初级电路断开瞬间其电流所能达到的值（即初级断开电流）与初级电路的通电时间有关。只有通电时间达到一定值时，才能使初级电流上升到足够大，并在初级电路断路时使次级线圈产生足够高的点火电压。

对通电时间进行控制就是对点火闭合角进行控制，在产生足够的次级高压的同时，还要防止因通电时间过长使点火线圈过热而烧坏。点火闭合角的大小决定了点火线圈初级电路的通电时间和储存的能量。为了使点火系在发动机高速时有足够的点火电压，防止低速时点火线圈过热和减少电能消耗，就必须对点火闭合角进行控制。

初级线圈通电时间的长短取决于发动机转速和电源供电电压的大小。在不同的转速、不同的供电电压下，都应保证有一定的初级断开电流。随着发动机转速的升高，应适当延长通电时间，以防止初级断开电流减小、点火线圈储能下降，造成次级高压降低而点火困难。理想的点火闭合角与发动机转速的关系如图 3.29 所示。当电源供电电压变化时，会影响初级断开电流的大小。当电压下降时，在相同的通电时间内初级电流所能达到的值会减小，此时应延长通电时间（点火闭合角）。理想的初级线圈通电时间与电源电压的关系，如图 3.30 所示。

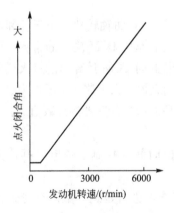

图 3.29 理想的点火闭合角与发动机转速的关系

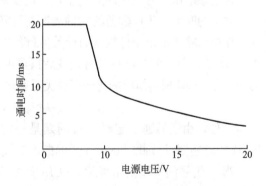

图 3.30 理想的初级线圈通电时间与电源电压的关系

ESA 系统对通电时间进行控制时，主 PCM 的内存中储存了根据电源电压和发动机转速确定的初级线圈通电时间的三维数据表格，如图 3.31 所示。在发动机的实际工况中，PCM 通过查找这个表格内的数据，就可计算确定最佳的点火闭合角。

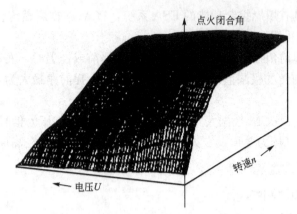

图 3.31 典型的初级线圈通电时间脉谱

3.2.4 点火基准信号及点火提前角控制方式

发动机的点火提前角要求按 1°曲轴转角级精度进行控制。在发动机转速为 6000r/min 时,1°曲轴转角换算成时间约为 30μs。为了精确控制点火提前角,需要精确地检测曲轴转角位置。不同系统采用的点火基准信号及点火提前角控制方式多种多样,常见的有 3 种方法:计数器延时计数法、脉冲计数和延时计数综合法、1°曲轴转角计数法。下面以四缸汽油机为例分别说明它们的测量过程。

1. 计数器延时计数法

这种方式 PCM 要输入一个与发火间隔角(对 4 缸机为 180°曲轴转角)相等的曲轴位置基准脉冲信号(基准信号 G)。以该基准信号发生时刻为基准,根据事先编程设定的通电时间和点火时刻,计算出通电开始时刻和断电时刻,并用微机内的快速定时计数器进行控制。该基准信号也常作为转速信号使用。

假定该基准信号发生时刻位于发动机压缩上止点(TDC)前 90°曲轴转角。由于相邻两个脉冲之间的时间等于计数器的时钟周期与计数值的乘积,前者是由 PCM 决定的常数,所以在工作中只需不断记录计数器的计数值(设定为 N)即可。若此时 PCM 计算出的点火提前角为 30°曲轴转角,那么当 G 信号出现后只要再过 60°曲轴转角就该点火,这一角度称为点火延迟角 A_d。PCM 根据简单的比例运算关系就可计算得到 A_d 所对应的计数器的计数值 N_d

$$N_d = A_d N / 180°$$

另外,由于转速一定时点火周期是一定的,控制断电时间就控制了通电时间。为此 PCM 同时还要计算此时点火线圈的断电时间 D_n。

当 G 信号的下跳沿出现时,PCM 首先启动计数器工作,进行延迟计数。当延迟计数值等于 N_d 时输出点火信号,将初级电路切断。接着 PCM 启动计数器进行断电时间控制,当计数值等于 D_n 时将点火信号取消,使初级电路接通。定时波形如图 3.32 所示,TDC 为压缩上止点,G 为基准信号,IGT 为点火控制信号,FIRE 为火花塞跳火时刻。可以利用分电器或曲轴产生 G 信号。

这种控制方式结构最简单、易于实现,但在过渡工况时转速是变化的,控制精度略差一些,现已较少采用。

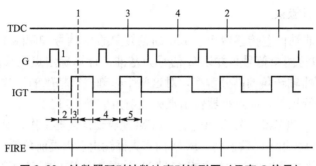

图 3.32 计数器延时计数法定时波形图（只有 G 信号）

1—G 信号触发沿；2—延迟时间 N_d；3—点火提前角对应的时间；
4—通电时间；5—断电时间

2. 脉冲计数和延时计数综合法

这种方法中 PCM 接收与发火间隔角（对 4 缸机为 180°曲轴转角）相同的基准信号 G 和某一曲轴转角信号 Ne。并以 G 信号为基准，计算确定点火线圈通电的开始时刻和点火时刻，以每个 Ne 信号对应的曲轴转角（例如曲轴每转 18 个脉冲，脉冲间隔 20°曲轴转角）为计数单元，对这两个时刻进行计数确定，以此对通电时间和点火时刻进行控制，向点火器输出点火提前角信号 IGT。

如图 3.33 所示，若 G 信号在压缩行程上止点前 80°曲轴转角出现，Ne 信号的脉冲间隔为 20°曲轴转角，点火提前角为 35°曲轴转角，那么延迟角为 45°曲轴转角。当基准位置信号 G 的上跳沿出现后，PCM 计数器先数两个 Ne 信号，这时对应的曲轴转角为 40°，剩下的 5°曲轴转角则采用定时计数法控制，若两个 Ne 信号间对应的定时计数值为 N（即 20°曲轴转角对应时间），那么 5°曲轴转角对应的定时计数值为 N/4。当 N/4 定时时间结束时，则 PCM 输出点火信号，使初级回路断路。

这种方式在发动机过渡工况时的控制精度较高，但传感器的结构要复杂些。

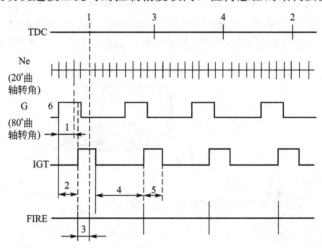

图 3.33 脉冲计数和延时计数综合法时序图

1—两个 Ne 信号对应的时间；2—45°曲轴转角对应的时间；3—点火提前角对应的时间；
4—通电时间；5—断电时间；6—G 信号有效沿

3. 1°曲轴转角计数法

这种方式采用曲轴位置传感器产生180°曲轴转角的G信号和间隔1°曲轴转角的Ne信号，PCM同时接收这两个信号，并以G信号为基准，计算确定点火线圈通电的开始时刻和点火时刻，以1°曲轴转角的高分辨率，对这两个时刻进行精确的计数确定，以此对通电时间和点火时刻进行控制，向点火器输出点火提前角信号IGT。

如图3.34所示，当基准信号G出现后，PCM就启动计数器工作，对1°曲轴转角信号Ne计数，数过与延迟角度相等的数值后，PCM向点火器输出点火提前角信号IGT，将初级电路切断。同时启动计数器重新对1°曲轴转角信号Ne计数，数到与断开角度相等的数值后，将点火信号取消，使初级回路闭合，让点火线圈以磁场形式积蓄能量为下一次点火做准备。

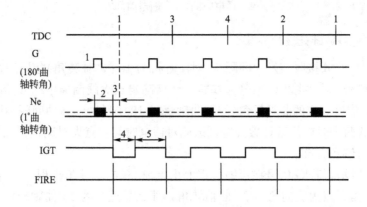

图3.34　1°曲轴转角计数法(有G信号和1°曲轴转角信号Ne)
1—G信号有效沿；2—点火延迟角；3—点火提前角；
4—通电时间；5—断电时间

这种方法以1°曲轴转角信号为背景对延迟角度和断开角度进行控制，所以转速波动不影响测量精度，过渡工况控制性能好；但是产生1°曲轴转角的信号有时比较困难。

图3.35为日产汽车公司ECCS(electronic concentrated engine control system，发动机电子集中控制系统)上用于6缸机的脉冲信号发生器的结构。该传感器上有3个线圈：①、③两个线圈

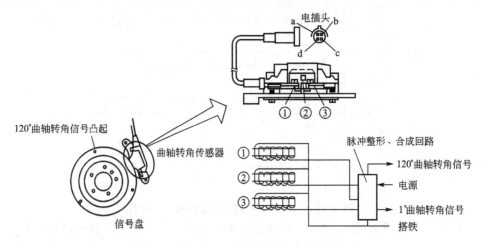

图3.35　日产汽车公司ECCS系统的脉冲信号发生器

的信号经脉冲整形、合成后产生1°曲轴转角的信号；②线圈用于产生基准信号G。产生1°曲轴转角信号的另一种方法是用光电传感器，在信号盘圆周上每1°曲轴转角做一个信号槽。

3.2.5 微机控制点火系统分类

微机控制点火系统可分为有分电器式和无分电器式两种形式。

1. 有分电器式微机控制点火系统

有分电器式微机控制点火系统电路如图3.36所示。

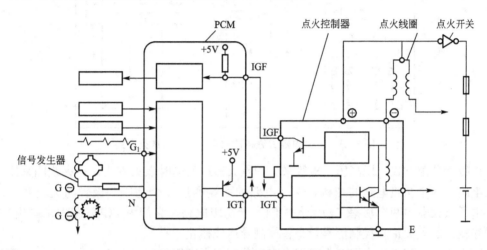

图3.36 有分电器式微机控制点火系统电路

PCM根据各输入信号，确定点火时刻，并将点火正时信号IGT送至点火器，当IGT信号变为低电平时，点火线圈中初级线圈被切断，次级线圈中感应出高压电，再由分电器送至相应缸火花塞点火。为了产生稳定的次级线圈电压和保证系统可靠工作，在点火器中设有闭合角控制回路和点火确认信号安全保护电路。

2. 无分电器式微机控制点火系统

无分电器式微机控制点火系统（Distributorless Ignition，DLI）是将在点火线圈中所产生的次级高电压直接分配给各缸的火花塞的系统。它与普通的分电器系统相比，具有以下优点。

（1）安装容易。取消了分电器，使得安装在发动机上的部件小型化。

（2）可靠性提高。取消了运动件，无机械摩擦，没有分火头部的放电现象。

（3）点火性能提高。点火提前角调节幅度及耐压性提高，没有由分火头转动半径引起的点火提前角幅度及耐压性的限制。

无分电器式微机控制点火系统的点火方式根据其点火线圈的组成不同分为同时点火方式和独立点火方式两种。常见的电子配电方式如图3.37所示。

1）同时点火方式

同时点火方式是指两个汽缸同时进行点火，其中一缸是在压缩行程点火，而另一缸是在排气行程点火。在排气行程中点火对发动机没有任何影响，所以构成整个系统的点火线圈可以为汽缸数的一半。这种方式点火高压的分配又分为两种：二极管分配方式和点火线圈分配方式。

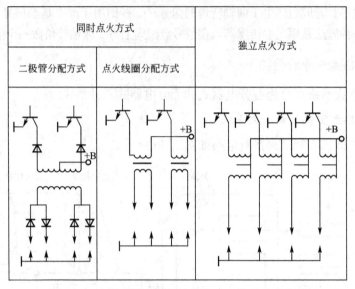

图 3.37　无分电器式微机控制点火系统的点火方式

二极管分配方式：用高压二极管来分配点火高压的同时点火方式。点火线圈采用一个次级电路、两个初级电路的结构，次级电路的两端通过 4 个高压二极管与火花塞构成回路。电子点火器中两个功率三极管各控制一个初级电路，它们由 PCM（图中未画出）按点火顺序输出的点火正时控制信号，交替控制导通或截止。

点火线圈分配方式：用点火线圈来直接分配点火高压的同时点火方式。点火线圈组件有两个独立的点火线圈，每个点火线圈同时向同组两缸的火花塞供给点火高压，也就是使同组内各自处在排气行程与压缩行程的两缸同时点火。

2) 独立点火方式

这种方式也称为单独点火方式。采用这种方式的 DLI 取消了公共的点火线圈，每一汽缸的火花塞各配一个独立的点火线圈来提供点火高压，因而需要判别点火顺序的汽缸数目比同时点火方式多了一倍，除此之外，其组成和工作原理与同时点火方式基本相同。

3.2.6　典型微机控制点火系统检修

1. 桑塔纳 2000 时代超人轿车 AJR 发动机的无分电器电子点火系统介绍

桑塔纳 2000 时代超人轿车 AJR 发动机点火系统每两个汽缸共用一个点火线圈，图 3.38 为双火花塞点火线圈电路，图 3.39 为点火系统原理图。

在图 3.38 中，点火线圈次级高压线圈两端各连接一个分属于不同汽缸的火花塞，点火发生时，两火花塞同时串联点火。此时，由于一个汽缸处于压缩行程的接近上止点位置，因此一个火花塞产生强烈的击穿混合气火花来点燃混合气，使发动机对外做功。而另一个汽缸处

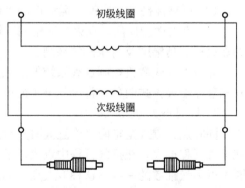

图 3.38　双火花塞点火线圈电路

于排气行程的接近上止点之前，缸内是已燃烧气体和少量未燃烧完全的混合气，且正在排出汽缸，因此另一个火花塞产生的火花不能点燃残余废气，也不能点燃尚未经过压缩，被残余废气冲淡的进入汽缸的新鲜混合气（由于气门重叠，此时该缸的进气门已打开）。同样道理，当发动机运转到另一时刻，则两火花塞的点火作用正好反过来。

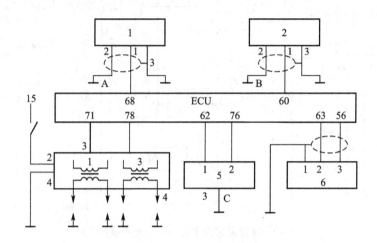

图 3.39　桑塔纳 2000 无分电器电子点火系统原理图

1—汽缸 1～2 的爆震传感器；2—汽缸 3～4 的爆震传感器；3—电子点火组件；
4—火花塞；5—霍尔传感器；6—转速传感器

在图 3.39 中，点火子系统 ECU 直接发出控制信号给电子点火组件的功率晶体管，并各由一个功率晶体管控制一个点火线圈对两个汽缸点火。为保证点火正时，此系统必须有曲轴位置传感器发来的曲轴转角（Crank-shaft Angle，CA）和上止点（Top Dead Center，TDC）信号。触发信号由霍尔传感器获得，发动机转速信号由电磁感应式转速传感器获得，点火子系统 ECU 再结合发动机电控系统其他传感器发来的信号，最终确定每缸的点火正时。

2．丰田皇冠汽车无分电器同时点火系统的检修

丰田皇冠汽车所采用的无分电器点火系统的工作原理如图 3.40 所示。

1）曲轴位置传感器信号

曲轴位置传感器由 G_1、G_2 及 Ne 3 个线圈组成，其功能是判别汽缸、检测曲轴的转角，以决定点火时的原始设定位置。

（1）G_1 信号。利用 G_1 信号可判别出第 6 缸在压缩上止点的附近。G_1 传感线圈产生电压波形，是设定在第 6 缸压缩上止点附近时产生的，因此只要 G_1 线圈产生电压信号，就表示第 6 缸处于压缩上止点附近，其点火提前角和闭合角由 ECU 根据 Ne 信号决定。

（2）G_2 信号。G_2 信号与 G_1 信号波形相同，G_1 信号与 G_2 信号相差 180°（曲轴转角 360°）。当 G_2 信号产生时，即表示第 1 缸活塞处于压缩上止点的附近。应完成其点火准备，点火正时也由 Ne 信号决定。

（3）Ne 信号。Ne 正时转子有 24 个齿，它每转一转，产生 24 个信号波形，其波形与 G_1、G_2 信号波形相似，每个波形表示 Ne 正时转子角度为 15°或发动机曲轴转角为 30°。

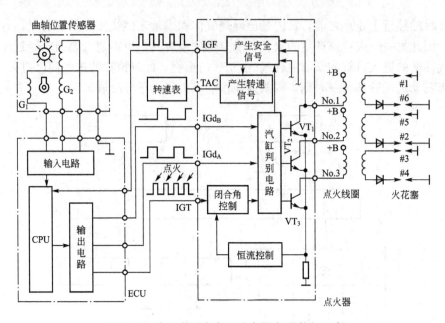

图 3.40　丰田皇冠汽车无分电器电子点火系统

2) ECU 的输出信号

ECU 通过曲轴位置传感器接收到 G_1、G_2、Ne 信号，向点火器输出 IGT、IGd_A、IGd_B 3 个信号。

(1) IGT 信号。IGT 信号就是点火正时信号。当 G_1 或 G_2 信号产生时，ECU 以此信号为基准，根据 Ne 信号控制其后的 3 次点火信号，即每 4 个 Ne 信号产生一次点火信号（4 个 Ne 信号为 60°，相当于曲轴转角为 120°），而每产生 3 次点火信号后，再经 G 信号重新设定其后的 3 次点火信号。点火提前角仍然由 ECU 利用各传感器检测到的发动机转速、进气压力（真空度）、节气门位置、冷却液温度等信号进行控制。闭合角由点火器中的闭合角控制电路进行控制。

(2) IGd_A、IGd_B 信号。IGd_A、IGd_B 信号是 ECU 输送给点火器的判缸信号，它存于 ECU 的存储器中，ECU 根据 G_1、G_2 及 Ne 信号查表选择 IGd_A、IGd_B 信号状态，以确定各缸的点火顺序。

3) 点火器

点火器内有汽缸判别、闭合角控制、恒流控制、安全信号等电路，其主要功能是接收 ECU 发出的 IGT、IGd_A、IGd_B 信号，并依次驱动各个点火线圈工作。另外它还向 ECU 输入安全信号（IGF）。其具体工作过程如下。

点火器中的汽缸判别电路根据判别信号 IGd_A、IGd_B 的信号状态，决定哪条驱动电路接通，并将 IGT 点火正时信号送往与此驱动电路相连接的点火线圈，完成对某缸的点火。例如，如果 IGd_A、IGd_B 信号状态分别为 0 和 1 时，汽缸判别电路使 VT_1 导通，将点火正时信号送给第 1 缸和第 6 缸的点火线圈，使其工作，完成对第 1 缸和第 6 缸的点火。

4) 安全信号 IGF

点火器将点火线圈的初级电流信号反馈给 ECU 的信号，使点火器具有安全功能。在电控燃油喷射发动机中，喷油器的驱动信号来自曲轴位置传感器。如果点火系统出现故障使火花塞不点火，而曲轴位置传感器工作正常时，喷油器会照常喷油，造成汽缸内喷油过多，结果会出现再起动困难或行车时三元催化转化器过热。为避免这种现象发生,当 IGF 信号连续 3 次无反馈信号送入 ECU 时,则 ECU 判断点火系统有故障,并强制停止喷油器工作。

5)点火线圈

一般传统点火线圈的二次线圈的一端通过配电器接火花塞,一端与一次线圈相接。无分电器点火系统采用小型闭磁路的点火线圈,二次线圈的两端分别与两个汽缸上的火花塞相连接。汽缸的组合原则为,一缸处于压缩行程的末期,另一缸处于排气行程的末期,曲轴旋转 360°后两缸所处的行程正好相反。对于 6 缸发动机来讲,其汽缸的组合为第 1 缸与第 6 缸、第 2 缸与第 5 缸、第 3 缸与第 4 缸,即每两缸一个点火线圈,火花塞串联同时点火。

由于压缩缸的汽缸压力较高,放电较为困难,故所需击穿电压较高了而排汽缸的压力接近大气压力,放电容易,所需的击穿电压较低。因此当两缸火花塞同时跳火时,阻抗几乎都在压缩缸。即在串联点火电路中,压缩缸承受大部分电压降,与普通的只有一个火花塞跳火的点火系统比较,击穿电压相差不大,排汽缸损失的电能也不大。

6)丰田皇冠曲轴位置传感器的检查

(1)曲轴位置传感器电阻的检查。拔下曲轴位置传感器的导线插接器,用电阻表测量曲轴位置传感器上各端子间的电阻,其值应符合表 3-4 的要求。

表 3-4 曲轴位置传感器的电阻值

端　子	条　件	电阻/Ω
G_1-G_0	冷态	125～200
	热态	160～235
G_2-G_0	冷态	125～200
	热态	160～235
$Ne-G_0$	冷态	155～250
	热态	190～290

(2)曲轴位置传感器输出信号的检查。拔下曲轴位置传感器的导线插接器,当发动机转动时,用示波器检查曲轴位置传感器上的 G_1-G_0、G_2-G_0、$Ne-G_0$ 端子,应有脉冲信号输出。

(3)传感器线圈与信号转子的间隙检查。用塞尺测量信号转子与传感器线圈凸出部分的空气间隙,其值应为 0.2～0.4mm。

7)丰田皇冠点火线圈的诊断与维修

拔下点火线圈的连接线,用电阻表检测点火线圈的电阻,其电阻值应符合表 3-5 的要求。

表 3-5 点火线圈的电阻值

点火线圈	条　件	电阻/Ω	点火线圈	条　件	电阻/Ω
一次线圈	冷态	0.36～0.55	二次线圈	冷态	9.0～15.4
	热态	0.45～0.65		热态	11.4～13.8

8)丰田皇冠点火器的诊断与维修

将点火线圈与点火器的导线插接器插好,用电压表或示波器检查发动机 ECU 端子间的电压,其电压值应符合表 3-6 的要求。

表 3-6 点火器各端子间电压

端　子	标准电压	条　件
+B—接地	9.0～14V	点火开关处于"ON"
IGT—接地	应有脉冲发生	起动或急速
IGF—接地	应有脉冲发生	起动或急速

9) 丰田皇冠点火系统其他部件的诊断与维修

(1) 高压线。通过测量高压线的电阻来判断其是否良好，其电阻值最大应为 25 kΩ。

(2) 火花塞。火花塞的绝缘电阻应为 10MΩ 或更大，用电阻表测量。

3. 帕萨特 B5 轿车微机控制点火系统的故障诊断与维修

1) 帕萨特 B5 发动机点火系统概述

帕萨特 B5 发动机点火系统是电子控制燃油喷射系统的一个子系统，由一个电控单元 ECU 控制。

帕萨特 B5 点火系统主要由点火线圈、火花塞、爆震传感器、霍尔传感器等组成，其结构如图 3.41 所示。

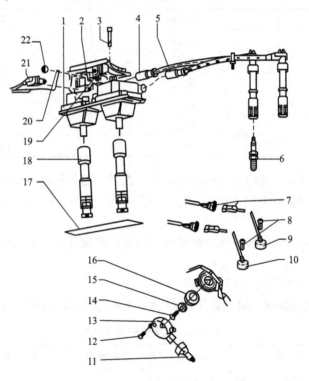

图 3.41　电控点火系零部件图

1—点火线圈（N128）；2—锁紧装置；3—螺栓；4—1 缸火花塞插头；5—2 缸火花塞插头；6—火花塞（30N·m）；7—三针插接头；8—螺栓（20N·m）；9—爆震传感器 1（G61）；10—爆震传感器 2（G66）；11—三针连接插头；12—螺栓（10N·m）；13—凸轮轴霍尔传感器（G40）；14—螺栓（25N·m）；15—垫片；16—罩壳；17—密封垫；18—3、4 缸火花塞插头；19—连接螺栓；20—接地线；21—5 针连接插头；22—螺母（6N·m）

（1）点火系统主要技术数据。帕萨特 B5 发动机点火系统主要技术数据如表 3-7 所列。

（2）点火系统维修时的注意事项。发动机在运行中或在起动时，点火系统的导线不能碰触或拔下。喷油系统和点火系统的导线仅在点火开关关闭时才能连接或拔下。

表 3-7 帕萨特 B5 发动机点火系统主要技术数据

发动机标识字母	ANQ
点火顺序	1-3-4-2
火花塞 VW/Audi 制造商标记	101 000 051 AA F 7 LTCR
VW/Audi 制造商标记	101 000 033 AA BKUR 6 ET-10
VW/Audi 制造商标记	101 000 041 AC 14 FGH-7 DTURX
火花塞间隙	0.9～1.1mm
旋紧扭矩	30N·m

如果发动机只是运转，但不需要发动，比如在压缩检查中，应将点火线圈的功率终端极的插头拔下，如图 3.42 所示。

2）帕萨特 B5 点火系统主要零部件的检查

（1）霍尔传感器的检修。

检查条件：蓄电池电压至少为 11.5V。

拔下霍尔传感器的三针插头，如图 3.43 所示。

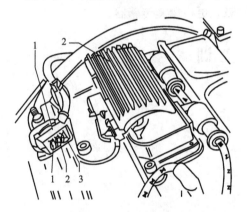

图 3.42 拔下点火线圈的终端极的插头
1—三针插头；2—点火线圈的功率终端极

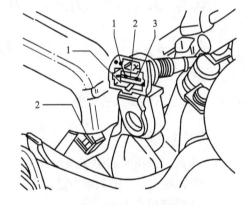

图 3.43 拔下霍尔传感器的插头
1—三针插座；2—霍尔传感器

用万用表连接插座的端子 1 和 3，打开点火开关，测量其电压。其允许值为至少 4.5V。如果不在允许范围内，检查控制单元到插座之间的导通性及导线之间是否相互短接。如在导线中未发现故障，且三针插座端子 1 和 3 之间有电压，则更换霍尔传感器 G40；如果在导线中未发现故障，且在端子 1 和 3 之间无电压，则更换发动机 ECU。

(2) 带功率终极端的点火线圈的检修。

检查条件：蓄电池电压 11.5V；霍尔传感器正常；发动机转速传感器正常。

① 将点火线圈的功率终端极和三针插头拔下，用导线将万用表连接到中间的端子和接地点，打开点火开关，测量供电电压。其允许值至少 11.5V。如无电压，检查控制单元和三针插座之间的导线是否导通及三针插座端子 2 和继电器板间是否导通。

② 拔下喷油器插头及点火线圈终端级的三针插座，用辅助导线连接二极管灯 V.A.G1527 于端子 1 与接地点之间，起动发动机，检查发动机控制单元的点火信号。二极管灯应当闪烁。如果不闪烁，检查相应的导线。如未找到导线的故障，而在端子 2 和接地点间有电压，更换发动机控制单元。如果电压和动作控制正常，更换带功率终端级的点火线圈。

(3) 爆震传感器的检修。

检查条件：自诊断系统能识别一个或两个爆震传感器上的故障。

① 拔下爆震传感器(G61)或爆震传感器(G66)的三针插头，如图 3.44 所示。

② 在爆震传感器插头上测量端子 1 和 2、1 和 3、2 和 3 的电阻，其阻值应为无穷大。

③ 检查控制单元至三针插座之间的导线的导通性及导线之间是否有短接。如导线中无故障，松开爆震传感器，并重新以 20N·m 旋紧。进行一次试车行驶后，然后查询故障存储器是否有故障码，若仍有故障，更换爆震传感器。

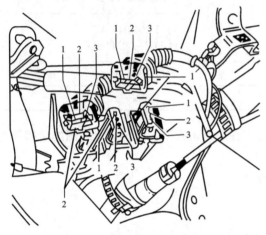

图 3.44　拔下爆震传感器的三针插头
1—爆震传感器(G61)；2—爆震传感器(G66)

3.3　项目实训

3.3.1　点火正时的检查与调整

1. 实训目的和要求

(1) 掌握点火正时的检查判断方法。

(2) 掌握点火正时的调整方法。

(3) 正确使用点火正时枪。

2. 实训仪器和设备

实训用轿车 4 辆，点火正时枪 4 支，常用工具 4 套。

3. 实训步骤

1) 发动机准备工作

(1) 事先擦拭飞轮或曲轴传动带盘上第 1 缸压缩终了上止点标记。

(2) 发动机运转至冷却液温度 70～80℃。

2) 点火正时枪的准备工作

(1) 将点火正时枪的两个电源夹夹到蓄电池的正、负电极上，红正、黑负。
(2) 将点火正时枪的外卡式传感器卡在 1 缸的高压线上。
(3) 将点火正时枪的电位器退回到初始位置，打开正时灯开关，正时灯应闪光，指示装置应指示零位。

3) 点火正时的检查

(1) 发动机在急速下稳定运转，打开正时灯并对准飞轮或曲轴传动盘上的上止点标记。
(2) 调正时仪上的电位器，使飞轮或曲轴传动带盘上的上止点活动标记逐渐与固定指针对齐，此时正时仪指示装置上的读数即为发动机急速运转时的点火提前角。
(3) 用同样方法，分别检测出发动机不同工况时的点火提前角。若测出的点火提前角符合规定，对于传统点火系来说，说明初始点火提前角调整正确。
(4) 如果需要检测并调试汽车实际运行中的点火运行中的点火提前角，须在路试或底盘测功试验台上进行。
(5) 检测完毕，关闭正时灯，取下外卡式传感器和两个电源夹。

4．注意事项

(1) 电控发动机的点火提前角，一般是不可调的，特别是直接点火系统(DIS)。
(2) 点火正时检测的目的是为了发现点火提前角不符合要求时，便于确定是微处理器损坏还是传感器失效。

3.3.2 点火系统的示波器检查

1．实训目的和要求

(1) 掌握汽车专用示波器的使用方法。
(2) 掌握使用示波器对点火系统进行检测。

2．实训仪器和设备

(1) 实训轿车 4 辆。
(2) 汽车专业示波器 4 台、常用工具 4 套。

3．实训步骤

1) 连接示波器

按照安装要求，将汽车专用示波器与点火系统连接，起动发动机。

2) 波形观察

观察在不同工况下示波器检测到点火系的次级波形，并予以分析。

(1) 标准的次级波形。

单缸次级点火标准波形反映了点火系统在工作过程各个阶段的变化情况，如图 3.45 所示。

① AB 段：为断电器闭合或晶体管打开阶段，初级电流增长的过程。A 点为初级绕组接通瞬间，由于电流突然增长，在次级线圈感应振荡波形。

② BC 段：为断电器断开或晶体管截止阶段，次级电压急剧上升的过程。BC 线表示

次级绕组产生的击穿电压,此电压一般为15～20kV。

③ CD段:为电容放电阶段。

④ DE段:为电感放电阶段,此阶段的电压为2kV左右,响应时间为2ms。

⑤ EF段:为火花消除后剩余磁场能量所维持的低频振荡波。

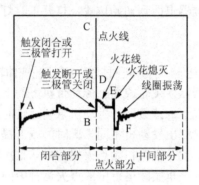

图 3.45　单缸次级点火标准波形

(2) 故障的次级波形。

利用示波器检查波形时,一般常用比较直观的并列波形进行分析,如图3.46所示。

① 某缸点火电压低于其他缸很多,如图3.47所示。

原因:可能为高压线或分电器盖漏电、火花塞间隙过小。

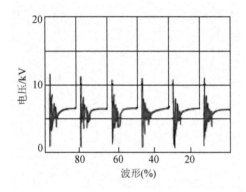

图 3.46　示波器显示标准波形

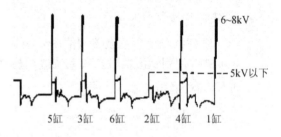

图 3.47　某缸点火电压过低

② 某缸点火电压高于其他缸很多。

原因:可能为分高压线损坏、火花塞间隙过大。

4．注意事项

(1) 起动发动机时,一旦着车,立即松开点火开关,以免起动机损坏。

(2) 严格按照操作规程操作示波器。

小　　结

点火系的发展历经了传统点火系、电子点火系和微机控制的点火系三个阶段。

点火系的作用是在发动机活塞压缩行程终了前的某一时刻,及时地用电火花点燃可燃混合气，并满足可燃混合气充分地燃烧及发动机工作稳定的性能要求。

无触点电子点火系一般由点火信号发生器、电子点火器、配电器、点火线圈、火花塞等主要部件组成。

影响点火系次级电压的因素有发动机汽缸数、火花塞积炭及点火线圈温度。

热型火花塞适用于低速、低压缩比、小功率发动机。冷型火花塞适用于高速、高压缩比、大功率发动机。

点火线圈由初级绕组、次级绕组和铁心等组成。按磁路的结构形式不同，可分为开磁路式点火线圈和闭磁路式点火线圈。

按照信号发生器的性质不同，主要分为磁脉冲式、霍尔式电子点火系。

离心式点火提前机构随发动机转速的提高使点火提前角增大，真空式点火提前机构随发动机负荷的增大使点火提前角减小。

微机控制的点火系统主要由传感器、PCM 和点火控制装置三大部分组成。点火系统的传感器主要有空气流量计、发动机转速传感器、节气门位置传感器、冷却液温度传感器及爆燃传感器等。

微机控制点火系主要包括点火提前角、点火线圈通电时间及爆燃控制三个方面。

微机控制的点火系按照有无分电器可分为有分电器的微机控制点火系和无分电器的微机控制点火系两大类。按照微机控制的方式，可分为开环控制和闭环控制两种。

无分电器式微机控制点火系统的点火方式，根据其点火线圈的组成不同，分为同时点火方式和独立点火方式两种。

习　　题

一、填空题

1. 无触点电子点火系一般由_____、_____、_____、_____、_____主要部件组成。

2. 火花塞的_____与_____侧电极之间应该保持足够的绝缘强度。

3. 火花塞的自洁温度为_____℃。

4. 火花塞的发火部位吸热并传递给发动机的性能，称为火花塞的_____，主要取决于绝缘体_____的长度。

5. 点火线圈由_____、_____和_____等组成。

6. 磁脉冲式信号发生器的信号转子凸齿数与发动机的汽缸数_____。永久磁铁的磁通经_____、_____构成回路。

7. 点火提前装置包括_____提前机构、_____提前机构。

8. 微机控制的点火系统主要由_____、_____和_____三大部分组成。

二、判断题

1. 点火系统的电源就是蓄电池和发电机。　　　　　　　　　　　　　　　（　　）

2. 离心提前机构是在发动机负荷变化时自动调节点火提前角。　　　　　　（　　）

3. 高压电路的负载是点火线圈次级绕组。　　　　　　　　　　　　　　　（　　）

4. 发动机汽缸数增加，点火线圈次级电压上升。　　　　　　　　　　　　（　　）

5. 点火线圈初级绕组绕在里面，次级绕组绕在外面。　　　　　　　　（　　）
6. 随着温度的升高，附加电阻阻值减小。　　　　　　　　　　　　　（　　）
7. 点火器的作用是控制火花塞的火花。　　　　　　　　　　　　　　（　　）
8. 分电器又称为断电配电器。　　　　　　　　　　　　　　　　　　（　　）
9. 点火线圈的高低压线圈是串联连接。　　　　　　　　　　　　　　（　　）
10. 一般轿车因转速高、功率大都使用热型火花塞。　　　　　　　　（　　）

三、名词解释

1. 闭磁路式点火线圈
2. 点火提前角
3. 点火大气压力修正

四、简答题

1. 点火系统的类型和特点有哪些？
2. 简要分析磁感应式电子点火系统的组成和工作原理。
3. 简要分析霍尔效应式电子点火系统的组成和工作原理。
4. 简要说明点火线圈的结构和工作原理。
5. 简述微机控制的点火系统的主要组成部分及其作用。
6. 简述微机控制点火提前角的修正内容。
7. 简述微机控制的点火系统对初级线圈通电时间控制的重要性。
8. 简述桑塔纳 2000 时代超人轿车 AJR 发动机点火系统的工作原理。

项目 4

汽车空调系统的检修

知识要求	了解汽车空调系统的作用及分类； 掌握汽车空调系统的组成； 掌握汽车空调系统的结构与工作原理； 掌握汽车空调系统的故障诊断方法
能力要求	掌握汽车空调系统泄漏的检查方法； 掌握汽车空调系统压力的检查方法； 掌握汽车空调系统抽真空的方法； 掌握汽车空调系统制冷剂的充注方法； 掌握汽车空调系统的故障排除方法

项目导读

汽车空调系统的主要目的是在任何气候和行驶条件下,通过调节温度、湿度、风速和换气等,为乘员提供舒适的车内环境。

汽车空调一般主要由压缩机、电控离合器、冷凝器、蒸发器、膨胀阀、储液干燥器、管道、冷凝风扇、真空电磁阀、怠速器和控制系统等组成,如图4.1所示。

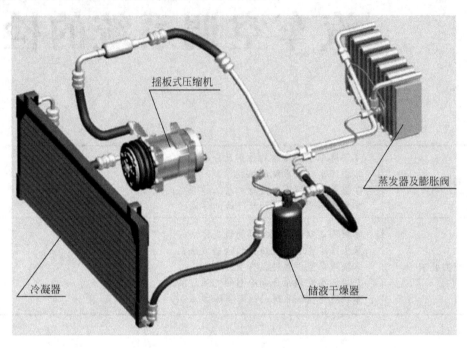

图4.1 汽车空调系统结构

汽车空调分高压管路和低压管路。高压侧包括压缩机输出侧、高压管路、冷凝器、储液干燥器和液体管路;低压侧包括蒸发器、积累器、回气管路、压缩机输入侧和压缩机机油池,如图4.2所示。

储液干燥器是一个储存制冷剂及吸收制冷剂水分、杂质的装置。一方面,它为泄漏制冷剂多出的空间补充制冷剂。另一方面,它过滤掉制冷剂中掺杂的杂质。储液干燥器中还装有一定的硅胶物质,起到吸收水分的作用。

冷凝器和蒸发器都是在一排弯绕的管道上布满散热用的金属薄片,以此实现外界空气与管道内物质的热交换的装置。冷凝器的冷凝指的是其管道内的制冷剂散热从气态凝成液态。它经常被安装在车头,与水箱一起,共同享受来自前方的习习凉风。蒸发器是制冷剂由液态变成气态(即蒸发)吸收热量的场所。

汽车空调系统尽量避免车辆在高速行驶时开启空调,建议在行驶速度较低时开启。启动或关闭发动机时,空调开关应置于关闭状态。当车内温度很高时,应当将空调开关打开,置于最低温度处,风量也开至最大,待温度下降后再调整风量开关。为了保持良好的驾乘,不要在车内吸烟。如果使用空调时间较长,需开窗进行通风。空调的净化装置、空调的蒸发器需要定期清洗或更换。

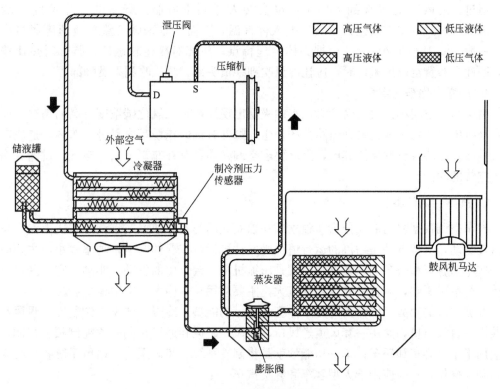

图 4.2 汽车空调系统工作原理

4.1 汽车空调系统的维护

4.1.1 汽车空调系统概述

1. 汽车空调的作用

汽车空调是汽车空气调节的简称,即采用人工制冷和采暖的方法,调节车内的温度、湿度、气流速度、洁净度等参数指标,从而改善驾驶员的劳动条件和创造舒适的环境。

为此,现代汽车空调系统必须具备完善的功能,以及完成这些功能所需要的装置。这些装置既可单独使用,也可综合使用,以完成空气调节工作。

1)调节车内的温度

汽车空调在冬季利用其采暖装置升高车内温度,夏季利用制冷系统对车内降温。

2)调节车内的湿度

普通汽车一般不具备这种功能,只有高级豪华汽车采用的冷暖一体化空调器,才能对车内的湿度进行适量的调节。它通过制冷系统冷却降温去除空气中的水分,再由采暖系统升温以降低空气的相对湿度。但在汽车上目前还没有安装加湿装置,只能通过开车窗或通风设施,靠车外新风来调节。

3)调节车室内的空气流速

空气的流速和风向对人的舒适性影响很大。夏季,气流速度稍大,有利于人体散热降温，但过大的风速直接吹到人体上，也会使人感到不舒服。舒适的气流速度一般为0.25m/s左右。冬季，风速大了会影响人体保温，因而冬季采暖希望气流速度尽量小一些，一般为0.15～0.20m/s。根据人体生理特点，头部对冷比较敏感，脚部对热比较敏感，因此在布置空调出风口时，应让冷风吹到乘员头部，暖风吹到乘员脚部。

4）过滤净化车内空气

由于车内空间小，乘员密度大，车内极易出现缺氧和二氧化碳浓度过高的情况，而汽车发动机废气中的一氧化碳和道路上的粉尘、野外有毒的花粉都容易进入车内，造成车内空气混浊，影响乘员的身体健康，因此要求空调必须具有补充车外新鲜空气、过滤和净化车内空气的功能。

2. 汽车空调的类型

汽车空调根据驱动形式分为非独立式和独立式两类。非独立式空调压缩机由汽车发动机直接驱动，其特点是压缩机的运行情况受发动机运行工况的影响，功率较小，主要应用在一些小型客车和轿车上。独立式空调是压缩机由一台专用的发动机驱动，它不受汽车的整体运行情况影响，运行平稳，功率较大，主要应用在一些大、中型客车上。

根据空调的功能可以分为冷暖一体型和单一功能型。冷暖一体型空调制冷、暖风和通风共用一台鼓风机，共用一套风道送风口，冷风、暖风和通风在同一块控制板上控制，一般应用于小型客车和轿车；单一功能型就是将制冷系统、暖风系统、通风系统各自独立安装，独立操作，一般应用于大型客车和载货汽车。

3. 常用汽车空调制冷剂的命名与性能

制冷剂种类繁多，国际上统一规定用字母"R"（R是英文Refrigerant的第一个字母，意指制冷剂）和它后面的一组数字及字母作为制冷剂的代号。

现在汽车空调主要选用R134a做制冷剂，其分子式是CH_2F-CF_3。

因为R134a不含有氯，不会对环境造成危害。1992年以前大多数车辆所采用的制冷剂R-12，因为其含有对臭氧层造成破坏的有害物质氯氟烃，已不再生产了。

制冷剂HFC-134a无色、无味、不易燃并且没有腐蚀性。在通常的大气压下，其沸点或蒸发点为-26.9℃。但是可以通过控制制冷过程的压力来改变其沸点：当制冷剂遇到较高压力，其沸点将为较高的温度。空调系统通过控制其内部制冷剂的蒸发以达到保持适宜温度的目的。

高压的制冷剂在高温下也能保持液态，而在低压时-10℃仍易蒸发。

4.1.2 汽车空调系统的基本组成

汽车空调系统一般由制冷、暖气、通风、空气净化和控制五部分组成。

1. 制冷系统

汽车空调制冷系统的作用是将车内空气或吸入的新鲜空气冷却或除湿，其结构及工作过程如图4.3和图4.4所示。

汽车空调制冷系统由压缩机、冷凝器、储液干燥器、膨胀阀、蒸发器和鼓风机等组成，各部件之间采用铜管（或铝管）和高压橡胶管连接成一个密闭系统。

制冷系统工作时，制冷剂以不同的状态在这个密闭系统内循环流动，每个循环又分4

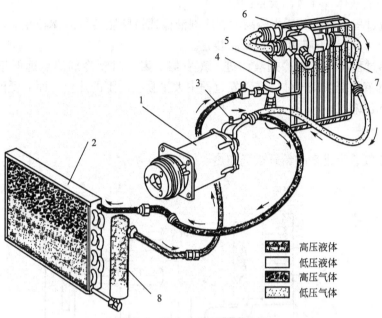

图 4.3　汽车空调系统的组成

1—压缩机；2—冷凝器；3—高压维修阀口；4—膨胀阀；5—蒸发器；
6—吸气节流阀；7—低压维修阀口；8—储液干燥器

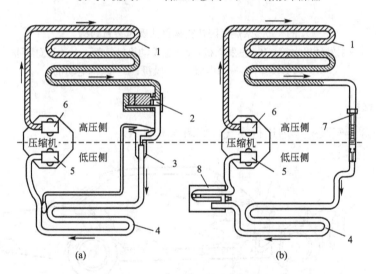

图 4.4　汽车空调系统的工作原理

（a）膨胀阀系统；（b）孔管系统

1—冷凝器；2—储液干燥器；3—膨胀阀；4—蒸发器；5—低压维修阀接头；
6—高压维修阀接头；7—孔管；8—气液分离器

个基本过程。

（1）压缩过程：压缩机吸入蒸发器出口处的低温低压的制冷剂气体，把它压缩成高温高压的气体排出压缩机。

（2）放热过程：高温高压的过热制冷剂气体进入冷凝器，由于压力及温度的降低，制冷剂气体冷凝成液体，并放出大量的热。

（3）节流过程：温度和压力较高的制冷剂液体通过膨胀装置后体积变大，压力和温度急剧下降，以雾状（细小液滴）排出膨胀装置。

（4）吸热过程：雾状制冷剂液体进入蒸发器，因此时制冷剂沸点远低于蒸发器内温度，故制冷剂液体蒸发成气体。在蒸发过程中大量吸收周围的热量，而后低温低压的制冷剂蒸汽又进入压缩机。

2. 暖气系统

把车内空气或吸进来的新鲜空气加热，如图4.5所示。

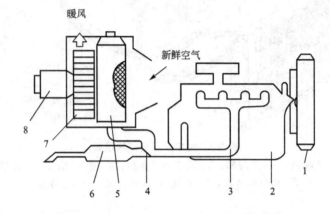

图4.5　余热气暖热交换器式暖风装置结构

1—主发动机水箱；2—主发动机；3—主发动机排气管；4—废气阀门；
5—热交换器；6—消声器；7—风机；8—风机电动机

3. 通风系统

把车外新鲜空气吸进车内进行换气，如图4.6所示。

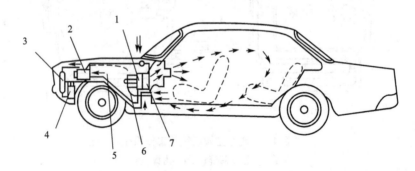

图4.6　非独立式驱动的轿车空调系统

1—蒸发器；2—压缩机；3—冷凝器；4—储液干燥器；
5—发动机；6—鼓风机；7—加热器

4. 空气净化系统

净化空气，除去车内存在的灰尘和气味。

5. 控制系统

对制冷和暖风系统进行控制,使空调正常工作,如图 4.7 所示。

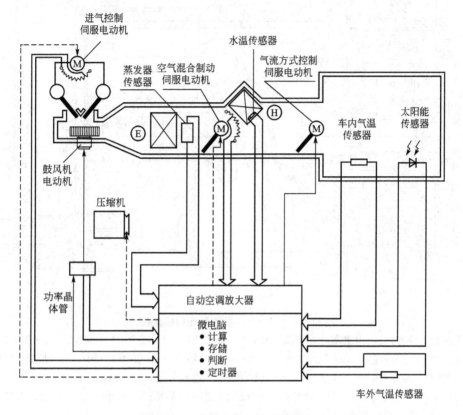

图 4.7 微机控制自动空调系统

4.1.3 汽车空调系统的主要零件

下面以桑塔纳型轿车空调系统的主要零件为例进行介绍。

1. 压缩机

桑塔纳型轿车空调系统所采用的空调压缩机的结构如图 4.8 所示,压缩机内部有 5 个汽缸,均布在缸体圆周上。当发动机工作,空调开关闭合时,电磁离合器结合,压缩机在发动机的驱动下运转。压缩机内部斜盘和压缩机轴固定在一起,因此斜盘的旋转通过连杆驱动活塞做往复轴向运动。在吸气过程中,低温低压的制冷剂蒸汽被吸入汽缸,在压缩过程,制冷剂蒸汽被压缩成高温高压的制冷剂蒸汽。

2. 电磁离合器

电磁离合器的作用是根据需要接通或切断输入压缩机的动力。它是汽车空调控制系统中的重要控制部件之一,其结构如图 4.9 所示。主要由带轮、电磁线圈、盘状衔铁和轴承等组成。

当电磁线圈没有通电时,盘状衔铁与带轮分离,带轮在压缩机驱动轴上空转,压缩机不工作;当电磁线圈通电时,产生的电磁吸力吸引盘状衔铁,动力经带轮、盘状衔铁传递

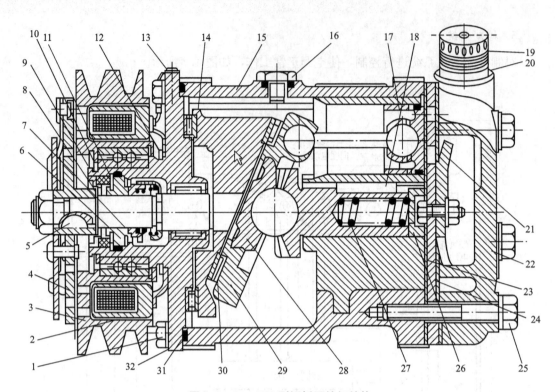

图 4.8 SD-508 型翘板压缩机结构

1—前盖紧固螺栓；2—电磁离合器线圈总成；3—驱动带轮；4—吸盘；5—半月键；6—轴封静环；7—密封件；8—弹性垫圈；9—油毡密封器；10—卡簧挡圈；11—孔用弹性挡圈；12—轴用弹性挡圈；13—导线夹固定螺钉；14—连接管；15—汽缸体；16—注油螺栓；17—活塞；18—平键；19—吸气口护帽；20—排气口护帽；21—垫片；22—汽缸盖；23—汽缸垫；24—阀板；25—后盖紧固螺栓；26—调节螺母；27—弹簧；28—行星盘；29—推力片；30—推力轴承；31—密封圈；32—前缸盖

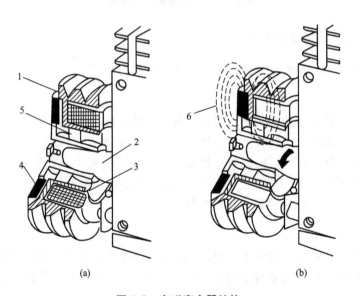

图 4.9 电磁离合器结构

（a）电磁离合器分离；（b）电磁离合器结合

1—带轮；2—压缩机驱动；3—电磁线圈；4—盘状衔铁；5—轴承；6—磁场

给压缩机驱动轴，驱动压缩机工作。

3. 冷凝器

桑塔纳轿车的空调系统采用铝制管片式冷凝器，安装在发动机水箱前面。其作用就是将从压缩机出来的高温高压制冷剂蒸汽冷凝成高温高压的制冷剂液体。

4. 储液干燥器

储液干燥器的结构如图 4.10 所示，在储液干燥器上设有高压开关、低压开关、易熔塞和检视孔。

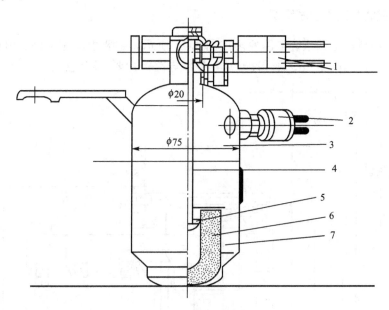

图 4.10　储液干燥器结构

1—高压开关；2—低压开关；3—储液罐上体；4—储液罐；5—滤网；
6—干燥剂；7—储液罐下体

储液干燥器的作用是在液态制冷剂流过时，除去其中的水分和杂质。当含有蒸汽的液态制冷剂进入储液干燥器后，使液态和气态的制冷剂分离。液态制冷剂通过膨胀阀进入蒸发器，多余的制冷剂可以暂时储存在储液干燥器中。干燥剂用于吸收制冷剂中的水分，以防止器件被腐蚀或因结冰堵塞膨胀阀。滤网的作用是过滤掉制冷剂中的杂质，防止膨胀阀堵塞。

高压开关控制散热风扇的高速挡。当制冷系统的压力高于 1447.9 kPa 时，高压开关接通，散热风扇继电器线圈通电，触点闭合，接通风扇电机高速挡电路，风扇电机高速转动。当系统压力低于 1206.6 kPa 时，高压开关断开，风扇电机高速挡电路切断，电机低速转动。低压开关控制空调系统工作状态。当制冷系统压力高于 300 kPa 时，低压开关接通，空调系统正常工作。当系统压力等于或低于 200 kPa 时，低压开关断开，使空调系统停止工作。

5. 膨胀阀

桑塔纳轿车空调系统采用的膨胀阀主要由感温包、毛细管、膜片、弹簧与调节螺钉等组成，安装在蒸发器入口处。其功用是随车内热负荷的变化自动调节制冷剂流量，同时起到节流膨胀作用，将储液干燥器输送的高温高压液态制冷剂转变为低温低压的雾状制冷剂送入蒸发器。

6．蒸发器

桑塔纳轿车空调系统的蒸发器为铝板带式蒸发器，其功能是吸收汽车内部的热量，调节空气温度。当液态制冷剂经膨胀阀节流降压变成低压、雾状制冷剂后，立即在蒸发器内沸腾或蒸发，制冷剂的汽化将会吸收热量，使蒸发器周围温度降低。

4.1.4 汽车空调系统的控制电路

上海桑塔纳轿车空调系统电路原理如图4.11所示，主要由电源电路、电磁离合器控制电路、鼓风机控制电路和冷凝器冷却风扇控制电路等主要电路组成。

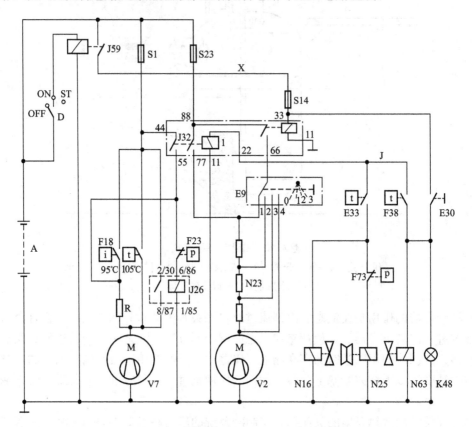

图4.11 上海桑塔纳轿车空调系统电路

1—蓄电池；D—点火开关；J59—减荷继电器；S1、S14、S23—熔断丝；J32—空调继电器；
E9—鼓风机开关；E33—蒸发器温控器；F38—环境温度开关；E30—空调A/C开关；
F18—冷凝器冷却风扇温控开关；F23—高压开关（15bar）；J26—冷凝器冷却风扇继电器；
N23—鼓风机调速电阻；F73—低压开关（2bar）；V7—冷凝器冷却风扇电机；
V2—鼓风机电机；N16—怠速提升电磁阀；N25—电磁离合器；
N63—新鲜空气翻板电磁阀；K48—空调A/C开关指示灯

电源电路由蓄电池 A、点火开关 D、减荷继电器 J59 以及熔断丝 S1、S14、S23 和空调主继电器 J32 组成。当点火开关 D 断开（OFF 挡）时，减荷继电器不通电，触点断开而使空调系统的供电线路"X"号线断电，空调无法起动运行。当点火开关 D 接通（即处于 ON 挡）时，减荷继电器通电，触点闭合，"X"号线通电，这时主继电器 J32 中的 2 号继电器经熔断丝 S14 通电使其触点闭合接通鼓风机电机 V2，鼓风机便可由鼓风机开关 E9 控制下进行强制通风换气。它不受空调 A/C 开关 E30 的限制。鼓风机开关 E9 在不同的挡位时，鼓风机电机 V2 的供电回路串入的调速电阻个数也不同，从而可得到不同的送风速度。

夏季需要获得冷气时必须接通空调 A/C 开关 E30，电流从蓄电池"＋"极、减荷继电器 J59 的触点、熔断丝 S14、空调 A/C 开关 E30，分为三路：第一路经空调 A/C 指示灯 K48 构成回路，指示灯 K48 点亮表示空调 A/C 开关接通；第二路经新鲜空气翻板电磁阀 N63 构成回路，使该阀动作，接通新鲜空气翻板真空促动器的真空通路，鼓风机通过蒸发器总成的空气通道进风；第三路经环境温度开关 F38 后又分为两路，一路到蒸发器温控器 E33，由 E33 控制电磁离合器 N25 和急速提升电磁真空转换阀 N16 的供电，只有当蒸发器温度高于调定温度时，蒸发器温控器 E33 触点接通，电磁离合器电路接通，压缩机才能运转制冷。同时，电磁真空转换阀 N16 动作，发动机在较高转速运转，以足够的动力驱动压缩机的工作。若蒸发器温度低于调定温度，温控器 E33 触点断开，压缩机将停止运转，同时电磁真空转换阀 N16 断电，急速提升装置不起作用。

低压开关 F73 串联在蒸发器温控器 E33 和电磁离合器 N25 之间的电路上。当严重缺少制冷剂而使系统高压侧压力低于 0.2MPa 时，低压开关 F73 触点断开，压缩机将无法运转。经过环境温度开关 F38 后的另一路电流则进入主继电器 J32 中的 1 号继电器后形成回路，使其两对触点吸合，其中一对触点用于控制冷凝器冷却风扇继电器 J26，另一对触点则用于控制鼓风机电机 V2。

高压开关 F23 串联在继电器 J26 和主继电器 J32 中 1 号继电器的前一对触点之间，当制冷系统高压侧压力低于 1.5MPa 时，高压开关 F23 触点断开，电阻 R 串联在冷凝器冷却风扇电机 V7 的供电回路中，冷却风扇 V7 低速运转。当制冷系统高压侧压力高于 1.5MPa 时，高压开关 F23 触点接通，使得继电器 J26 通电触点吸合，电阻 R 被短接，这时冷却风扇 V7 高速运转以加强冷凝器和发动机的冷却强度。

主继电器 J32 中 1 号继电器的一对触点还控制鼓风机，当空调 A/C 开关一接通即闭合，这时如鼓风机开关 E9 没有接通鼓风机电路，鼓风机 V2 也将由该对触点获得电流而低速旋转，以防止接通空调 A/C 开关后忘记接通鼓风机开关时造成蒸发器表面温度过低而结冰。因此，在接通空调 A/C 开关之前，应首先接通鼓风机开关。

减荷继电器 J59 的作用是当点火开关在起动挡时，中断空调系统等附属电器的工作，以保证发动机起动时起动机有足够的电流。

4.1.5 汽车空调系统泄漏的检查

汽车空调系统发生制冷剂泄漏将使整个系统不能正常工作，因此如何快速找到泄漏部位，是空调维修经常遇到的问题。汽车空调系统常见泄漏部位见表 4-1。

汽车空调系统的泄漏检查有很多种方法，常用的方法如下。

表 4-1 汽车空调泄漏通常发生的部位

空调系统部件	空调系统泄漏通常发生的部位
冷凝器	冷凝器进气管和出液管连接处； 冷凝器盘管
蒸发器	蒸发器进口管和出口管的连接处； 蒸发器盘管； 膨胀阀
储液干燥器	易熔塞； 管道接头喇叭口处
制冷剂管道	高、低压软管； 高、低压软管各接头处
压缩机	压缩机轴封； 压缩机吸、排气阀处； 前后盖密封处； 与制冷剂管道接头处

1. 电子检漏仪检漏

制冷系统电子检漏仪如图 4.12 所示，检查步骤如下。

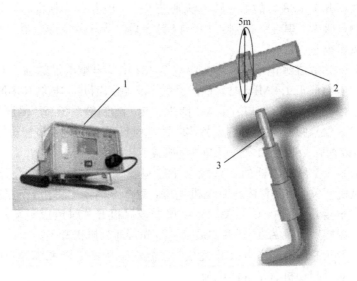

图 4.12 电子检漏仪
1—电子检漏仪；2—制冷系统管道；3—检测探头

（1）转动控制器敏感性旋钮至"OFF"或"O"位置，将电子检漏仪接通电源（厂家规定电压），应有 5min 的升温期（除电池供电外）。

（2）升温期结束后，放置探头至被怀疑泄漏处，调整控制器和敏感性旋钮，直至检漏仪有新反应为止。移动探头,反应应当停止,若继续反应,则是敏感性调整得过高。

(3) 移动检测探头,依次在各接头、密封件和控制装置处进行检查。

(4) 断开和系统连接的真空软管,检查各真空软管接头处有无制冷剂蒸汽。

(5) 如果发生漏点,检漏仪就会出现反应,发出警报。

注意探头和制冷剂的接触时间不应过长,不要把制冷剂气流或严重泄漏的地方对准探头,否则会损坏探测仪敏感元件。

2. 压力检漏

向制冷系统中充入氮气,然后用肥皂水检漏,若有泄漏,泄漏处会出现肥皂泡。采用压力检漏时严禁用压缩空气进行检漏,因为压缩空气中含有水分,水分随空气进入系统,在膨胀阀处产生冰堵。工业氮气无腐蚀性、无水分,且价格便宜,但瓶装高压氮气一定要用减压表灌注,如图4.13所示。

高压软管接在排气管道上(高压侧),低压软管接在吸气管道上(低压侧)。氮气压力一般应为1.5MPa左右。当系统达到规定压力后,用肥皂液涂在系统的各连接处和焊接处,仔细观察有无泄漏,泄漏大的地方有微小声音,并出现大的泡沫,泄漏小的地方则间断出现小泡沫。

检漏必须仔细,并反复检查3～5次,发现渗漏处应做出记号,并及时加以修复,然后再去试漏其他接头处,直至渗漏彻底消除。修漏完毕,应试漏,让系统保压24～48h,若压力不降低,则试漏合格,倘若压力有显著降低,必须再进行检漏,直到找出泄漏处并加以消除为止。

3. 真空检漏

应用真空泵进行,真空度应约达到105Pa,保持24h内真空度没有显著升高即可。抽真空的目的有3个:一是抽出系统中残留的氮气;二是检查系统有无渗漏;三是使系统干燥。只有在系统抽真空后才能灌注制冷剂。

4. 充氟检漏

充氟检漏在上述两步压力检漏后即可进行,即向系统充入氟利昂制冷剂,并使其压力达0.1～0.2MPa,用卤素灯或检漏仪进行检漏。若系统压力无变化,则说明系统无泄漏;若系统压力下降,则说明系统存在泄漏,应立即用卤素灯或检漏仪找出泄漏部位并加以修复。

5. 外观检漏

制冷剂泄漏部位往往会渗出冷冻润滑油,若发现在某处有油污渗出,可进一步用清洁的白纸擦拭或用手直接触摸检查。如仍有油冒出,则可能有渗漏。

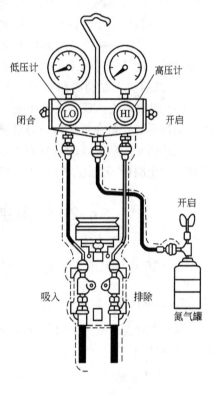

图4.13 压力检漏

6. 皂泡检漏

有些漏点局部凹陷，用检漏仪很难进入，要确定泄漏的确切位置，可用皂泡检漏。首先调好皂泡溶液（用肥皂粉加水即可），溶液的浓度要黏稠到用刷子一抹就可形成气泡的程度；其次将全部接头或可疑区段抹上皂液；最后观察皂泡出现的情况，皂泡形成处就是漏点所在。

7. 燃料检漏

把黄色或红色的颜料溶液引入空调系统，可以确定冷漏点和压力漏点，也就是染料检漏。在漏点周围有红色或黄色染料积存，显示出漏点准确位置。具体的操作过程如下。

（1）准备工作：将压力表组接入系统，放掉系统中制冷剂；拆下表座中间软管，换接一根长152mm、两端带坡口螺母的铜管；铜管的另一端和染料容器相接，中间软管的一端也接在染料容器上，而另一端则和制冷剂罐接通。

（2）染料进入系统：起动发动机并怠速运转，调整控制器到最凉位置；缓慢地打开低压侧手阀，使染料进入系统；向系统充注制冷剂，应为实际量的一半。让发动机连续运行15min，然后关闭发动机和空调系统。

（3）观察系统：观察软管和接头是否有染料溶液泄漏现象，如果发现漏点，按要求修理。染料可以保留在系统内，对系统无害。

另外还有一些其他的检漏方法，但须注意的是尽可能不用火焰检漏仪进行系统的泄漏检查，防止制冷剂点燃引起火灾，使人、车遭受损失。

4.2 汽车空调系统的故障诊断与排除

4.2.1 汽车空调系统不制冷

1. 故障现象

起动发动机并稳定在1500r/min左右运行2min，打开空调开关及鼓风机开关，冷气口无冷风吹出。

2. 故障原因

（1）熔断器熔断，电路短路。

（2）鼓风机开关、鼓风机或其他电器元件损坏。

（3）空调压缩机不工作。

（4）压缩机驱动皮带过松、断裂，密封性差或其电磁离合器损坏。

（5）制冷剂过少或无制冷剂。

（6）空调管路破损或制冷系统出现泄漏。

（7）储液干燥器（或积累器）、膨胀阀滤网（或膨胀管）、管路或软管堵塞。

（8）膨胀阀感温包损坏。

（9）节流阀损坏。

(10) 制冷系统内部堵塞。

3. 故障诊断与排除

表4-2 空调系统不制冷的故障诊断流程

空调系统不制冷			
打开空调开关,检查压缩机电磁离合器工作情况			
电磁离合器吸合		电磁离合器不吸合	
检查制冷剂量		用导线将蓄电池(+)端与低压开关的输出端短暂连接,给压缩机电磁离合器直接供电,观察压缩机电磁离合器工作情况	
正常	无制冷剂	吸合	不吸合
制冷循环内部有堵塞或者空调压缩机有故障	系统检漏后充注制冷剂	检查空调开关; 检查低压开关; 检查蒸发器温度开关; 检查线路	压缩机电磁离合器故障

4.2.2 汽车空调系统制冷效果欠佳

1. 故障现象

空调系统长时间运行,车厢内温度能够下降,但吹风口吹出的风不冷,没有清凉舒适的感觉;用温度计在空调出风口测温高于5℃。

2. 故障原因

(1) 制冷剂注入量太多,引起高压侧散热能力下降,导致制冷效能不良。

(2) 制冷剂和冷冻机油脏污,使储液干燥器膨胀阀发生堵塞,导致通向膨胀阀的制冷剂流量下降,引起制冷不足。

(3) 制冷剂和冷冻机油中水分过多,导致膨胀阀节流孔出现冰堵,制冷能力下降。

(4) 系统中含空气过多,使冷凝器散热能力下降。

(5) 由于压缩机密封不良漏气、驱动皮带松弛打滑、电磁离合器打滑等导致压缩机排气温度和压力降低,出现制冷不足。

(6) 冷凝器表面积污太多、冷凝器变形等,导致冷凝器散热能力降低。

(7) 膨胀阀开度调整过大,蒸发器表面结霜,膨胀阀感温包包扎不紧或外面的隔热胶带松脱,造成开启度过大,导致系统制冷不足。另外,膨胀阀开度过小,使流入蒸发器制冷剂量减少,也会引起制冷不足。

(8) 送风管堵塞或损坏。

(9) 温控器性能不良,使蒸发器表面结霜,冷风通过量减少,引起制冷不足。

(10) 鼓风机开关、变速电阻、鼓风机电机、继电器、线路等工作不良,导致冷风量减少。

3. 故障诊断与排除

表4-3 系统制冷不足的故障诊断流程

空调制冷不足	
空调系统工作时,拨动温度调节拨杆,进行出风温度调节,检查各出风口温度	
温度发生变化	温度不变
检查空调压缩机工作情况	检查温度风门操纵机构
工作正常 / 工作不正常	
检查制冷剂量;检查空调系统高低压侧压力 / 压缩机皮带松;压缩机电磁离合器打滑	

4.2.3 汽车空调系统异响或振动

1. 故障现象

空调系统工作时发出异常的声响或出现振动。

2. 故障原因

(1) 压缩机驱动皮带松动、磨损过度,皮带轮偏斜,皮带张紧轮轴承损坏,等等。
(2) 压缩机安装支架松动或压缩机损坏。
(3) 冷冻机油过少,使配合副出现干摩擦或接近干摩擦。
(4) 间隙不当、磨损过度、配合表面油污、蓄电池电压低等原因造成电磁离合器打滑。
(5) 电磁离合器轴承损坏,线圈安装不当。
(6) 鼓风机电机磨损过度或损坏。
(7) 系统制冷剂过多,工作时产生噪声。

3. 故障诊断与排除

表4-4 空调系统异响或振动的故障诊断流程

空调系统工作异响	
确定异响部位	
空调压缩机处	鼓风机处
检查压缩机皮带松紧度;压缩机电磁离合器打滑;压缩机托架松动;压缩机故障	检查鼓风机叶片是否损坏;与壳体有无刮碰;检查鼓风机轴承磨损情况

4.3 项目实训

4.3.1 汽车空调系统制冷剂压力的检测

1. 实训目的和要求

(1) 正确安装压力表组并连接到制冷系统。

(2) 正确检测制冷系统高、低压力。

(3) 根据检测的压力确定系统的工作状况，分析系统可能存在的故障。

2. 实训仪器和设备

轿车 4 辆，压力表组 4 套。

3. 实训步骤

检查汽车空调制冷系统压力，可以确定制冷剂数量，进而分析判断空调系统的工作情况，如图 4.14 所示。

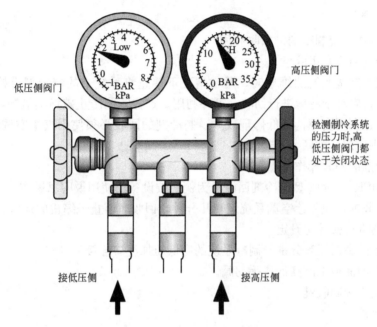

图 4.14 制冷系统压力检测

(1) 预热发动机。

(2) 使发动机保持在 1500r/min 或 2000r/min（按维修手册规定）运转。

(3) 打开空调开关，将鼓风机转速设置为最高挡；设置成内循环模式。

(4) 将温度控制模式设置为最冷；关闭所有的门以及窗口。

(5) 在上述特定条件下，将歧管压力表与空调系统相连，关闭歧管压力表上的高压和低压侧手阀，从歧管压力表上读取压力值。

4. 注意事项

(1) 空调系统功能正常，歧管压力表读数为：低压侧 0.15～0.25MPa。高压侧 1.2～1.6MPa。

(2) 此处的表压力是指 R134a 空调系统，如果是 R12 空调系统，压力表读数为：低压侧 0.15～0.20MPa，高压侧 1.2～1.6MPa。

4.3.2 汽车空调系统制冷剂的回收、排放及其他维护

1. 实训目的和要求

（1）掌握放空空调系统制冷剂的操作步骤。

（2）掌握系统抽真空的方法。

2. 实训仪器和设备

轿车4辆，压力表组4套，真空泵4台，注入阀4只，制冷剂若干罐。

3. 实训步骤

1）汽车空调系统制冷剂的回收利用

（1）制冷剂回收利用的意义。

在进行汽车空调系统的维修时，通常情况下禁止将系统中的制冷剂直接向大气排放（特别是R12）；应对制冷剂进行回收、循环利用。这样既能防止破坏臭氧层，危害大气环境，又能有效地利用资源，降低修理成本。制冷剂的回收必须使用汽车空调制冷剂回收/再生/充注机来完成，如图4.15所示。

（2）制冷剂的回收操作步骤。

以AC500PRO—R12型制冷剂回收机为例、按设备的使用说明书操作。

在进行回收前，应先让空调系统运转几分钟，回收时停止压缩机的运转：

① 对仪器进行初始化设定。

② 将设备的高低压管分别与制冷系统的高低压加注口连接。

③ 打开控制面板上的高低压手动阀。

④ 按下制冷剂回收键。

⑤ 设备自清。

⑥ 仪器自动完成制冷剂的回收。

⑦ 压力监控，自动停止回收。

⑧ 自动排油，如系统压力回升，将自动起动再一次回收。

⑨ 记录排油量。

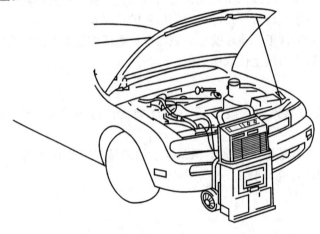

图4.15 空调制冷剂回收-再生-充注机

2) 汽车空调系统制冷剂的排放

在拆卸空调系统中的任何零部件前,都必须先排出空调系统中的制冷剂,操作步骤如图 4.16 所示。

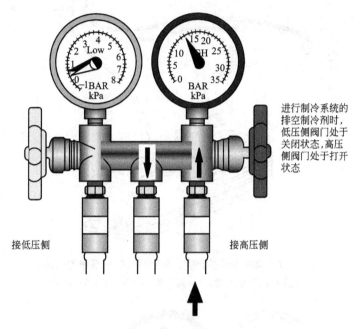

图 4.16 制冷剂的排放

(1) 将歧管压力表接至空调系统,方法如下:先关闭压力表上高压和低压连接管侧手阀,将低压软管接至低压检测充注阀,高压软管接至高压检测充注阀,并用手拧紧软管螺母。

(2) 将管压力表的中央软管自由端放在一干净的工作布上。

(3) 缓慢地打开高压侧手阀调节制冷剂流量,以防制冷剂排放太快,压缩机油从空调系统中流出。

(4) 检查干净工作布上是否有油,如果有油,应关小手阀。

(5) 当高压表读数降到 343kPa 时,慢慢打开低压侧手阀。

(6) 随着空调系统压力下降,逐步将高压和低压侧手阀全开,直至两个表读数为 0kPa。

3) 汽车空调系统抽真空

空调系统一经开放就必须抽真空,以清除可能进入空调系统的空气和水分。抽真空设备一般使用真空泵或者制冷剂回收/再生/充注机,如图 4.17 和图 4.18 所示。

(1) 将歧管压力表与空调系统相连,将歧管压力表的中间软管接到真空泵进口。

(2) 打开高压和低压侧手阀并起动真空泵。如果打开低压手阀,高压表进入真空范围,说明系统没有阻塞。

(3) 大约 10 分钟后,检查低压表真空值,若大于 80.0kPa,关闭高压和低压侧手阀并停止真空泵工作。5 分钟后,检查低压表真空值有无变化,如有变化则应检查和修理渗漏处;如果没有渗漏,继续抽真空 15 分钟,直至低压表读数为 100kPa。

(4) 关闭高压和低压侧手阀,停止真空泵工作,5 分钟或更长时间后,检查低压表读

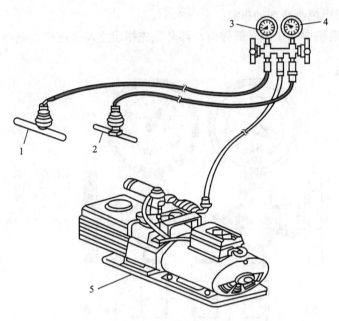

图4.17 制冷系统抽真空、真空泵与制冷系统的连接
1—低压管；2—高压管；3—低压表；4—高压表；5—真空泵

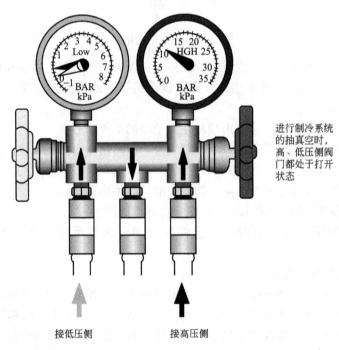

进行制冷系统的抽真空时，高、低压侧阀门都处于打开状态

接低压侧　　接高压侧

图4.18 制冷系统抽真空、歧管压力表手动阀的位置

数是否有变化，若无变化即可向空调系统充入制冷剂。

注意：

（1）抽真空时必须将高压和低压侧管接头与空调系统相连。如果只有一侧管接头与空调系统相连，空调系统会通过其他管接头与大气相通，使空调系统不能保持真空。

(2) 系统抽真空后必须立即关闭接管压力表手阀,然后停止真空泵的工作。
(3) 关掉真空泵后,继续检查压力歧管表的压力读数。
(4) 如果压力读数在真空泵停止运转后保持5分钟不变,证明制冷系统没有泄漏,可以继续进行下一步工作;如果读数改变了,证明系统有泄漏。进行检查、修补泄漏部分后,重新抽真空。

4) 汽车空调系统制冷剂的充注

制冷剂的充注分为高压侧液态制冷剂的充注和低压侧气态制冷剂的充注,如图4.19和图4.20所示。

(1) 高压侧液态制冷剂的充注。

将制冷剂从压缩机高压侧充注到制冷系统,注入的是制冷剂液体,加液速度快,这种充注法适用于首次向制冷系统充注制冷剂。

① 制冷系统抽完真空后,发动机熄火。
② 制冷剂注入之前,要排除制冷剂注入管道中的空气。
③ 关闭低压侧手阀,完全打开高压侧手阀,并保持制冷剂罐倒置。
④ 制冷剂充入空调系统后,关闭高压手阀。

注意:
(1) 空调系统中制冷剂数量足够时,干燥器液窗上应无任何气泡流动。
(2) 如果低压表没有显示读数,空调系统一定被阻塞,必须进行修理。

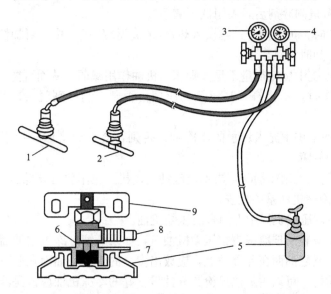

图4.19 制冷剂的充注、歧管压力表与制冷剂罐的连接
1—低压管;2—高压管;3—低压表;4—高压表;5—制冷剂罐;
6—针阀;7—密封垫;8—连接处;9—手柄

(2) 低压侧液态制冷剂的充注。

将制冷剂从压缩机低压侧充注到压缩机内,注入的是制冷剂气体,所以充注速度慢;这种充注法适用于汽车空调制冷系统制冷剂不足时的补充添加。

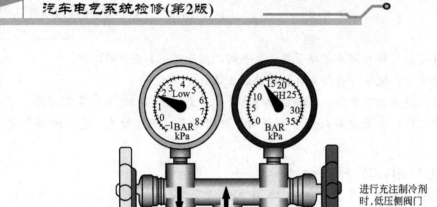

图 4.20 制冷剂的充注时歧管压力表、手动阀的位置

① 排除制冷剂注入管道中的空气。
② 制冷剂罐竖直向上放置,打开低压侧手阀,调节手阀使低压表读数不超过 412kPa。
③ 将发动机置于快怠速,并使空调系统运行。
④ 充入规定数量制冷剂后,关闭低压侧手阀。
在充入制冷剂时,可将制冷剂罐浸入热水(最高温度 40℃)中,可加快注入速度。
(3) 充入制冷剂时注意事项。
① 如果空调系统中制冷剂量不足,则压缩机油作用减弱,从而可能引起压缩机烧坏。
② 压缩机工作时,不要打开高压侧的阀门;否则,制冷剂就会以相反的方向流动,引起制冷剂罐破裂。
③ 不要向空调系统中充入过量的制冷剂;否则,会引起诸如冷却不足、油耗增大及发动机过热之类的故障。
④ 通过高压侧充入制冷剂时,决不能起动发动机,也不要打开低压侧手阀。
5) 汽车空调冷冻机油量的检查
R134a 汽车空调压缩机需用专用合成压缩机油。
通过压缩机上安装的玻璃镜观察压缩机油量,如果压缩冷冻机油油面达到视镜高度的 80% 位置为合适。反之油面在此界限上,应放出多余的机油;油面在此下则应添加。对于未装观察镜的压缩机,可以用量油尺检查其油量。好的冷冻机油应该是淡黄色的,并且透明。变质的冷冻机油会粘附在管路和蒸发器内,从而降低了蒸发器的效率,最终要堵塞膨胀阀。因此,在更换新的压缩机时,还要更换储液干燥过滤器和清洗整个空调系统的内部,如图 4.21 所示。
6) 汽车空调冷冻机油的加注
(1) 直接向压缩机加注冷冻机油。
图 4.22 所示为冷冻机油的直接加注。
① 将需更换的压缩机内的润滑油排出并测量润滑油量,将新的压缩机内的润滑油排

尽，重新对新的压缩机定量充注润滑油时，油量为更换压缩机排出并测量的润滑油量，再增加 10~15mL。

② 将需修理的压缩机内的润滑油排出并测量润滑油量，重新装配压缩机后，再将等量的新的润滑油注入压缩机内。

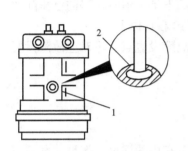
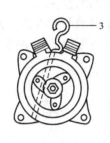
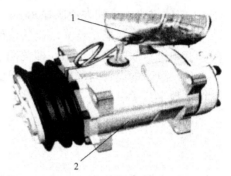

图 4.21　空调压缩机冷冻润滑油量的检查
1—加油塞；2—加油孔；3—油尺

图 4.22　冷冻机油的直接加注
1—冷冻机油；2—空调压缩机

（2）利用歧管压力表加注冷冻机油。

① 将歧管压力表接至空调系统，将空调系统抽真空至 92kPa。

② 将规定数量的冷冻机油倒入油杯中，并将中央软管放入杯中。

③ 打开高压侧手阀，油从油杯中被吸入空调系统，油杯中油一凝固，应立即关闭高压侧手阀，以免吸入空气。

④ 加完压缩机冷冻机油后，应再次对空调系统抽真空。

也可利用冷冻机油加注器加注，方法与利用歧管压力表加注一样。

4.3.3　汽车空调 ECU 故障码的识别与排除

1. 实训目的和要求

（1）了解如何用空调故障码进行故障诊断。

（2）了解空调 ECU 中故障码的意义。

（3）了解各传感器信号与相应故障码的对应关系。

2. 实训仪器和设备

丰田自动空调试验台 4 台。

3. 实训步骤

（1）按操作规程打开系统电源。

（2）按下空调器控制"AUTO"开关和 REC 开关，将点火开关接通。

（3）此时系统进入故障自诊断检查状态。所有指示器灯应在 1 秒间隔内连续亮熄 4 次；当指示灯亮时，蜂鸣器响。

（4）指示器（指示灯及蜂鸣器）检查结束后，诊断代码检查便自动开始。在温度显示处连续输出诊断代码。如果要想慢慢显示代码，则按 UP 键将它变成步进运转。

（5）观察输出处的故障码，如果系统此时无故障则输出为"00"，（如果环境温度为

−30℃或更低，即使空调系统正常，仍可能显示故障代码）；退出检查状态，则按下"OFF"键。

（6）如果一个代码显示时，伴随蜂鸣器响，则表示这个代码指示的故障继续发生；如果代码显示时，蜂鸣器无声，则表明这人代码指示的故障早已发生（例如连接器接触不良等）。故障代码由小到大依次显示。

（7）为了确定显示器显示出的代码是当前存在的故障，而不是未消除代码的已排除故障，必须进行故障确认步骤。即关闭电机电源与蓄电池开关10秒钟以上。

（8）故障的设置与分析。面板上的小方框内的数字代表故障设置点，可对应故障设置盒内的数字开关进行设置。

小 结

汽车空调系统的作用是采用人工制冷和采暖的方法，调节车内的温度、湿度、气流速度及洁净度。

根据汽车空调的驱动形式分为非独立式和独立式两类。

汽车空调系统一般由制冷、暖气、通风、空气净化和控制五部分组成。

汽车空调制冷系统由压缩机、冷凝器、储液干燥器、膨胀阀、蒸发器和鼓风机等组成，各部件之间采用铜管（或铝管）和高压橡胶管连接成一个密闭系统。

汽车空调系统主要有压缩机、电磁离合器、冷凝器、储液干燥器、膨胀阀、蒸发器等部件组成。

上海桑塔纳轿车空调系统主要由电源电路、电磁离合器控制电路、鼓风机控制电路和冷凝器冷却风扇控制电路等组成。

汽车空调系统的泄漏检查方法很多，主要有电子泄漏仪检漏、压力检漏、真空检漏、充氟检漏等。

汽车空调制冷系统压力检测时，低压侧为0.15～0.25MPa，高压侧为1.2～1.6MPa。

汽车空调系统一经开放必须抽真空，以清除空调系统的空气和水分，然后充注制冷剂。制冷剂的充注分为高压侧液态制冷剂的充注和低压侧气态制冷剂的充注。

汽车空调系统的故障主要有空调系统不制冷、空调系统制冷效果欠佳、空调系统异响和振动等，根据汽车空调系统的结构原理进行故障诊断与排除。

习 题

一、填空题

1. 汽车空调具有调节车内的_____、_____、_____、_____等参数指标。

2. 汽车空调的驱动形式分为_____和_____两类。_____空调压缩机由汽车发动机直接驱动，主要应用在一些小型客车和轿车上。

3. 现在汽车空调主要选用_____做制冷剂。

4. 汽车空调系统一般由_____、_____、_____、_____和

_____五部分组成。

5. 汽车空调制冷系统由_____、_____、_____、_____、_____和_____等组成，各部件之间采用_____（或铝管）和_____连接成一个密闭系统。

6. 制冷系统工作时，制冷剂以不同的状态在这个密闭系统内循环流动，每个循环又分_____、_____、_____及_____四个基本过程。

7. 桑塔纳型轿车空调压缩机内部有五个汽缸，均布在缸体圆周上。当发动机工作，空调开关闭合时，_____结合，压缩机在发动机的驱动下运转。压缩机内部_____和压缩机轴固定在一起，其旋转通过_____驱动活塞做往复轴向运动。

8. 汽车空调电磁离合器的作用是根据需要接通或切断输入_____的动力，主要由_____、_____、盘状衔铁和轴承等组成。

9. 储液干燥的作用是在液态制冷剂流过时，除去其中的_____和_____。

10. 桑塔纳轿车空调系统采用的膨胀阀主要由_____、_____、_____、弹簧与调节螺钉等组成，安装在_____入口处。

11. 上海桑塔纳轿车空调系统低压开关的作用是接通_____电路，高压开关的作用是接通_____电路。

12. 汽车空调系统一经开放就必须抽_____，以清除可能进入空调系统的空气和水分。

13. 汽车空调制冷剂的充注分为_____液态制冷剂的充注和_____气态制冷剂的充注。

二、判断题

1. 流过压缩机的制冷剂应是气体，流过孔管或膨胀阀的制冷剂应是液体。（   ）
2. 管路中无制冷剂时，接通空调开关将使空调压缩机因缺油而烧毁。（   ）
3. 空调制冷管路一旦拆开，制冷剂就会全部漏光。（   ）
4. 空调压缩机应采用高级发动机机油润滑。（   ）
5. 空调橡胶软管应耐氟耐油。（   ）
6. 空调胶管抱箍可用钢丝捆绑替代。（   ）
7. 空调管路抽真空的目的是为了让制冷剂气体多灌一些。（   ）
8. 桑塔纳轿车采用摇板型空调压缩机。（   ）
9. 一般汽车空调压缩机皮带松紧度用张紧轮方式调整。（   ）
10. 膨胀阀毛细管没有与管路贴合，将会使空调系统低压管过冷。（   ）

三、名词解释

1. 汽车空调
2. 非独立式空调
3. 独立式空调
4. 冷暖一体型空调

四、简答题

1. 简述汽车空调制冷系统工作的四个基本过程。

2. 结合原图，简述上海桑塔纳轿车空调系统电路原理。
3. 简述汽车空调制冷系统压力检查的方法。
4. 怎样检查制冷剂数量和冷冻机油数量？
5. 简述空调系统不制冷的故障诊断流程。
6. 简述空调系统制冷效果欠佳的原因。
7. 简述空调系统异响或振动的故障诊断流程。

项目 5
汽车照明信号系统的检修

知识要求	熟悉照明系统作用、组成和前照灯的作用、分类、构造及防眩目措施； 熟悉信号装置的功用、构造和工作过程； 掌握照明系、信号系统电路图的识图和电路分析方法； 掌握照明系统、信号系统常见故障的分析判断及排除方法
能力要求	能够正确分析能用前照灯检测仪对前照灯进行检测调整； 能够对照明系统、信号系统的常见故障进行检测、诊断和排除

项目导读

汽车照明与信号系统主要由照明系统与信号系统组成，照明系统分为外部照明和内部照明。外部照明主要由前照灯、雾灯、牌照灯等组成；内部照明主要由顶灯、仪表照明灯、车厢灯、车门灯等组成。

信号系统分为灯光信号系统和声音信号系统。灯光信号系统主要包括转向灯、倒车灯、制动灯、后尾灯等。

本项目重点讲述外部照明系统及灯光信号系统。

前照灯灯泡如图 5.1 所示，继电器如图 5.2 所示。

图 5.1　前照灯灯泡

图 5.2　继电器

5.1　汽车照明系统的检修

5.1.1　照明系统的组成及要求

1. 前照灯

图 5.3　奔驰 220 博世双氙气大灯

前照灯的主要用途是照亮车辆前方的道路和物体，确保行车安全。同时利用远光、近光交替变换作为夜间超车、会车信号。要求前照灯应能保证提供车前 100m 以上路面明亮、均匀的照明，并且不应对迎面来车的驾驶员造成眩目。随着高速公路的建成，汽车行驶速度的提高，要求汽车前照灯的照明距离也相应地增长，有些汽车的前照灯照明距离已达到 200～250m。

图 5.3 为奔驰 220 博世双氙气大灯。

2. 雾灯

雾灯的主要用途是用于雾天、下雨、下雪或尘土弥漫等能见度较低的情况下，作为道路照明和为迎面来车及后面来车提供信号。前雾灯安装在前照灯附近或比前照灯稍低的位置，前雾灯光色为黄色。后雾灯采用单只时，应安装在车辆纵向平面的左侧，与制动灯间的距离应大于100mm，后雾灯灯光光色为红色。

图 5.4　奇瑞轿车右前雾灯（带线束）

图 5.4 为奇瑞轿车右前雾灯（带线束）。

3. 倒车灯

倒车灯用于倒车时汽车后方道路照明和警告其他车辆和行人，兼有灯光信号装置的功能。倒车灯装在汽车尾部，灯光光色为白色。

4. 牌照灯

牌照灯用于照亮车辆牌照，要求夜间在车后 20m 处能看清牌照号码。牌照灯装在汽车尾部牌照上方，灯光光色为白色。

5. 内部照明系统

内部照明系统由顶灯、仪表灯、踏步灯、工作灯、行李厢灯组成。主要是为驾驶员、乘客提供方便。灯光光色为白色。

5.1.2　前照灯的结构与工作原理

前照灯安装在汽车头部的两侧，每辆汽车安装两只或 4 只，灯光光色为白色。

前照灯由灯泡、反射镜和配光镜 3 个光学组件组成。前照灯按结构形式可分为半封闭式和封闭式两种类型，现广泛采用封闭式前照灯。

封闭式前照灯又称真空灯，其结构如图 5.5 所示，反射镜和配光镜制成一体，形成一个整体，内部充以惰性气体，灯丝焊接在反射镜底座上。其优点是密封性能好，可避免反射镜污染，反射效率高，但灯丝烧坏后，需要更换前照灯总成。

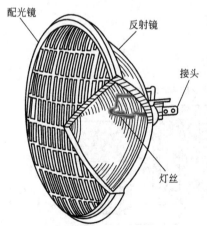

图 5.5　封闭式前照灯

1. 灯泡

目前汽车前照灯的灯泡有下列 3 种。

1) 白炽灯泡

白炽灯泡灯丝用钨丝制成（钨的熔点高、发光强）。玻璃泡内充以约 86% 的氩和约 14% 的氮的混合惰性气体。

为了缩小灯丝的尺寸，常把灯丝制成紧密的螺旋状，这对聚合平行光束是有利的，白炽灯泡的结构如图 5.6(a) 所示。

2) 卤钨灯泡

卤钨灯泡结构如图 5.6(b)所示。

卤钨灯泡是利用卤钨再生循环反应的原理制成的。

卤钨灯泡充入惰性气体的压力较高。在相同功率下，卤钨灯的亮度为白炽灯的 1.5 倍，寿命长 2~3 倍。

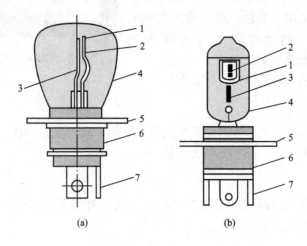

图 5.6　前照灯的灯泡

(a)白炽灯泡；(b)卤钨灯泡

1—配光屏；2—近光灯丝；3—远光灯丝；4—灯壳；5—定焦盘；6—灯头；7—插片

3) 高压放电氙灯

高压放电氙灯的组件系统由弧光灯组件、电子控制器、升压器三部分组成。图 5.7 是外形及原理图。

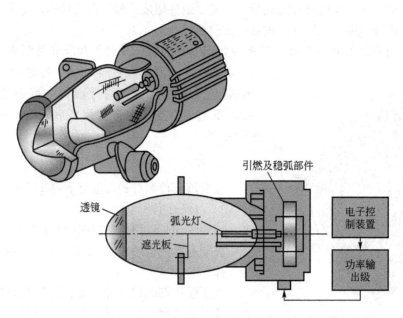

图 5.7　高压放电氙灯的外形及原理图

灯泡发出的光色和日光灯非常相似,亮度是卤钨灯泡的三倍左右,使用寿命是卤钨灯泡的五倍。

灯泡里没有灯丝,取而代之的是装在石英管内的两个电极,管内充有氙气及微量金属元素(或金属卤化物)。在电极加上数万伏的引弧电压后,气体开始电离而导电,气体原子即处于激发状态,使电子发生能级跃迁而开始发光,电极间蒸发少量水银蒸气,光源立即引起水银蒸气弧光放电,待温度上升后再转入卤化物弧光灯工作。

2. 反射镜

反射镜的表面形状呈旋转抛物面,其内表面镀银、铝或镀铬,然后抛光。

反射镜的作用是将灯泡的光线聚合并导向前方,如图5.8所示。

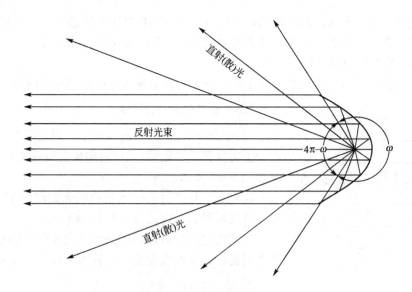

图5.8 反射镜的工作原理

3. 配光镜

配光镜用透明玻璃制成。配光镜的外表面平滑,内侧精心设计成由许多特殊的透镜和棱镜组成的组合体。配光镜的作用将反射镜反射出来的光线进行折射与反射,使照射区域的光照度分布符合标准要求,如图5.9所示。

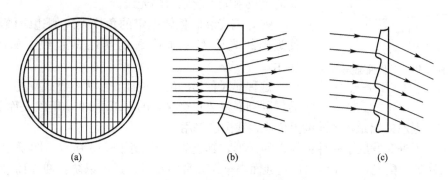

图5.9 配光镜的散射和折射作用
(a)外观;(b)散射;(c)折射

5.1.3 前照灯防眩目措施

前照灯射出的强光会使迎面来车驾驶员眩目。

所谓"眩目"是指人的眼睛突然被强光照射时,由于视神经受刺激而失去对眼睛的控制,本能地闭上眼睛,或只能看到亮光而看不见暗处物体的生理现象。这时很容易发生交通事故。

为了避免前照灯的眩目作用,保证汽车夜间行车安全,一般在汽车上都采用双丝灯泡的前照灯。灯泡的一根灯丝为"远光",另一根为"近光"。

远光灯丝功率较大,位于反射镜的焦点;近光灯丝功率较小,位于焦点上方(或前方)。

当夜间行驶无迎面来车时,可用远光灯丝,使前照灯光束射向远方,便于提高车速。

当两车相遇时,用近光灯丝,使光束倾向路面,从而避免迎面来车驾驶员的眩目,并使车前 50m 内的路面也照得十分清晰。

双丝灯泡的前照灯按近光的配光不同,分为对称形和非对称形两种不同的配光制。

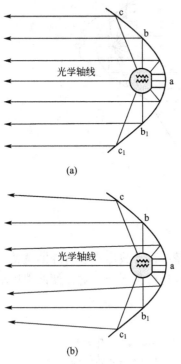

图 5.10 对称性配光
(a)远光;(b)近光

1. 对称形配光(SAE 方式)

远光灯丝位于反射镜的焦点上,而近光灯丝则位于焦点的上方并稍向右偏移(从灯泡向反射镜看去)。其工作情况如图 5.10 所示。

当用远光灯丝时,灯丝发出的光线经反射镜反射后,沿光学轴线平行射向远方(图 5.10(a))。

当用近光灯丝时,倾向路面的光线占大部分,从而减小了对迎面来车的驾驶员的眩目影响(图 5.10(b))。

2. 非对称形配光(ECE 方式)

远光灯丝位于反射镜的焦点处,近光灯丝位于焦点前方且稍高出光学轴线,其下方装有金属配光镜,其工作情况如图 5.11 所示。

由近光灯丝射向反射镜上部的光线,反射后倾向路面,而配光镜挡住了灯丝射向反射镜下半部的光线,故没有向上反射能引起眩目的光线。

配光镜安装时偏转一定的角度,左侧边缘倾斜 15°,使近光的光形有一条明显的明暗截止线,如图 5.12 所示。

这种非对称形的配光性能,称为欧洲式配光,符合联合国欧洲经济委员会制定的 ECE 标准,所以又称 ECE 方式,是比较理想的配光,已被世界公认,我国已采用。

近来,国外又发展了一种更优良的光形,其近光光形如图 5.13 所示。明暗截止线呈 Z 形,故称 Z 形配光,不仅可以避免迎面来车驾驶员的眩目,还可以防止迎面而来的行人和非机动车使用者的眩目,更加保证了汽车夜间行驶的安全。

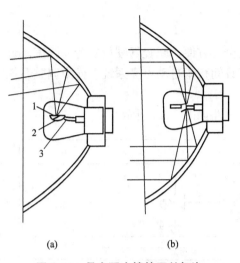

图 5.11 具有配光镜的双丝灯泡

(a)近光;(b)远光

1—近光灯丝;2—配光镜;3—远光灯丝

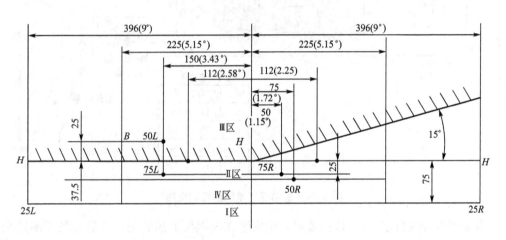

图 5.12 近光配光图(测定距离:25m;单位:cm)

Ⅰ、Ⅱ、Ⅳ—亮区 Ⅲ—暗区

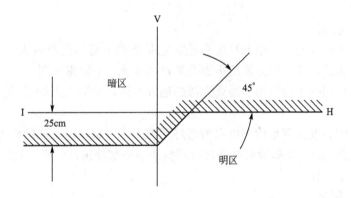

图 5.13 Z形配光

5.1.4 前照灯的控制

为保证行车照明的安全与方便,减轻驾驶员的劳动强度。近年来,出现了多种新型的灯光控制系统,常用的有日间行车自动点亮系统、光束调整系统、延时控制等,下面重点介绍自动点亮系统。

自动点亮系统的控制电路如图5.14所示。

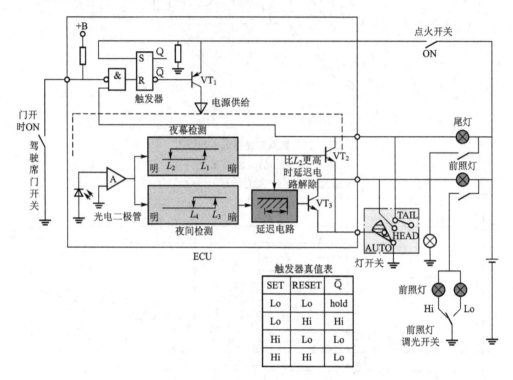

图5.14 自动点亮系统的控制电路

当前照灯开关位于AUTO位置时,由安装在仪表板上部的光传感器检测周围的光线强度,自动控制灯光的点亮。

当车门关闭,点火开关处于ON状态时,触发器控制晶体管VT_1导通,为灯光自动控制器提供电源。

1) 周围环境明亮时

照度是表示光线强弱、明暗的亮度单位,它是指光(自然光源或人工光源)射到的一个平面的光通量密度,即每平方米的平面上通过的光量。1勒克斯照度的光量相当于一根蜡烛的发光量。在同一个房间内,距离光源的远近不同,不同地点的光照度就不相同。光照度的单位用"lx"表示。

当周围环境的亮度比夜幕检测电路的熄灯照度L_2(约550lx)及夜间检测电路的熄灯照度L_4(约200lx)更亮时,夜幕检测电路与夜间检测电路都输出低电平,晶体管VT_2和VT_3截止,所有灯都不工作。

2) 夜幕及夜间时

当周围环境的亮度比夜幕检测电路的点灯照度L_1(约130lx)暗时,夜幕检测电路输出高电平，使 VT_2 导通，点亮尾灯。当变成更暗的状态，达到夜间点灯电路的点灯照度 L_3（约 50lx）以下时，夜间检测电路输出高电平，此时，延迟电路也输出高电压，使晶体管 VT_3 导通，前照灯继电器动作，点亮前照灯。

3）接通后周围亮度变化时

在前照灯点亮时，由于路灯等原因使得周围环境变为明亮的情况下，夜间检测电路的输出变为低电平。但在延迟电路的作用下，在时间 T 期间，VT_3 仍保持导通状态，所以前照灯不熄灭。在周围的亮度比夜幕检测电路的熄灯照度 1 更亮的情况下（如白天汽车从隧道驶出来）从夜幕检测电路输出低电平，从而解除延迟电路，尾灯和前照灯都立即熄灭。

4）自动熄灯

点火开关断开，使发动机停止工作时，触发器 S 端子断电处于低电平。但是，触发器由 $+U$ 供电，VT_2 仍是导通状态，因为出发器 R 端子上也是低电平，不能改变触发器的输出端 Q 的状态。在这种状态下打开车门时，触发器 R 端子上就变成高电平，Q 端子输出就反转成为高电平，向电路供应电源的晶体管 VT_1 截止，VT_2 及 VT_3 也截止。所有灯都熄灭。上述情况，在夜间黑暗的车库等处下车前，因为有车灯照亮周围，所以给下车提供了方便。

5.1.5 照明系统电路实例

1. 桑塔纳轿车照明系统电路

桑塔纳轿车照明系统电路如图 5.15 所示。

桑塔纳轿车的前照灯 23 直接由车灯开关控制，车灯开关在 2 挡时，通过变光开关进行远光和近光变换控制。此外，远光灯还可由超车灯开关直接控制，在超车前使用。

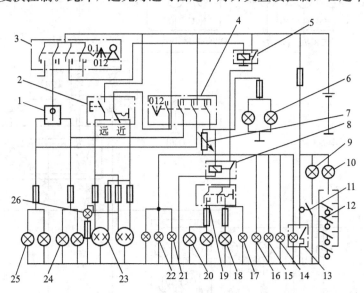

图 5.15 桑塔纳轿车照明系统电路

1—停车灯开关；2—变光和超车灯开关；3—点火开关；4—车灯开关；5—中间继电器；6—牌照灯；7—仪表灯调节电阻；8—雾灯继电器；9—行李箱灯；10—前顶灯；11—行李箱开关；12—前顶灯门控开关；13—点烟器照明灯；14—雾灯开关照明灯；15—后风窗除霜开关照明灯；16—空调开关照明灯；17—雾灯指示灯；18—后雾灯；19—前后雾灯开关；20—前雾灯；21—仪表灯；22—时钟照明灯；23—前照灯；24—右前后示廓灯；25—左前后示廓灯；26—远光指示灯

雾灯继电器由车灯开关的1挡控制。雾灯开关的电源来自中间继电器控制的大功率火线。雾灯开关的1挡接通前雾灯的电路,2挡同时接通前后雾灯的电路。

牌照灯由车灯开关控制,在车灯开关1挡或2挡时都接通。

前顶灯和行李箱灯由门控开关控制,当行李箱或车门打开时,其门控开关就会接通行李箱或顶灯电路。

仪表板、时钟、点烟器、后除霜器开关、空调开关、雾灯开关等照明灯均由车灯开关控制。当车灯开关在1挡或2挡时,上述照明灯均被接通其亮度可通过仪表板上的调光器进行调节。

2. HONDA Accord(本田雅阁)照明系统电路

HONDA Accord 灯光照明系统电路如图5.16所示。

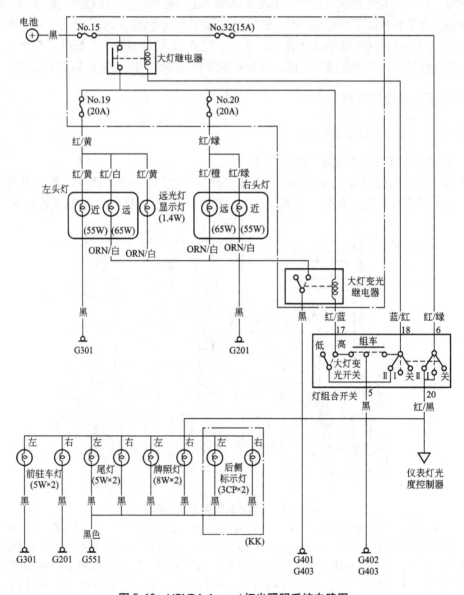

图5.16 HONDA Accord 灯光照明系统电路图

灯光组合开关在1挡时,可控制仪表灯、前驻车灯、尾灯、牌照灯和后标示灯;灯光开关在2挡时,上述灯继续亮的同时,灯光开关使大灯继电器接通,前照灯近光灯工作;灯光开关中的大灯变化开关可通过大灯变化继电器控制远光灯的工作;灯光开关向上大灯变化继电器的磁化线圈通电,触点闭合,远光灯电路接通,灯光开关向下,远光灯电路断开。此外,远光灯还可通过灯光开关中的超车挡直接控制,在超车时使用。

5.2 汽车信号系统的检修

5.2.1 信号系统的组成及要求

1. 灯光信号系统的组成及要求

1) 转向信号灯

转向信号灯装在汽车的前后左右四角,其用途是在车辆转向、路边停车、变更车道、超车时发出明暗交替的闪光信号,给前后车辆、行人、交警提供行车信号。

前、后转向信号灯的灯光光色为琥珀色。转向信号灯的指示距离,要求前、后转向信号灯白天距100m以外可见,侧转向信号灯白天距30m以外可见。转向信号灯的闪光频率应控制在1.0~2.0Hz,起动时间应不大于1.5s。

2) 危险报警信号灯

危险报警信号灯用于车辆遇到紧急、危险情况时同时点亮前后左右转向灯,以便发出警告信号。其使用要求与转向信号灯相同。

3) 制动灯

制动灯指示车辆的制动或减速信号。制动灯安装在车尾两侧,两制动灯应与汽车的纵轴线对称并在同一高度上,制动灯灯光光色为红光,应保证白天距100m以外可见。

4) 示廓灯

示廓灯安装在汽车前、后、左、右侧的边缘。大型车辆的中部、驾驶室外侧还增设了一对示宽灯,用于夜间行驶时指示汽车宽度。示廓灯灯光标志在夜间300m以外可见。前示廓灯的灯光光色为白色,后示廓灯的灯光光色多为红色。

5) 后位灯

后位灯装于汽车后部,其作用是在夜间行车时指示车辆的位置,后位灯灯光光色为红色。

2. 声响信号装置组成及要求

1) 电喇叭

电喇叭的作用是警告行人和其他车辆,电喇叭声级为90~105dB(A)。

2) 倒车警告装置

倒车时,安装在后保险杠两端的超声波传感器监测后面有无障碍物后发出警告,防止保险杠受损。该装置在点火开关"ON"状态下倒车灯亮时工作。对障碍物的警报分为3个阶段。第1、2阶段断续音警报,第3阶段连续音警报。

使用装有倒车警告系统的车辆时要注意如下几项。

(1) 倒车警告系统根据周围环境及多种条件影响下可能不能正常起作用。为了防止发生事故，必须目视确认后方情况后再倒车。

（2）向他人借给车辆时必须交代倒车警告系统的使用说明，提前预防事故的发生。

（3）因倒车警告系统故障造成的事故、损伤等不属于保修范围，倒车时必须要目视确认后方情况。

（4）倒车警告系统传感器检测的范围对物体的形状等是有限度的，要牢记有些障碍物是检测不到的。

5.2.2 灯光信号系统的结构与工作原理

灯光信号系统和声响信号系统由转向信号灯、危险报警信号灯、制动灯、电喇叭和倒车蜂鸣器等组成。

1. 转向信号灯电路

转向信号电路主要由转向信号灯、闪光器、转向灯开关等组成。转向信号灯的闪烁是由闪光器控制的。闪光器主要有电热式、电容式和电子式等。

1）采用热丝式闪光器的转向信号灯电路

采用热丝式闪光器的转向信号灯电路的组成和工作原理如图 5.17 所示。

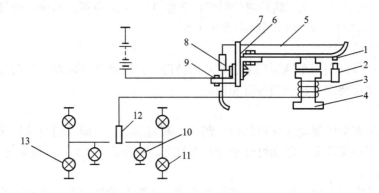

图 5.17 采用热丝式闪光器的转向信号灯电路

1—活动触点；2—固定触点；3—线圈；4—铁心；5—镍铬丝；6—调节片；7—玻璃球；8—附加电阻；
9—接线柱；10—转向指示灯；11—后转向灯；12—转向灯开关；13—前转向灯

闪光器串联在蓄电池和转向灯开关之间，控制转向灯的闪烁。转向灯开关未接通时，活动触点在镍铬丝的拉紧下，与固定触点分开。接通转向开关，电流便从蓄电池正极→接线柱→活动触点臂→镍铬丝→附加电阻→转向开关→转向信号灯和转向指示灯→搭铁端→蓄电池负极，形成回路。由于附加电阻和镍铬丝串入电路中，电流较小，转向灯和转向指示灯亮度较低。经过一较短时间后，镍铬丝受热膨胀而伸长，使动、定触点闭合，此时电流从蓄电池正极→接线柱→活动触点臂→闭合动、定触点→线圈→转向开关→转向信号灯，形成回路。由于附加电阻及镍铅丝被短路，而线圈中有电流通过，产生电磁力使动、定触点闭合紧密闭合，线路中阻小、电流大，故转向信号灯亮度大。与此同时，通过镍铬丝的电流为零，逐渐冷却而收缩，动、定触点又重新打开，附加电阻及镍铬丝又串联在电路中使转向信号灯又变暗。如此反复，从而使转向信号灯一明一暗地闪烁。我国规定闪烁频率为 90±30 次/min。当频率过高或过低时，可扳动调节片，改变镍铅丝的拉力进行调整。

2）电容式闪光器

电容式闪光器的结构与工作原理如图 5.18 所示。它主要由继电器和电容组成。在继电器的铁心上绕有串联线圈和并联线圈，利用电容式闪光器中的电容充放电的延时特性，可控制继电器线圈所产生的电磁力，进而控制其触点的工作状态，使触点周期性开闭，向转向灯提供断续电流使其闪烁。电容充放电回路的 R、C 参数决定了转向信号灯的闪光频率，工作中，由于 R、C 参数变化不大，因此转向信号灯的闪光频率也就比较稳定。闪光器中的灭弧电阻与触点并联，用来减小触点火花，延长其使用寿命。

3）电子闪光器

电子闪光器分晶体管式和集成电路式两类。因集成电路成本的降低，汽车上广泛使用集成电路闪光器。上海桑塔纳轿车装用的电子闪光器即为集成电路式闪光器，其电路原理如图 5.19 所示。它的核心器件 ICU243B 是一块低功耗、高精度的汽车电子闪光器专用集成电路。U243B 的标称电压为 12V，实际工作电压范围为 9~18V，采用双列八脚直插塑料封装。内部电路主要由输入检测器 SR、电压检测器 D、振荡器 Z 及功率输出级四部分组成。输入检测器用来检测转向信号灯开关是否接通。振荡器由一个电压比较器和外接 R_4 及 C_1 提供一个变化的电压，从而形成电路的振荡。

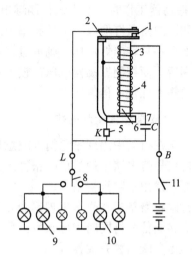

图 5.18　电容式闪光器结构原理
1—触点；2—弹簧片；3—串联线圈；4—并联线圈；5—灭弧电阻；6—铁心；7—电容器；
8—转向灯开关；9—左转向灯；
10—右转向灯；11—电源开关

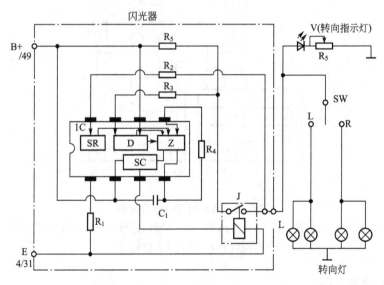

图 5.19　桑塔纳轿车闪光器电路
SR—输入检测器；D—电压检测器；Z—振荡器；
SC—输出级；RS—取样电阻；J—继电器

振荡器工作时,输出级控制继电器线圈的电路,使继电器触点反复开、闭,于是转向灯和转向指示灯便以一定的频率闪烁。

如果一只转向灯烧坏,则流过取样电阻 Rs 的电流减小,其电压降减小,经电压检测器识别后,便控制振荡器电压比较器的参考电压,从而改变振荡(即闪光)频率,则转向指示灯的频率加快一倍。

2. 危险报警信号灯电路

汽车在行驶中出现紧急情况或意外事故时,应使用危险报警信号灯。危险报警信号灯在转向信号灯电路中通过危险报警开关控制。当接通危险报警开关后,全部转向信号灯同时闪烁,发出危险报警信号。

危险报警信号在汽车出现紧急情况时使用,例如制动失灵等意料之外的情况。通常左、右转向信号灯同时闪烁来发出危险报警信号。左、右转向信号灯同时闪烁由闪光器产生,但由危险报警开关控制。

危险报警信号工作原理如图 5.20 所示,通过控制危险报警开关,直接控制闪烁器产生的断续电流流过左、右转向灯系,产生危险报警信号。

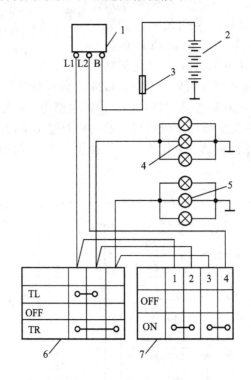

图 5.20 危险报警信号灯电路
1—闪光器;2—蓄电池;3—熔断丝;4—左转向信号灯;5—右转向信号灯;
6—转向灯开关;7—危险报警开关

3. 制动信号灯电路

制动灯电路由制动信号灯和制动开关组成。车辆制动时,制动开关接通制动灯电源,制动灯点亮,警示车后行人和车辆。制动开关有液压式和气压式两种。

1) 液压式制动开关

液压式制动灯开关用于液压制动系统的汽车，通常安装在液压制动主缸的前端，其结构如图 5.21 所示。当踩下制动踏板时，由于制动系统的液压增大，薄膜向上拱曲，接触片同时连接接线柱 6 和接线柱 7，接通制动灯电源，制动灯点亮。松开制动踏板时，制动系统液压降低，接触片在回位弹簧作用下复位，切断制动灯电源。

2) 气压式制动信号灯开关

气压式制动信号灯开关，用于采用气压制动系统的汽车，通常安装在制动阀上，其结构如图 5.22 所示。制动时，制动压缩空气推动橡皮膜片上拱，使触点闭合，接通制动灯电路。防抱死制动系统采用的制动开关，安装在制动踏板上方，踏下制动踏板时制动开关接通制动灯电源，制动灯和防抱死制动系统工作。使开关触点闭合，接通制动信号灯电路。

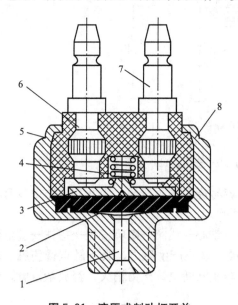

图 5.21 液压式制动灯开关

1—通制动液主缸；2—膜片；3—接触片；4—弹簧；5—胶木底座；6、7—接线柱；8—壳体

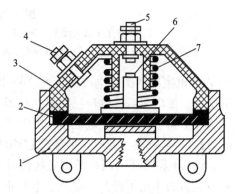

图 5.22 气压式制动灯开关

1—外壳；2—膜片；3—胶木壳；4、5—接线柱；6—触点；7—弹簧

5.2.3 声响信号系统的结构与工作原理

1. 电喇叭

1) 电喇叭及其控制电路

汽车电喇叭有筒型、螺旋型和盆型等不同的结构形式。由于盆型电喇叭，具有结构简单、尺寸小、重量轻，故声束的指向性好等特点，因此在汽车上普遍采用。盆型电喇叭的结构与工作原理如图 5.23 所示。按下电喇叭按钮时，电喇叭电路通电，电流由蓄电池"+"极→线圈→触点→喇叭按钮→搭铁→蓄电池"−"极，形成回路。当电流通过线圈时，产生磁场，铁心被磁化，吸动上铁心，带动膜片中心下移，同时带动衔铁运动，压迫触点臂将触点打开，触点打开后线圈电路被切断，其磁力消失，下铁心、上铁心及膜片又在触点臂和膜片自身弹力的作用下复位，触点又闭合。触点闭合后，线圈又通电产生磁力吸下铁心和上铁心，触点又被顶开，如此循环，触点以一定的频率打开、闭合，膜片不断

振动发出声响，通过共鸣板产生共鸣，从而产生音量适中、和谐悦耳的声音。为了获得更加悦耳且容易辨别声音，有些汽车上装有两个不同音调(高、低音)的电喇叭。

为了保护喇叭触点，在触点之间并联一只电容或消弧电阻。

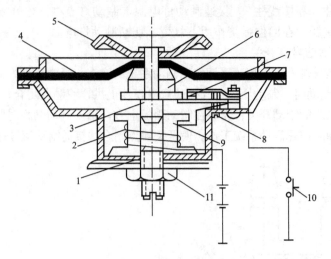

图 5.23　盆型电喇叭

1—下铁心；2—线圈；3—上铁心；4—膜片；5—共鸣板；6—衔铁；
7—触点；8—调整螺钉；9—铁心；10—按钮；11—锁紧螺母

由于电喇叭的工作电流比较大(15～20A)，容易烧坏喇叭按钮，因此在电路中装有喇叭继电器。带电喇叭继电器控制电路如图 5.24 所示。

当按下喇叭按钮时，电流由蓄电池"＋"极→铁心→线圈→喇叭按钮→搭铁→蓄电池"－"极，构成回路。此时，电流通过继电器线圈，铁心产生磁力，吸下触点臂使触点闭合，电喇叭电路接通。当松开喇叭按钮时，继电器线圈断电，磁力消失，释放触点臂，触点在弹簧力的作用下打开，喇叭断电停止发声。

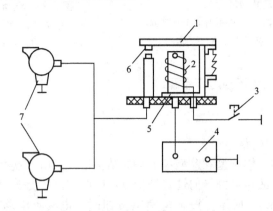

图 5.24　带电喇叭继电器控制电路

1—触点臂；2—线圈；3—喇叭按钮；4—蓄电池；5—铁心；6—触点；7—电喇叭

2) 电喇叭的调整

电喇叭一般制成不可调整式。螺旋型、盆型电喇叭调整一般有铁心气隙调整和触点与压力调整两项，前者调整喇叭的音调，后者调整喇叭的音量。

图 5.23 所示电喇叭，音调不能调整，音量可通过调整螺钉调整。

2. 倒车报警控制装置

倒车灯的作用是提醒行人及其他车辆驾驶员本车将要倒车，由装在变速器盖上的倒车开关控制，其结构及工作原理如图 5.25 所示。

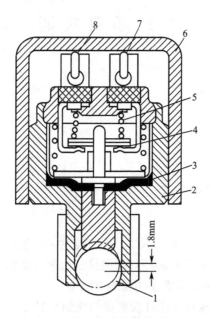

图 5.25 倒车报警电路

1—钢球；2—壳体；3—膜片；4—触点；5—弹簧；6—保护罩；7、8—接线柱

当变速杆将倒挡变速叉轴拨到倒挡位置时，倒挡轴叉上的凹槽恰好对准钢球，钢球在弹簧作用下带动膜片和接触盘下移，使静触点与接触盘接触，倒车灯点亮。同时接通倒车警报器电路，使警报器发出声响。

倒车报警电路如图 5.26 所示。接通倒车开关，蓄电池电流通过线圈 L_2 对电容器进行充电。由于流入线圈 L_1 和 L_2 的电流大小相等，方向相反，产生的电磁吸力互相抵消，继电器触点继续闭合。随着电容器两端的电压逐渐上升，流入线圈 L_2 的电流变小，电磁吸力也减小，但线圈 L_1 产生的电磁吸力不变，当 L_1 与 L_2 产生的吸力差大于触点的弹簧拉力时，触点被吸开，警报器电路被切断而停止发出声响。

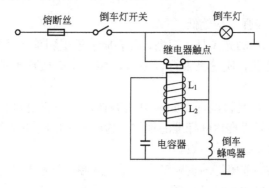

图 5.26 倒车报警装置

在继电器触点打开时，电容器又通过线圈 L_2 和 L_1 放电，使线圈产生磁力，触点仍继续打开。当电容器两端电压下降到一定值时，线圈磁力减弱，继电器触点重又闭合，报警器通电发出声响，电容器重又开始充电。如此反复，继电器触点不断开闭，倒车警报器发出断续的声响，以示倒车。

5.3 项目实训

5.3.1 前照灯的检查

1. 实训目的和要求

掌握前照灯的检查方法。

2. 实训仪器和设备

检查车辆 1 辆，灯光检测仪 1 台。

3. 实训步骤

由于前照灯检测仪的厂牌、型式不同，其检测发光强度和光轴偏斜量的具体方法也不尽相同。这里仅就自动追踪光轴式前照灯检测仪的检测方法作一介绍。

1) 自动追踪光轴式前照灯检测仪的检测方法

（1）将被检汽车尽可能地与前照灯检测仪的轨道保持垂直方向驶近检测仪，使前照灯与检测仪受光器相距 3m。

（2）用汽车摆正找准器使检测仪与被检汽车对正。

（3）开亮前照灯，接通检测仪电源，用控制器上的上下、左右控制开关移动检测仪的位置，使前照灯光束照射到受光器上。

（4）按下控制器上的测量开关，受光器随即追踪前照灯光轴，根据光轴偏斜指示计和光度计的指示值，即可得出光轴偏斜量和发光强度值。

（5）检测完一只前照灯后用同样的方法检测另一只前照灯。检测结束，前照灯检测仪沿轨道或沿地面退回护栏内，汽车驶出。

2) 检测结果分析

前照灯检验不合格有两种情况，一是前照灯发光强度偏低，二是前照灯照射位置偏斜。

（1）左右前照灯发光强度均偏低。

① 检查前照灯反光镜的光泽是否明亮，如昏暗或镀层剥落或发黑应予更换。

② 检查灯泡是否老化，质量是否符合要求，如老化或质量不符合要求，光度偏低者应更换。

③ 检查蓄电池端电压是否偏低，如端电压偏低，应先充足电再检测。仅靠蓄电池供电，前照灯发光强度一般很难达到标准的规定，检测时发电机应供电。

（2）左右前照灯发光强度不一致。

检查发光强度偏低的前照灯的反射镜光泽是否灰暗，灯泡是否老化，质量是否符合要求，一般多为搭铁线路接触不良。

(3) 前照灯光束照射位置偏斜。

前照灯安装位置不当或因强烈震动而错位致使光束照射位置偏斜，应予以调整。前照灯光束照射位置偏斜的调整可在前照灯检测仪上进行。

根据检测标准，在检测调整光束照射位置时，对远、近双光束灯，以检测调整近光光束为主。如果制造质量合格的灯泡，近光调整合格后，远光光束一般也能合格；若近光光束调整合格后，经复核远光光束照射方向不合格，则应更换灯泡。

5.3.2 大众帕萨特轿车前照灯电路的检测

1．实训目的和要求

通过对帕萨特轿车前照灯电路的认识与检测，了解其工作原理，掌握检测方法，能够运用工作原理进行故障判断及检修。

2．实训仪器和设备

帕萨特轿车 1 辆，高阻抗万用表 1 块，探针 4 枚，常用工具 1 套。

3．实训步骤

（1）将点火开关置于"ON"位，并将灯光开关开至前照灯位，前照灯的近光应点亮，否则应用万用表或试灯检测其电源电路、灯光开关、接地情况及灯丝的好坏。

（2）在近光灯点亮的情况下，按动前照灯变光开关，远光灯应点亮，否则应用万用表或试灯检测电源电路中变光开关的好坏、接地情况及灯丝的好坏。

（3）前照灯灯光开关的检测：将灯光开关开至"前照灯"位置，用万用表检测其内接线柱与两外接线柱之间的导通情况，正常时应导通（阻值为 0），否则为灯光开关故障。

（4）前照灯变光开关的检测：在未按动变光开关时，用万用表检测其两接线柱之间的导通情况，正常时应导通（阻值为 0）；若正常，按动变光开关，检测其对应接线柱之间的导通情况，正常时应导通（阻值为 0），否则为变光开关故障。

小　结

汽车照明系统包括前照灯、雾灯、倒车灯、牌照灯等。

前照灯由灯泡、反射镜和配光镜三个光学组件组成。前照灯具有防眩目措施。

有些汽车配置了前照灯自动点亮系统。

重点介绍了桑塔纳轿车照明系统电路、HONDA Accord 灯光照明系统电路。

汽车信号系统分为灯光信号系统和声音信号系统。灯光信号系统主要包括转向信号灯、危险报警信号灯、制动灯、示廓灯、后位灯等组成。

转向信号电路主要由转向信号灯、闪光器、转向灯开关等组成。

危险报警信号灯通过危险报警开关控制。

制动灯电路由制动信号灯和制动开关组成。

汽车电喇叭工作电流较大，用按钮直接时，按钮容易烧坏，通常采用喇叭继电器控制，喇叭音量、音调可以调整。

倒车灯由装在变速器盖上的倒车开关控制。

习 题

一、填空题

1. 前照灯的主要用途是照亮车辆前方的道路和物体，同时利用_____、_____交替变换作为夜间超车、会车信号。

2. 前雾灯安装在前照灯附近或比前照灯稍低的位置，前雾灯光色为_____。后雾灯采用单只时，应安装在车辆纵向平面的左侧，后雾灯灯光光色为_____。

3. 前照灯由_____、_____和_____三个光学组件组成，现广泛采用_____前照灯。

4. 前照灯射出的强光会使迎面来车驾驶员_____。

5. 为保证行车照明的安全与方便，减轻驾驶员的劳动强度，近年来出现了多种新型的灯光控制系统，常用的有日间行车_____系统、_____系统、_____等。

6. 转向信号灯装在汽车的_____四角，其用途是在_____、_____、_____、_____时发出明暗交替的闪光信号，给前后_____、_____、_____提供行车信号。

7. 制动灯电路由_____和_____组成。

8. 液压式制动灯开关用于液压制动系统的汽车，通常安装在_____的前端。

9. 气压式制动信号灯开关，用于采用气压制动系统的汽车，通常安装在_____上。

二、判断题

1. 汽车照明系统的主要电气设备有前照灯、雾灯、倒车灯、牌照灯等。（ ）
2. 前照灯的光学系统主要包括反射镜、散光玻璃和灯泡。（ ）
3. 前照灯检验的技术指标为光束照射位置、发光强度和配光特性。（ ）
4. 前照灯电子控制装置一般用光电传感器进行光电转换。（ ）
5. 对称形的配光性能，称为欧洲式配光，符合联合国欧洲经济委员会制订的ECE标准，已被世界公认，我国已采用。（ ）

三、简答题

1. 对前照灯的基本要求是什么？
2. 前照灯防止驾驶员眩目的主要方法有哪些？
3. 说明电容式闪光器的工作原理。
4. 说明危险报警信号灯电路的工作原理。
5. 说明液压式制动开关的工作原理。

项目 6

汽车仪表与报警指示灯系统的检修

知识要求	掌握常用汽车仪表的作用与类型； 掌握常用汽车仪表的结构与工作原理
能力要求	完成常用汽车仪表的检修调整方法； 掌握常用汽车仪表的常见故障及诊断排除方法

项目导读

为了使汽车驾驶员及时获知汽车各系统的工作状态,在驾驶员易于观察的转向盘前方台板上都装有仪表、报警灯等装置。

早期汽车只使用指针式仪表,20 世纪 80 年代出现数字式仪表。数字式仪表由于数字变化快,容易产生视觉疲劳,现明显减少。目前汽车保留了极少数指针式仪表或电子光杆式仪表。许多仪表已被报警灯、指示灯及其他形式的电子显示装置所取代。

报警灯、指示灯不需要经常确认,并且可以安装在目视性较差的部位,被现代汽车广泛采用。电子显示装置常采用液晶、真空荧光、发光二极管及阴极射线管等器件显示信息。

奥迪 A6L2011 款 2.4AT 技术型汽车仪表盘如图 6.1 所示。

图 6.1 奥迪 A6L2011 款 2.4AT 技术型汽车仪表盘

6.1 汽车仪表系统的检修

6.1.1 汽车仪表与报警指示灯的组成

汽车仪表与报警指示灯系统安装在仪表板上,由各种仪表、报警指示灯组成,图 6.2 所示为桑塔纳轿车组合仪表板。

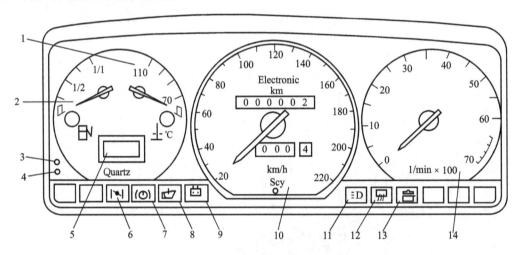

图 6.2 桑塔纳轿车组合仪表板组成

1—冷却液温度表;2—燃油表;3—电子钟分钟调整按钮;4—电子钟时钟调整按钮;5—电子液晶钟;
6—阻风门拉起指示灯;7—手制动拉起和制动液面警告灯;8—机油压力警告灯;9—充电指示灯;
10—电子车速里程表;11—远光指示灯;12—后窗除霜加热指示灯;
13—冷却液液面指示灯;14—电子发动机转速表

汽车仪表主要有车速里程表、发动机转速表、冷却液温度表、燃油量表、机油压力表等,用于指示汽车运行的有关参数;报警灯主要有机油压力过低警告灯、制动液面过低警告灯、ABS故障警告灯、安全气囊故障警告灯等,用于警示有关系统的故障;指示灯主要有转向指示灯、前照灯远、近光指示灯、驻车指示灯、制动指示灯、挡位指示灯等,用于指示汽车运行状态。

早期的载货汽车采用分离式结构,将各个独立的仪表与报警指示灯布置在仪表板上。现代汽车均采用组合式仪表,即仪表板采用同一块电路板并布置有各种仪表和报警指示灯。

6.1.2 汽车仪表系统的电路组成

图6.3为桑塔纳轿车仪表和报警指示灯系统电路原理图。

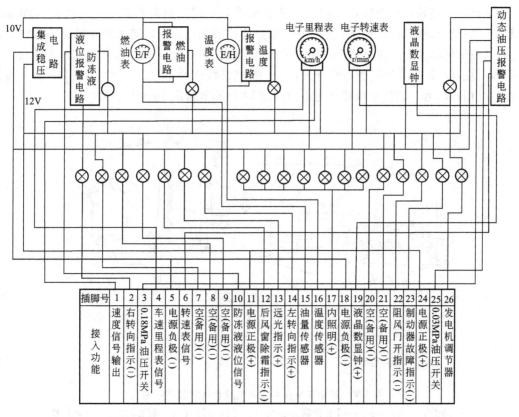

图6.3 桑塔纳轿车组合仪表板的电路原理图

桑塔纳轿车组合仪表的技术参数如下。

(1)标称电压:12V、DC。

(2)电子车速里程表:传动比1:975,指示速度范围为20~220km/h,累计里程表为0~999999km,单程累计为0~999.9km。

(3)发动机转速表:满刻度频率为233.3Hz,指示转速范围为0~7000r/min。

(4)冷却液温度表:指示温度范围为70~130℃,高温报警为124℃(红色报警灯闪亮)。

(5)燃油表:指示油箱燃油的量,指示的刻度为1/2~1(油箱容积)。当油箱内剩油量只有9L左右时，橙色警告灯发亮。

(6) 低油压报警开关：常闭式，压力报警值为0.03MPa。常开式，压力报警值为0.18MPa。

(7) 电子液晶时钟：4位7段，显示时、分。具有12h和24h两种时制，可任意选择。

6.1.3 机油压力表

1. 双金属片式机油压力表的结构与工作原理

汽车上常见的机油压力表有双金属片式、可变电阻式以及弹簧式等。

双金属片式机油压力表的结构与工作原理如图6.4所示，双金属片式机油压力表的传感器通过管接头安装在发动机的主油道中。膜片2下侧的空腔与润滑系统相通，膜片上侧中心位置与弓形弹簧片3接触，弓形弹簧片3的右端固定并搭铁，左端上侧焊有触点，并与双金属片4接触，双金属片4由两种热膨胀系数不同的材料构成，上面缠绕有加热线圈，线圈一端与接触片6相连，另一端与双金属片的触点相连，接触片6通过接线柱7和导线与油压指示表上的接线柱9相连。油压指示表中的双金属片上也缠绕有加热线圈，线圈一端通过接线柱15连接到点火开关，另一端与接线柱9相连。双金属片11一端与调节齿扇10相连，另一端装有指针并通过弹簧片14与调节齿扇13相连。

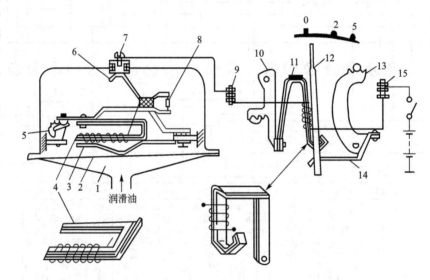

图6.4 双金属片式油压表与双金属式油压传感器

1—油腔；2—膜片；3—弓形弹簧片；4、11—双金属片；5—调节齿轮；6—接触片；
7、9、15—接线柱；8—校正电阻；10、13—调节齿扇；12—指针；14—弹簧片

当点火开关闭合后电流经蓄电池正极，双金属片11和4上的加热线圈，弓形弹簧片3搭铁，回到蓄电池负极，构成闭合回路。电路中有电流流过时，加热线圈就对双金属片加热，双金属片4受热膨胀弯曲与弓形弹簧片3分开，电路被切断。经过一段时间，双金属片冷却恢复原来的形状，双金属片4和弓形弹簧片3之间的触点接合，这样又构成闭合回路，加热线圈又开始对双金属片加热，这样反复循环。

当润滑系统油压较低时，弓形弹簧片和双金属片之间的触点之间的作用力较小，电路

中只要有微小电流,就可以使双金属片 4 产生与弓形弹簧片触点分离的变形,这样接合的时间较短,断开的时间较长,电路中的电流有效值较小,指示机油压力较小;当润滑系统油压升高时,在膜片 2 的作用下,双金属片 4 和弓形弹簧片 3 之间的触点接合面积增大,这样线圈中就需要有较长时间的电流流过,才能使双金属片产生与弓形弹簧片分离的受热膨胀变形。这样触点接合的时间也就变长,断开的时间变短,从而电路中电流的有效值就增大。电路中电流的有效值的大小又表现为双金属片 11 的变形大小,最终表现为指针 12 的偏移量。电流有效值大,指针偏移量也就较大,指示机油压力较高。

2. 电子式机油压力表的结构与工作原理

图 6.5 所示为电子式机油压力表电路,由机油压力传感器(滑动变阻式或双金属片式)、LM339 集成电路和红、黄、绿发光二极管、警报器和显示器等组成。机油压力传感器装在发动机主油道上,它与电阻 R_1 组成测量电路,LM339 集成电路采用窗口比较器接法。

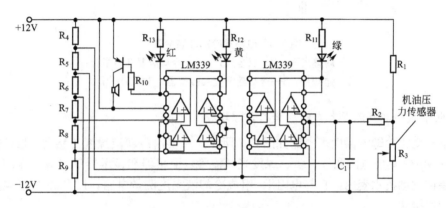

图 6.5 电子式机油压力表电路

当机油压力过低时双金属片式机油压力传感器产生的脉冲信号频率最低,此时红色发光二极管亮发光警告,同时声音警报器发出声响报警;当发动机机油压力正常时,绿色发光二极管亮表示发动机润滑系统油压正常;油压过高时,机油压力传感器产生的脉冲信号频率较高,黄色发光二极管亮,提醒驾驶员注意润滑系统的故障。

6.1.4 冷却液温度表

1. 电热式冷却液温度表的组成和工作原理

冷却液温度表用来指示发动机冷却液的温度。

冷却液温度表的温度指示表可以分为双金属片式和电磁式,而冷却液温度传感器可以分为双金属片式和热敏电阻式。由于双金属片式是根据材料的热胀冷缩热性质设计的,故也称为电热式。

桑塔纳轿车电热式冷却液温度表的组成和工作原理如图 6.6 所示。冷却液温度表传感器 6 为负温度系数热敏电阻,当发动机冷却液温达到 115℃ 左右时,冷却液温度传感器阻值为 62Ω,此时冷却液温度表指示满刻度,同时冷却液液面警告灯应闪光报警。当发动机低温时,电阻值在 500Ω 左右,冷却液温度指针指向低位刻度。双金属片 2 因热变形而带动指针 3 转动，而变形量取决于流经双金属片上电阻丝电流的大小。

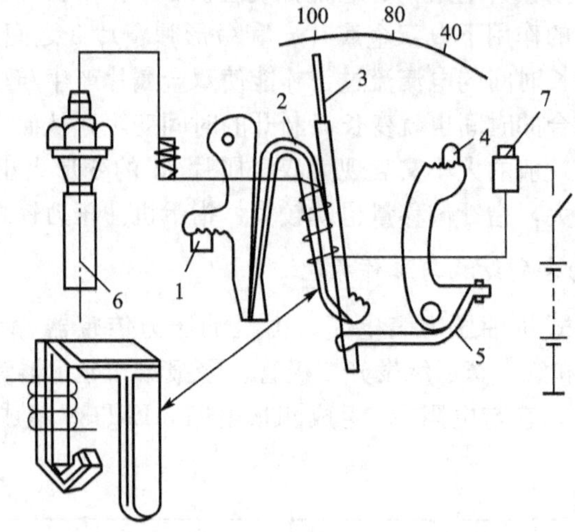

图 6.6 电热式冷却液温度表

1、4—调整齿扇；2—双金属片；3—冷却液温度表指针；
5—弹簧片；6—冷却液温度表传感器；7—稳压器

2. 电子式冷却液温度表的组成和工作原理

汽车发动机冷却液温度表电路如图 6.7 所示，主要由冷却液温度传感器（NTC 热敏电阻型）、LM339 集成电路和红、黄、绿发光二极管、警报器和显示器等组成。冷却液温度传感器装在发动机水套内，它与电阻 R_1 组成冷却液温度测量电路，LM339 集成电路采用窗口比较器接法。

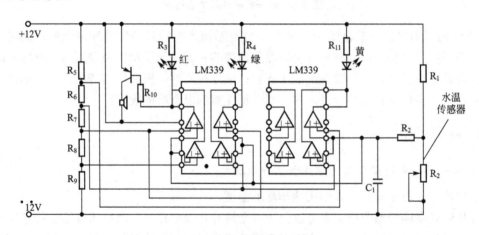

图 6.7 冷却液温度表电路

当冷却液温度低于 40℃时，黄色发光二极管亮，黄色显示；当冷却液温度为正常工作温度 85~95℃时，绿色发光二极管亮，绿色显示；当冷却液温度超过 95℃时，发动机属过热状态，红色发光二极管亮，发光报警，同时由三极管控制的声音报警器发出报警声响信号。

6.1.5 燃油表

1. 电热式燃油表的组成和工作原理

燃油表指示油箱燃油量的多少。燃油表一般由一个装在油箱中的传感器和仪表板上的燃油显示表构成。

电热式燃油表的结构如图 6.8 所示,燃油表传感器为滑动电阻,燃油表与冷却液温度表及其指示灯共用一个稳压电源,仪表工作电压为 9.5~10.5V。

电流自蓄电池正极经点火开关稳压器的双金属片 6、燃油表电阻丝 8、燃油表传感器的可变电阻 2 和滑动接触片 1,最后回到蓄电池负极。当燃油箱中的油面高度和浮子 3 处于最低位置时,滑动接触片 1 位于可变电阻 2 的右端,此时电阻最大(560Ω)而电流最小,电阻丝 8 产生的热量也最少,使得双金属片 4 产生较小的变形,指针 5 处于"0"位;反之,当燃油箱中的油加满时,电阻最小(50Ω)而电流最大,指针移至燃油表最右端的"1"位。

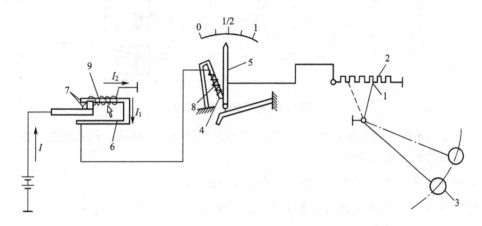

图 6.8 电热式燃油表

1—滑动接触片;2—可变电阻;3—浮子;4—双金属片;5—燃油表指针;
6—稳压器双金属片;7—触点;8—燃油表电阻丝;9—稳压器电阻丝

2. 电子式燃油表的组成和工作原理

图 6.9 所示为一电子燃油表电路。它由浮子式滑线电阻传感器、两块 LM324 及相应的电路和 VD_1~VD_7 7 个发光二极管组成。

R_1 和 VD 稳压管组成的串联稳压电路为各运算放大器提供基准电压,输入集成电路 IC1 和 IC2 组成的电压比较器反向输入端,燃油液位传感器 Rx 输入到 IC1 和 IC2 的同向输入端,并与基准电压进行比较放大后,控制发光二极管的通断状态。

当油箱中燃油加满时,传感器 Rx 的有效阻值最小,由 IC1 和 IC2 电压比较器输出为低电平,此时,6 只绿色发光二极管都点亮,而红色发光二极管熄灭,表示油箱中的燃油已满。

当油箱中燃油量减少后,显示器中绿色发光二极管按从 VD_7、VD_6、VD_5、…依次熄灭。油量越少,绿色发光二极管亮的个数越少。

当油箱中燃油量达到下限,Rx 的有效阻值最大,R_3 左端点电位最高,集成块 IC2 的

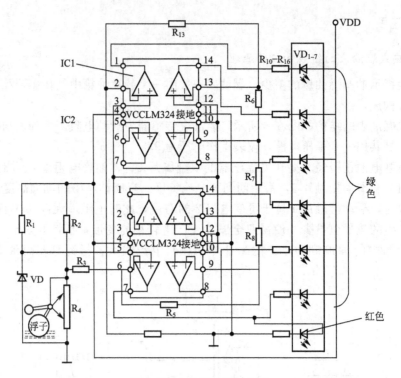

图6.9 电子燃油表电路图

第5脚电位高于第6脚的基准电位，6只绿色发光二极管全部熄火，红色发光二极管 VD_7 点亮，提醒驾驶员补充燃油。

3. 微机控制的电子式燃油表的组成和工作原理

图6.10所示为微机控制的电子燃油表系统框图。

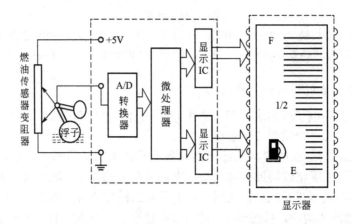

图6.10 微机控制的电子燃油表系统框图

燃油传感器从微机获得+5V电压，并将输出的电压信号传递给A/D转换器，经微机进行运算、处理后控制显示电路以杆条形方式显示处理结果。亮杆条越多，油量越多。当油量逐渐减少时，亮杆条自上向下逐渐熄灭；当油量减至极限值时，标志油量符号即闪烁，提醒驾驶员补充燃油。

6.1.6 车速里程表

1. 电子式车速里程表的组成和工作原理

车速里程表包括车速表和里程数,根据结构与原理不同可以分为电子式和磁感应式。

桑塔纳轿车采用电子式车速里程表,其结构如图 6.11 所示。它主要由动圈式车速测量机构 8、行星齿轮减速传动机构带动的十进制记录里程数字轮 4、处理与速度有关的脉冲信号的线路板 5、接受与速度有关的霍尔型转速传感器以及步进电动机 6 等组成。

安装在变速器后部的车速传感器将车速转化为脉冲信号,经由电子元器件组成的电路处理后,输出电流驱动动圈式测量机构,带动指针偏转一定的角度。由于车速传感器产生的脉冲频率经电路处理后,与输出的电流相对应,因此指针指示相应的车速。将输入的脉冲频率,由电路分频处理后,驱动步进电动机,经行星齿轮减速累计行驶里程。

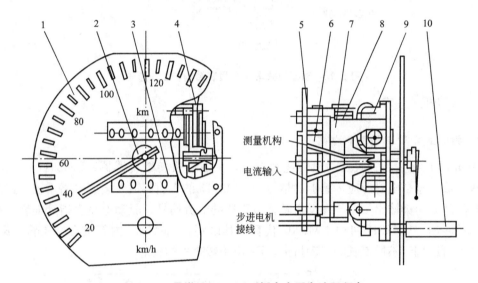

图 6.11 桑塔纳 2000 系列轿车电子车速里程表

1—刻度盘;2—指针组合;3—里程计数器;4—行星齿轮系;5—线路板组合;6—步进电机;
7—座架;8—动圈式测量机构;9—计数器组合;10—里程复位机构

2. 磁感应式车速里程表的组成和工作原理

传统的磁感应式车速里程表,其结构和工作原理如图 6.12 所示。里程表由软轴、3 对蜗轮蜗杆、中间齿轮、单程里程计数器、总里程计数器和复零机构组成。软轴与变速器输出轴齿轮相啮合,仪表盘上的两个计数器中,上面一个计数器共有 6 个计数轮,记录总行驶里程,下面一个计数器共有 4 个计数轮,记录短程行驶里程,按下车速表下方的复零按钮,可将短程计数器复零。

汽车行驶时,与变速器输出轴齿轮啮合的软轴驱动 3 对蜗轮蜗杆转动,第 3 个蜗轮带动总里程计数器最右边一个计数轮转动,并从右至左逐级驱动其余 5 个计数轮。单程计数器的右边一个计数轮由总里程计数器上的右边的一个计数轮通过中间齿轮驱动,并从右至左逐级驱动其余 3 个计数轮。两里程计数器的任何一个计数轮转动一圈,就使其左边相邻的计数轮转动 1/10 圈,从而累计出行驶里程。

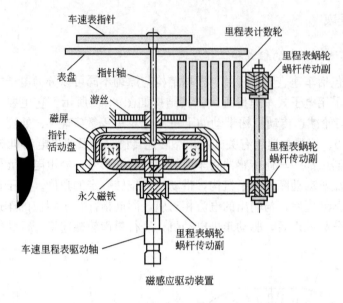

图 6.12 磁感应式车速里程表结构和工作原理

6.1.7 发动机转速表

1. 指针式发动机转速表电路

图 6.13 所示为指针式发动机转速表电路，由发动机转数传感器、LM2917 电路板和电流表组成。来自电磁感应传感器的信号经 LM2917 的 1 引脚输入集成电路系统，经过整形、比较从 5 引脚输出一个与发动机转数成正比的电流信号，驱动电路表指针偏转，指示发动机的转速。LM2917 可由 LM2907 代替，其区别是 LM2917 内部带有稳压管。R_x 取不同的值可应用于不同汽缸的发动机上，R_5 用于转速表的校对。

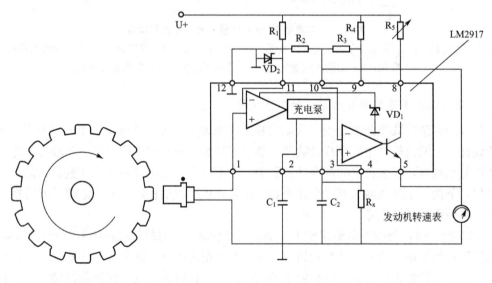

图 6.13 指针式发动机转速表电路图

2. 数字式发动机转速表电路

图 6.14 所示为数字式发动机转速表电路，由发动机光电传感器、辉光显示器、一个 16MHz 的主时钟和 R01 驱动电路板组成。其输入信号可来自发动机点火系中的点火脉冲信号，也可来自飞轮上的磁电传感器。电路中 +5V 电源均由稳压器提供，芯片 R01 引脚说明：1——复位；2——NC；3——分频控制；4——晶体 2 端；5——晶体 1 端；6——转速脉冲输入；7——LED 扫描线 4，对应千位 LED；8——LED 扫描线 3，对应百位 LED；9——LED 扫描线 2，对应十位 LED；10——GND；11——LED 扫描线；12～19——对应各笔段，其中 15 对应小数点；20——V_{cc} 采用测量周期方式测量转速，转速脉冲从第 6 引脚输入。显示器由 4 位数字组成，采用动态扫描方式，LED 笔段由芯片的 12～19 脚，共 8 个端子输入，分别对应数码管 7 段笔画和小数点，位扫描由 7、8、9、11 这 4 个引脚完成，其中 11 脚对应最低位，7 脚对应最高位。

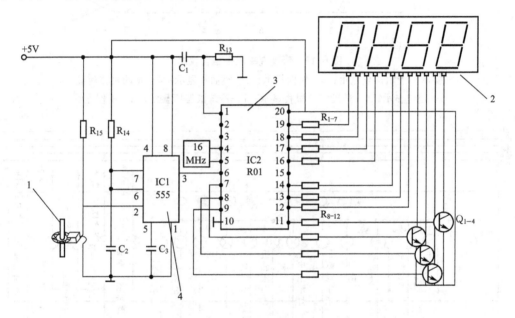

图 6.14　数字式发动机转速表显示原理图
1—转速传感器；2—显示屏；3—芯片 R01 电路板；4—单稳压电路图

6.1.8　汽车电子组合仪表

图 6.15 和图 6.16 是奇瑞汽车公司的一种电子组合仪表板和电路图，具有结构紧凑、安装方便的特点。其组合仪表有如下功能。

（1）车速和里程用数字显示。
（2）发动机转数、冷却液温度高低和燃油的多少用条形图显示。
（3）汽车车门未关好时，相应的车门状态指示灯发光报警。
（4）当汽车出现故障时，故障指示灯点亮，发出警告指示。
（5）当冷却液温度到达上限时，报警灯点亮。
（6）当润滑油压力过低时，报警灯点亮。
（7）当制动系统出现问题时，报警灯点亮。

(8) 设置有左右转向、灯光远近、倒车、雾灯、手制动、充电等状态信号指示灯。指示灯均为蓝色，报警灯均为红色。

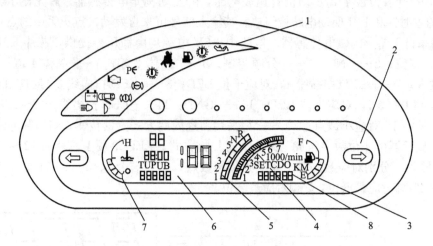

图 6.15 奇瑞汽车电子组合仪表

1—警示和指示符号显示；2—转向指示；3—燃油量显示；4—发动机转速显示；
5—挡位显示；6—速度和单里程显示；7—冷却液温度显示；8—里程显示

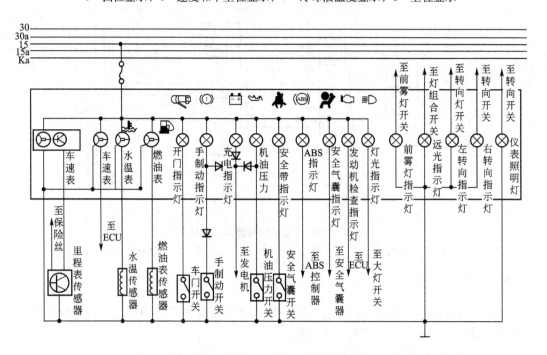

图 6.16 奇瑞汽车电子组合仪表电路图

6.2 汽车报警指示灯系统的检修

汽车报警灯用于监视各部件的运行情况，并在仪表板上显示出来，以保证汽车的安全行驶。报警灯系统包括充电指示灯、润滑油压力过低警告灯、制动气压过低警告灯、冷却液温度过高警告灯和制动液液面过低警告灯等。报警灯一般由传感器和红色报警灯组成。

6.2.1 机油压力过低报警灯

在许多汽车上，除了装有机油压力表外，还装有机油压力过低报警装置，在机油压力过低时，报警灯亮，提醒驾驶员进行检修和保养。

弹簧管式机油压力过低警告灯的电路如图 6.17 所示。盒形传感器内有一个管形弹簧。管形弹簧的一端经传感器接头与润滑系统的主油道相连，另一端密闭，上面焊有动触点。当润滑系统的机油压力过低时，管形弹簧的变形较小，动触点和静触点接触，使报警灯所在的电路构成回路，报警灯亮。当润滑系统机油压力超过设定值时，则管形弹簧的变形使得动触点和静触点分离，报警灯所在的电路为断路，报警灯熄灭。

膜片式机油压力过低报警系统的传感器结构如图 6.18 所示。膜片的上侧面承受弹簧向下的弹力，下侧面承受润滑油路的压力。当润滑系统的压力过低时，膜片在弹簧作用下向下移动，使动触点和静触点接触，报警电路接通，报警灯亮。

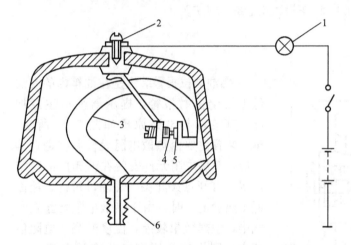

图 6.17 弹簧管式机油压力过低报警灯电路

1—警告灯；2—接线柱；3—管形弹簧；
4—静触点；5—动触点；6—管接头

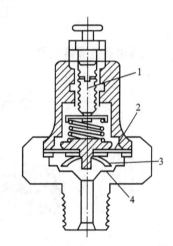

图 6.18 膜片式油压报警传感器

1—调整螺钉；2—膜片；3—活动触点；
4—固定触点

6.2.2 制动液面报警灯

制动液面报警装置是在制动液储存罐里的液面低于设定值时报警，以确保行车安全。

制动液面报警装置的结构与电路原理如图 6.19 所示。该装置的外壳 1 固定，壳内为舌簧开关，舌簧开关的两个接线柱接入报警灯所在电路，壳外的浮子上装有永久磁铁。当液面下降到规定值时，永久磁铁和浮子下降，舌簧开关在永久磁铁的作用下闭合，打开点火开关后报警灯点亮；当液面高于规定值，则舌簧开关断开，报警灯熄灭。

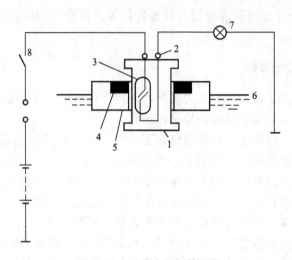

图 6.19 制动液面报警装置
1—舌簧开关外壳；2—接线柱；3—舌簧开关；4—永久磁铁；5—浮子；
6—制动液面；7—报警灯；8—点火开关

6.2.3 燃油液位报警装置

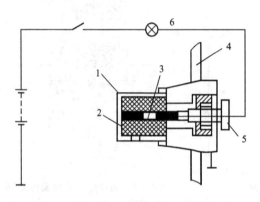

图 6.20 热敏电阻式燃油液位报警装置
1—燃油液位传感器外壳；2—防爆用金属网；
3—热敏电阻元件；4—油箱外壳；
5—接线柱；6—报警灯

燃油液位报警装置是在油箱内的燃油低于设定值时报警，提示驾驶员注意加油，其结构与电路原理如图 6.20 所示，整个装置主要由热敏电阻元件和报警灯等组成，热敏电阻元件安装在油箱内的特定位置。打开点火开关，燃油量过低，液面低于热敏电阻时，由于热敏电阻暴露在空气中，散热效果较差，温度升高，电阻值变小，则报警灯所在电路中的电流值变大，能够使报警灯点亮；当燃油液面高于热敏电阻时，热敏电阻浸泡在燃油中，散热效果较好，自身温度降低，电阻值变大，报警灯所在电路中电流很小，报警灯不发光。

6.2.4 冷却液温度报警灯

冷却液温度报警电路根据结构可分为单触点式和双触点式。单触点式和双触点式冷却液温度报警装置的结构原理如图 6.21 所示，单触点式冷却液温度报警电路只能在冷却液温度高过设定值时，双金属片向下弯曲，其左端的触点与静触点接合是电路导通，报警灯亮；而双触点式冷却液温度报警装置除了具有以上功能外，还能在冷却液温度低于设定值时，双金属片向上弯曲，接合绿灯（冷却液温度过低指示灯）所在电路，提示驾驶员注意暖机。只有冷却液温度在正常范围内时，红灯和绿灯都不亮，说明冷却系统工作正常。

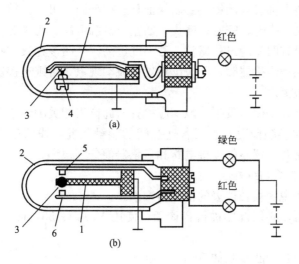

图 6.21 冷却液温度报警电路
(a)单触点式；(b)双触点式
1—双金属片；2—壳体；3—动触点；4—静触点；5—冷触点；6—热触点

6.3 项目实训

6.3.1 电子仪表的维修检测

1. 实训目的和要求

(1) 熟悉电子仪表的线路连接。
(2) 掌握用故障诊断仪检查电子仪表故障的方法。

2. 实训仪器和设备

检测汽车4辆，专用故障诊断仪4套，常用工具4套。

3. 实训步骤

1) 分体式电子仪表的检测

现代汽车电子仪表显示系统的故障，一般在传感器、连接器、导线、电路板及显示器。检修时应先将传感器电路断开或拆下，用检测设备分别对它们进行检测。

(1) 传感器的检测。

断开传感器和电路板之间的插接器，分别对相应的传感器进行检查。各种电阻式传感器(如冷却液温度传感器、燃油表传感器等)的检查，通常用测量其电阻值的大小与标准电阻值相比较的方法来判断其好坏，若所测的值小于或大于规定的数值，表明传感器内部短路、断路或接触不良。对于脉冲信号的传感器可用发光二极管连接传感器的输出端，转动传感器的转子，二极管应闪烁，否则传感器损坏。传感器若有故障只能更换新件。

(2) 连接器的检查。

电子仪表采用连接器把线束连接到仪表板上。这些连接器采用不同颜色，以便识别它连接的线路。连接器上都设有闭锁装置以保证其连接牢固、可靠。检查时可用眼看、手摸来确定连接器装置是否齐全、完好；插头、插座应接触可靠、无锈蚀；仪表电路工作时用手触摸连接器，应没有明显的过热感觉，若温度过高，说明该连接器接触不良，查明原因予以排除。在用手晃动连接器时，不应出现仪表波动现象，否则连接器有故障。

(3) 仪表故障检测。

若电子仪表板上某个仪表发生故障，应检查与此仪表相关的各个部分。

应检查各导线的接触情况，包括各连接器的接触状况，线路是否破损、短路或断路等。用检测设备分别对该仪表的连接电路和显示器件分别检测。

2) 组合仪表的检测与维修

以大众车系为例说明组合仪表的检测与维修。

(1) 检修仪表时，必须首先进行自诊断，使用 V.A.G1551 或 V.A.G1552 读取存储信息。

(2) 组合仪表的自诊断步骤如下。

① 诊断前应确保电源电压正常(至少 9.0V)，保险丝正常，接地线良好。

② 车载诊断系统功能模式的进入：点火开关置于 OFF，将适配器电缆（VAG1551/3 或 VAG1552/3）一端连于读码器，一端连于 DLC 接头；点火开关置于 ON，按下"1"键，进入"快速数据传输"模式；输入地址 17，进入"组合仪表"模式；按下 Q 键确认输入；按下"→"键即可进入车载诊断系统功能模式。

③ 进入功能模式后，按照表 6-1 选择输入期望的功能模式，转入相应的程序。

④ 输入功能代码 06，进入"结束输出"功能模式；按下"Q"键确认输入，退出车载诊断系统；点火开关置于 OFF，断开 V.A.G1551 故障阅读仪并安装数据传输接头 DLC 的护盖。

(3) 组合仪表是整体不可拆的，某仪表有故障，应该整体更换。

(4) 对于新换的组合仪表，必须使用 V.A.G1551 故障阅读仪设置车速里程表读数和维护间隔显示。

表 6-1 汽车各电路系统的导线规格

功能模式	说　明	功能模式	说　明
01	查询控制单元版本	06	结束输出
02	查询故障存储器	07	控制单元编码
03	最终控制诊断	08	读测试数据块
04	基本设定	10	匹配
05	删除故障存储	11	登入

6.3.2　汽车报警指示灯系统的检修

1. 实训目的和要求

(1) 了解报警装置的类型、结构及工作原理。

(2) 掌握报警装置的主要传感器与稳压器的检查方法。

2. 实训仪器和设备

检测汽车 4 辆，各种传感器、专用故障诊断仪 4 套，常用工具 4 套。

3. 实训步骤

1) 汽车油压报警灯闪亮的故障与检排

(1) 汽车油压报警红灯闪亮的原因分析。

汽车油压报警灯闪亮是指安装于发动机润滑系统主油道上的"机油压力过低报警器"在主油道的油压低于规定值时（不同发动机规定值不同）报警指示灯出现红灯讯号。技术状态正常的汽车发动机按要求使用合格的发动机油，润滑压力一般都会保持在 0.1～0.4MPa，保证正常润滑。当出现压力过低，红灯闪亮时，应立即停车，查找原因。

(2) 汽车油压报警红灯亮时的常见故障及检排。

① 机油滤清器堵塞，需要更换机滤。

② 机油泵内、外转子磨损或间隙过大，需要更换机油泵内、外转子，调整端面间隙。

③ 调压阀失灵，需更换。

④ 机油油管裂纹渗漏，需更换。

⑤ 主轴瓦、连杆轴瓦与曲轴轴径的配合间隙过大，需更换被磨损零件。

⑥ 机油集滤器堵塞，需清洗或更换。

⑦ 油压表或机油感应塞失灵，需更换。

⑧ 主轴承盖松动，需拧紧主轴承盖螺母。

⑨ 油路中混入空气，机油抗泡性差，需换油。

⑩ 油品吸入高度太大，吸油管露出油面，需调整油底壳吸油管位置。

⑪ 车辆运行里程大，油泵磨损大，需更换。

2) 轿车冷却液温度表显示冷却液温度高且报警装置不报警的检排

冷却液温度过高主要有三个方面问题：发动机冷却系统有问题、电控散热系统有问题和冷却液温度监控系统有问题。冷却液温度检测系统故障原因如下。

(1) 冷却液温度传感器损坏（短路、断路或变值），冷却液温度表显示不正常。可用专用测量工具检测冷却液温度的测量基点和范围，如不正常则需要换冷却液温度表。

(2) 正常情况下，稳压电源输出应在 9.5～10.5V 范围内。如果输出电压过高或过低，也会使冷却液温度表显示不准确，可能显示冷却液温度过高，以至报警灯亮。

(3) 电路本身线路故障也会使冷却液温度表显示错误，一般线路连接最大电阻不应超过 0.5Ω。

小　结

汽车仪表与报警指示灯系统安装在仪表板上，由各种仪表、报警指示灯组成。

汽车仪表用于了解观察汽车各系统的工作状况，主要有车速里程表、发动机转速表、冷却液温度表、燃油量表、机油压力表等，其主要类型有电热式和电磁式。

汽车上常见的机油压力表有双金属片式、可变电阻式以及弹簧式等型式。

冷却液温度表的温度指示表可以分为双金属片式和电磁式，而冷却液温度传感器可以分为双金属片式和热敏电阻式。

双金属片式是根据材料的热胀冷缩热性质设计的,故也称为电热式。桑塔纳轿车使用电热式冷却液温度表。

燃油表一般由一个装在油箱中的传感器和仪表板上的燃油显示表构成。

车速里程表包括车速表和里程数,根据结构与原理不同可以分为电子式和磁感应式。

桑塔纳轿车采用电子式车速里程表。

发动机转速表电路由发动机转数传感器、LM2917电路板和电流表组成。

汽车报警灯主要有机油压力过低警告灯、制动液面过低警告灯、ABS故障警告灯、安全气囊故障警告灯等,用于警示有关系统的故障。

汽车指示灯主要有转向指示灯、前照灯远、近光指示灯、驻车指示灯、制动指示灯、挡位指示灯等,用于指示汽车运行状态。

在机油压力过低时,机油压力过低报警灯亮,提醒驾驶员进行检修和保养。

制动液面报警装置是在制动液储存罐里的液面低于设定值时报警,提醒驾驶员及时维修。

燃油液位报警装置是在油箱内的燃油低于设定值时报警,提示驾驶员注意加油。

冷却液温度过高、过低,冷却液温度报警灯都会报警,提醒驾驶员注意发动机降温或暖机。

汽车油压报警灯出现红灯信号,说明机油压力过低,应立即停车检修。

习　题

一、填空题

1. 汽车仪表主要有_____、发动机_____、_____、_____、机油压力表等,用于指示汽车_____的有关参数。

2. 报警灯主要有_____过低警告灯、_____液面过低警告灯、ABS故障警告灯、安全气囊故障警告灯等,用于警示有关系统的故障。

3. 指示灯主要有_____、_____远、近光指示灯、_____指示灯、指示灯、挡位指示灯等,用于指示汽车运行状态。

4. 当桑塔纳轿车油箱内剩油量只有_____L左右时,燃油表_____色警告灯发亮。

5. 桑塔纳轿车电子式机油压力表电路,当机油压力过低时_____色发光二极管亮;当发动机机油压力正常时,_____色发光二极管亮;当油压过高时,_____色发光二极管亮。

6. 车速里程表包括_____和_____,根据结构与原理不同可以分为_____和_____。

7. 桑塔纳轿车采用_____车速里程表。

二、判断题

1. 汽车仪表内部比较精密,结构均用封装式,不可拆卸,当仪表出现故障时应将整个仪表板一起更换。　　　　　　　　　　　　　　　　　　　　　　　　　(　　)

2. 发现仪表印制板铜箔断路时,可用焊锡膏和焊锡将其焊接修复。　　　(　　)

3. 前照灯亮时，示宽灯也应亮着。   （   ）
4. 转向灯灯泡灯丝烧断，会使转向灯闪烁频率变快。   （   ）

三、简答题

1. 说明桑塔纳轿车组合仪表板的组成。
2. 说明电子式机油压力表的工作原理。
3. 说明电子式冷却液温度表的组成和工作原理。
4. 说明指针式发动机转速表的工作原理。
5. 根据学习内容，说明汽车仪表系统的现状及发展趋势。
6. 简述制动液面报警装置的工作原理。
7. 简述膜片式机油压力过低报警系统的工作原理。
8. 分析汽车油压报警红灯闪亮的原因。

项目 7

汽车辅助电气设备的检修

知识要求	掌握电动刮水器等典型辅助电气的作用与组成； 了解电动座椅、电动车窗、中控门锁、电动后视镜的工作原理
能力要求	具有对典型辅助电气进行日常维护的能力； 具有对典型辅助电气进行检修的能力； 能够排除典型辅助电气的常见故障

项目导读

为了提高汽车行驶的安全性、工作的可靠性、乘坐的舒适性，减轻驾驶员的劳动强度，现代汽车安装了许多辅助电气设备，如电动刮水器、电动座椅、电动车窗、中控门锁、电动后视镜等，随着汽车技术的发展，辅助电气设备所占的比重越来越大，性能越来越完善。

图 7.1 为刮水器磁电机外形图。

图 7.1 刮水器磁电机外形图

7.1 电动刮水器与风窗玻璃洗涤器的检修

7.1.1 电动刮水器的检修

1. 电动刮水器的组成

电动刮水器的组成如图 7.2 所示。电动机旋转，带动蜗轮蜗杆减速机构，使与蜗轮轴相连的摇臂带着两侧拉杆做往复运动，拉杆则通过摆杆带着左、右雨刷架做往复摆动，安装在雨刷架上的橡皮雨刷便刷去风窗玻璃上的雨水、雪和灰尘。

刮水器停止工作时，为了不影响驾驶员的视野，刮水器设计时应具有自动复位装置，保证刮水器始终停在风窗玻璃的下面。

电动刮水器的主要部件是永磁式直流电动机。汽车上的刮水器一般是双速的，电动刮水器采用三刷式电动机实现刮水器的刮水频率控制。

2. 电动刮水永磁直流电动机的结构

汽车电动刮水系统使用的直流电动机功率较小，一般为 15～50W，利于采用永磁激磁方式，且多采用铁氧体永磁（也称陶瓷永磁）材料，其典型结构如图 7.3 所示。永磁直流电动机具有结构简单、体积小、重量轻、省电可靠性高等优点，故现在的汽车电控刮水器大多采用永磁式直流电动机。

3. 永磁式电动刮水器的变速原理

永磁式刮水器的不同工作速度通过控制电动机的高低转速实现。三刷式永磁电动机变速原理如图 7.4 所示。

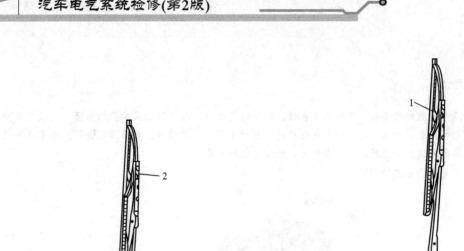

图 7.2 电动刮水器
1—铰接式雨刮片架；2—雨刮片；3—雨刮臂；4—蜗轮蜗杆减速机构；
5—电动机；6—摇臂；7—拉杆；8—摆杆

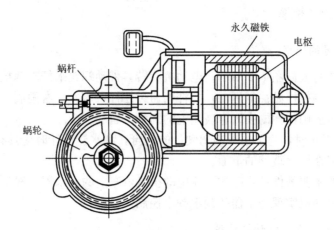

图 7.3 永磁直流电动机的结构

当雨刮开关拨向 L 时，电刷相隔 180°，电机转子绕组形成对称的两条并联支路，电流分流，每条回路串联的有效线圈各 4 个，串联线圈数相对较多，反电动式较大，电动机以较低转速稳定运转。

当雨刮开关拨向 H 时，电刷偏置，由于线圈 8 与线圈 1～4 绕向相反，线圈 8 产生的电动势抵消线圈 1～4 产生的部分电动势，电机转子有效绕组匝数减少，因而正负电刷间的反电动势减小，电枢电流增大，引起电动机的转矩增大，在负载不变的情况下，使电动机获得某一较高的转速。

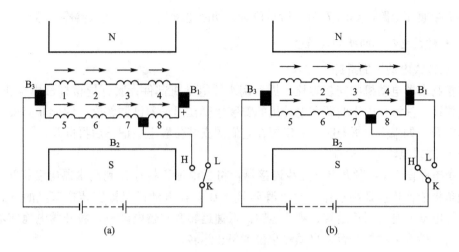

图 7.4 刮水器电动机变速原理电路图
(a)低速旋转；(b)高速旋转

1) 慢速刮水

刮水器变速控制电路如图 7.5 所示，当接通电源开关，变速开关拉到"Ⅰ"挡位置时，电流由蓄电池正极→电源开关→熔断丝→电刷 B_3→电枢绕组→电刷 B_1→接线柱②→接触片→接线柱③搭铁→蓄电池负极。电动机低速运转。

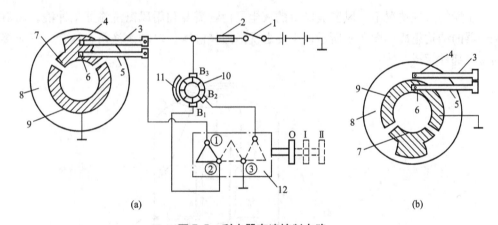

图 7.5 刮水器变速控制电路
(a)刮水器自动回位时铜环位置；(b)刮水器连续刮水时铜环位置
1—电源开关；2—熔断丝；3、5—触点臂；4、6—触点；7、9—铜环；
8—蜗轮；10—电枢；11—永久磁铁；12—变速开关

2) 快速刮水

当变速开关拉到"Ⅱ"挡位置时，电流由蓄电池正极→电源开关→熔断丝→电刷 B_3→电枢绕组 10→电刷 B_2→接线柱④→接触片→接线柱③→搭铁→蓄电池负极。电动机快速运转。

3) 停机复位

当变速开关 12 推到"0"挡位置时，如果刮水片未停在风窗玻璃下沿位置，由于触点 6 仍与铜环 9 接触，如图 7.5(b)所示，电流继续流经电枢，电流从蓄电池正极→电源开关→熔断丝→电刷 B_3→电枢绕组→电刷 B_1→接线柱②→接触片→接线柱①→触点臂 5→铜环 9→搭铁→蓄电池负极，电动机继续转动。当刮水片摆到风窗玻璃下沿时，触点臂 3、5

与铜环 7 接通而短路,如图 7.5(a)所示位置,切断电动机电流,刮水器停止运转。

4．永磁式电动机的拆卸与检查

1) 永磁式电动机的拆卸

拧松刮水器电动机的安装螺栓,拆下刮水器电动机部件;脱开连接杆和电动机部件,拆下连接杆。注意:由于曲臂和电动机的安装角度在出厂前已调整好,因此非必要时不要把它们拆开。如果需要拆开时,一定要在它们的安装位置上做记号后再拆开。

2) 永磁式电动机的检查

参考电路图 7.5,脱开电气配线连接器,将蓄电池正极连接到刮水器电动机滑环 B_3,蓄电池负极依次连接到刮水器电动机滑环 B_1、B_2,在电动机仍被安装在车身的状态下检查刮水器电动机是否低速运转、高速运转。低速运转刮水器电动机,脱开蓄电池使电动机停止运转,检查电动机是否在自动停止位置停止运转。

刮水器和洗涤器开关的检查。脱开开关连接器,检查各开关连线接头之间的导通状况。

间歇刮水器继电器间歇动作的检查。连接好柱开关的连接器,把点火开关置于 ACC 位置,当把刮水器开关转到 INT 位置时,检查刮水器动作的间隔时间,约 3~6s。

7.1.2 风窗玻璃洗涤器的检修

在干燥的天气情况下,风窗玻璃上的灰尘及污物需要利用风窗洗涤器来冲洗。风窗玻璃洗涤器的结构组成如图 7.6 所示,主要由洗涤液储液罐、电动洗涤泵、软管、三通接头和喷嘴等部件组成。

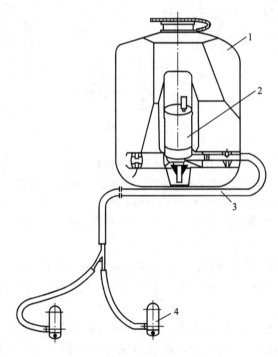

图 7.6 风窗玻璃洗涤器的结构

1—储液罐;2—洗涤泵;3—输水软管;4—喷嘴

风窗玻璃的清洗应遵守下列顺序：先打开风窗洗涤器的开关，等洗涤液由喷嘴喷撒到风窗玻璃的上部，湿润后再起动刮雨器。无洗涤液时，不能开启电动洗涤泵。

7.2 窗椅等装置的检修

7.2.1 风窗除霜装置的检修

当环境温度低于零度时，空气中的水蒸气在风窗玻璃上很容易结霜，从而影响驾驶员的视野。因此有必要在汽车上配置除霜装置。

在装有空调的汽车上，除霜装置的热源来源于空调的暖气。通过风扇将暖风吹到风窗玻璃上，以防止结霜。

对后风窗玻璃通常采用电热去霜，如图 7.7 所示。在风窗玻璃内表面间隔地镀有数条很窄的导电膜，接通电路时，即可对风窗进行加热。

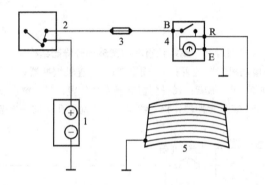

图 7.7 后窗除霜装置

1—蓄电池；2—点火开关；3—熔断丝；4—除霜器开关和指示灯；5—除霜器电热丝

7.2.2 电动车窗的检修

1. 电动车窗的结构

电动车窗主要由车窗玻璃、车窗升降器、驱动电机和控制开关等部件组成。为操纵方便，电动车窗有两套控制开关，一套分布在汽车仪表台或驾驶员车窗，由驾驶员控制；一套分布在对应的车窗，方便乘员使用。

电动车窗升降器的结构如图 7.8 所示，电动车窗的驱动电机为双向永磁型直流电动机。

当电动机正向或反向接通电源后，电动机正向或反向运转，经蜗轮蜗杆减速后、再由缓冲联轴器驱动绳索卷筒，钢丝绳索拉动车窗玻璃托架在导轨中上下移动，实现门面玻璃的上下移动。电动车窗的控制电路如图 7.9 所示。

2. 电动车窗电路实例

图 7.10 为北京现代索纳塔乘用车的电动车窗电路图。电动车窗中的主开关用虚线框标志，主开关位于驾驶员侧。两个开关之间的虚线表示操作时总开关内部是联动关系。

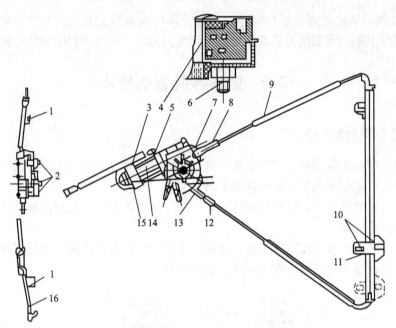

图7.8 桑塔纳轿车门窗玻璃升降器结构

1—支架安装位置；2—电动机安装位置；3—固定架；4—连轴缓冲器；5—电动机；6—绳索卷筒；7—盖板；8—调整弹簧；9—绳索；10—门窗玻璃安装位置；11—滑动支架；12—弹簧套筒；13—安装缓冲器；14—铭牌；15—均压孔；16—支架

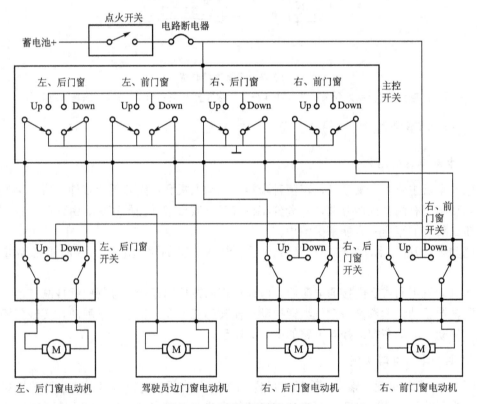

图7.9 电动门窗的控制电路

1) 手动控制玻璃升降

当点火开关位于 ACC 或 ON 的位置时，电流便经过电动车窗继电器的电磁线圈，通过 ETACM(时间和信息系统控制模块)搭铁，车窗继电器的开关闭合。此时若使车窗向下运动，应按下左前车窗的 DOWN 按钮，此时电流的流向为：电源＋B→电动门窗熔丝→电动车窗继电器开关→左前车窗开关中右侧的 DOWN 端子→电动车窗主开关端子 6→左

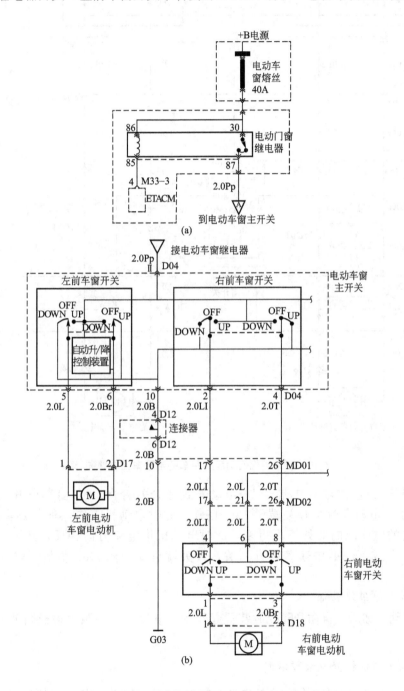

图 7.10　北京现代索纳塔乘用车的电动车窗电路图

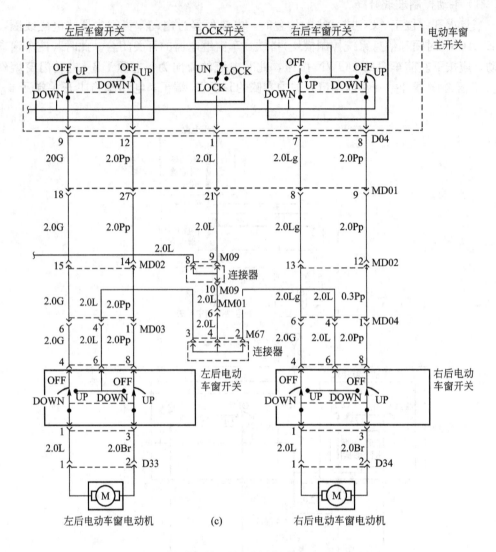

图 7.10 北京现代索纳塔乘用车的电动车窗电路图(续)

前电动机端子 2→左前电动机端子 1→电动车窗主开关端子 5→左前车窗开关中左侧的 DOWN 端子→电动车窗主开关端子 10→搭铁。此时电动机工作，车窗玻璃向下运动。玻璃上升时的电流流向此处不再重复，此时电动机中电流方向相反，其运动方向也相反。车窗上升或下降的中途若松开开关，开关就自动回到 OFF 位置，电动机也停止工作。

2) 自动控制玻璃升降

按下自动按钮后，自动升降控制装置起作用，电流流向参照手动控制玻璃升降装置确定。

3. 电动车窗的检修及故障诊断

下面以索纳塔乘用车为例，介绍电动车窗常见的故障及其原因，具体见表 7-1。

表 7-1 电动车窗常见故障及原因

常见故障	故障原因	诊断思路
某个车窗只能向一个方向运动	分开关故障或分开关至主开关可能出现断路	检查分开关导通情况及分开关至主开关控制导线导通情况
某个车窗两个方向都不能运动	传动机构卡住；车窗电动机损坏；分开关至电动机断路	检查传动机构是否卡住；测试电动机工作情况，包括断路、短路及搭铁情况检查；检查分开关至电动机电路导通情况
所有车窗均不能升降或偶尔升降	熔断丝被烧断；搭铁不实	检查熔丝；检查、清洁、紧固搭铁
两个后车窗分开关不起作用	总开关出现故障	检查总开关导通情况

1) 电动车窗总开关的检修

(1) 从驾驶员侧装饰板上拆下电动车窗主控开关(索纳塔乘用车的电动车窗主控开关和中控门锁主控开关是一体的)。主控开关连接器的端子图如图 7.11 所示。

图 7.11 电动车窗总开关端子

(2) 用万用表的欧姆挡按照表 7-2 检查总开关在车窗处于上升、下降和关闭状态时各个端子的导通情况。若测得结果和表不相符，说明车窗总开关损坏。

表 7-2 电动车窗总开关的检查

端子位置	左前				右前				左后				右后			
	5	6	10	11	2	4	10	11	9	10	11	12	7	8	10	11
向上	○—|—○			○—○		○—|—○			○—○		○—|—○			○—○	
关闭	○—○		○—○		○—○		○—○		○—○		○—○		○—○		○—○	
向下		○—○		○—○		○—|—○			○—○		○—|—○			○—○		○—|—○

2) 电动车窗闭锁开关检查

如电路图 7.10 中的 LOCK 和 UNLOCK 开关，当开关位于 LOCK 位置时，端子 1 和 11 之间断路；当开关位于 UNLOCK 位置时，端子 1 和 11 之间导通。

3) 电动车窗继电器的检修

索纳塔乘用车电动车窗继电器的电路图如图 7.10(a)所示。

(1) 静态检查。将万用表置于 R×1 挡，测量端子 85 和端子 86 之间是否导通，若不导通，说明线圈烧坏。测量端子 30 和端子 87 是否断路，若导通，说明开关触点烧结或常闭，应进行更换。

(2) 工作状况检查。用蓄电池的正负极分别接端子 85 和 86，然后用万用表测量端子 30 和 87 是否导通，若不导通应及时更换。

4）电动车窗分开关及车窗电动机的检查

（1）电动车窗分开关工作情况检查。用万用表的欧姆挡按照表7-3检查分开关在车窗处于上升、下降和关闭状态时各个端子的导通情况。

表7-3 电动车窗分开关的检查

端子 位置	1	3	4	6	8
向上	○				
		○———————————————○			○
关闭	○				
		○———————○			○
向下		○		○	
	○———————————————○				○

（2）车窗电动机的检测。车窗电动机检查的基本思路是把蓄电池的正、负极分别接在车窗电动机的两个端子上，并互换一次，观察电动机能否正转、反转，且转速平稳，若不能，说明电动机有故障，应进行更换。在进行车窗电动机的测试时，若电动机停止转动，要注意立刻断开端子引线，否则会烧坏电动机。

7.3 中控门锁的检修

为了方便驾驶员和乘客开关车门，现在大部分乘用车安装了中央控制门锁系统。安装了中控门锁后，驾驶员可以在锁住或打开自己车门的同时锁住或打开其他的车门，而除了中控门锁控制外，乘客还可以利用各车门的机械式弹簧锁来开关车门。

中控门锁按结构形式的不同，一般分为双向空气压力泵式和微型直流电动机式两种。

按控制方式不同分为不带防盗系统的中控门锁和带防盗系统的中控门锁。

7.3.1 中控门锁的组成

中控门锁系统一般由门锁控制开关、钥匙操纵开关、门锁总成、行李箱门开启器及门锁控制器等组成。

1. 门锁控制开关

门锁控制开关一般安装在司机侧前门内的扶手旁边，通过门锁控制开关可同时锁上和打开所有的车门。

2. 门锁总成

门锁总成主要由门锁传动机构、门锁开关和外壳等组成，如图7.12所示。

门锁开关用于检测车门的开闭情况。当车门关闭时，门锁开关断开；反之，门锁开关接通。

门锁传动机构由电动机、齿轮和位置开关等组成。当门锁电机转动时，蜗杆带动蜗轮转动，蜗轮推动锁杆，车门被锁上或打开，之后蜗轮在回位弹簧的作用下返回原位置，防止操纵门锁钮时电动机工作。

门锁位置开关位于门锁总成内，用来检测车门的锁紧状态，它由一个触点片和一个开

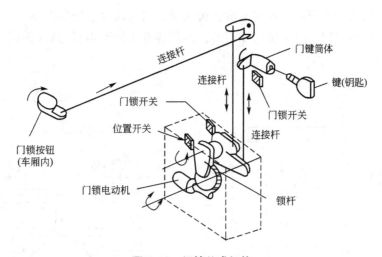

图 7.12 门锁总成机构

关底座组成。当锁杆推向锁门位置时,位置开关断开;锁杆推向开门位置时,位置开关接通。即当车门关闭时,此开关断开,当车门打开时,此开关接通。

3. 钥匙操纵开关

钥匙操纵开关装在每个前门的钥匙门上,当从外面用钥匙开门或关门时,钥匙位置开关将开门或锁门的信号发出给门锁控制 ECU,或门锁控制继电器。

4. 行李箱门开启器开关

行李箱门开启器开关位于仪表盘下面或驾驶员座椅左侧车厢底板上。如图 7.13 所示,钥匙门靠近其开启器,推压钥匙门,则断开了行李箱内主开关,此时再拉开启器开关也不能打开行李箱门。将钥匙插进钥匙门内顺时针旋转打开钥匙门后,主开关接通。此时行李箱门开启器可打开行李箱。

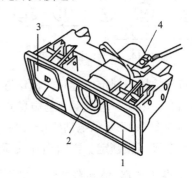

图 7.13 行李箱门开启器开关
1—行李箱门开启器开关;2—钥匙门行李箱门开启器;3—燃油箱盖开启器开关;4—主开关

7.3.2 中控门锁电路

1. 继电器控制的中控门锁电路

图 7.14 所示的电动门锁电路图是一种最基本的门锁控制电路。它由两个门锁开关 S_1、S_2、门锁继电器 K、5 个双向直流电动机(4 个车门及一个行李舱门)及导线和熔丝等组成。门锁继电器实际上是由开锁和锁定两个继电器组成。线圈不通电时,动触点都和搭铁触点接通;通电时动触点与搭铁触点断开,与另一触点接通。通过触点位置的改变,来改变电路及电机中的电流方向,从而改变电机的旋转方向,完成对车门的锁定和开锁动作。

图 7.15 为左前门锁开关在开锁时的电流方向示意图。将左前门锁开关掷于开锁位置时,电源通过左前门锁开关给开锁继电器线圈供电,继电器动作,其常闭触点打开,常开

触点闭合。电机的一端经该触点与电源正极接通,另一端经锁定继电器的常闭触点接地,电机转动将4个车门锁及行李箱门锁打开。当门锁开关断开电源时(开关回到中间位置),开锁继电器释放。

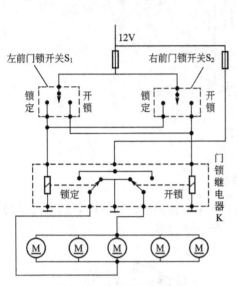

图7.14 电动门锁电路图

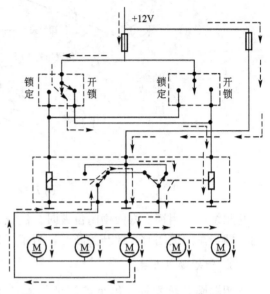

图7.15 左前门锁开关在开锁位置时的电流方向

将开关挪于锁定位置时,锁定继电器线圈通电,继电器吸合,其常闭触点打开,常开触点闭合。电机一端经触点与电源正极接通,另一端经开锁继电器触点接地,电机中的电流方向与图7.15所示电动座椅后端上升时的电流流向相反,电机反向转动,将4个车门锁及行李箱门锁锁定。当门锁开关断开电源时(开关回到中间位置),锁定继电器释放。

2. 集成电路-继电器控制的中控门锁系统

图7.16为集成电路—继电器控制的中控门锁电路。门锁控制器由集成电路和继电器组成,集成电路可根据各种开关发来的信号控制三极管的导通与截止,从而控制继电器的工作状态,由此可控制门锁电动机的电流方向,实现锁门和开锁。

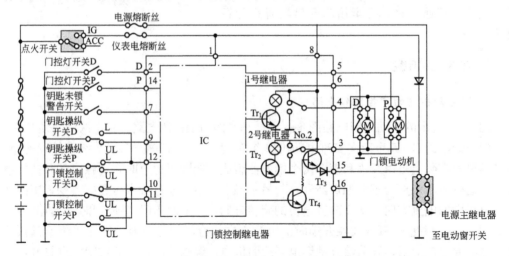

图7.16 集成电路-继电器控制的中控门锁电路

电路中的 D 和 P 代表驾驶员侧和副驾驶员侧。

通常情况下,驾驶员的开锁与锁门有两种方式,一种是当驾驶员进入车内且车门关闭时,可用门锁控制开关锁门与开锁;另一种是当驾驶员即将离开车辆且车门关闭时,钥匙操纵开关锁门和开锁。

(1)当用门锁控制开关锁门与开锁时,控制电路的工作过程如下。

锁门。将门锁控制开关推向"锁门"(LOCK)一侧时,门锁继电器的端子 10 通过门锁控制开关接地,将 Tr_1 导通。当 Tr_1 导通时,电流流至 1 号继电器线圈,1 号继电器触点闭合,电流流经门锁电动机,所有车门均被锁住,如图 7.16 所示。

开锁。将门锁控制开关推向"开锁"(UNLOCK)一侧时,门锁继电器的端子 11 通过门锁控制开关接地,将 Tr_2 导通。当 Tr_2 导通时,电流流经 2 号继电器线圈,2 号继电器触点闭合,如图 7.17 所示,电流反向通过门锁电动机,所有的车门打开。

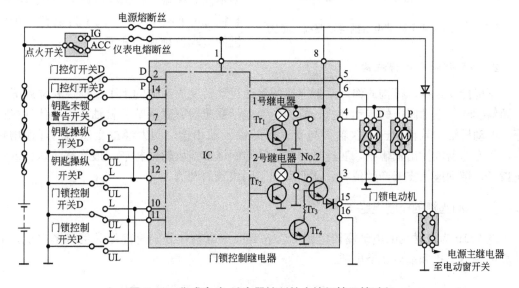

图 7.17 集成电路-继电器控制的中控门锁开锁过程

(2)当用钥匙操纵开关锁门和开锁时,控制电路工作过程如下。

锁门。将钥匙操纵开关转向"锁门"(LOCK)一侧时,门锁继电器的端子 12 通过门锁控制开关接地,将 Tr_1 导通。当 Tr_1 导通时,电流流经 1 号继电器线圈,1 号继电器触点闭合,电流流经门锁电动机,所有车门均被锁住。

开锁。将钥匙操纵开关推向"开锁"(UNLOCK)一侧时,门锁继电器的端子 9 通过门锁控制开关接地,将 Tr_2 导通。当 Tr_2 导通时,电流流经 2 号继电器线圈,2 号继电器触点闭合,电流反向通过门锁电动机,所有的车门打开。

7.4 电动座椅的检修

电动座椅又称自动座椅,它可以通过控制电机的正反方向旋转,来调节座椅的空间位置,改变驾驶员或其他乘员的坐姿,使其乘坐更舒适,并减少驾驶员及乘员长时间坐车的疲劳。电动座椅前后方向的调节量一般为 100~160mm,上下方向的调节量一般为 30~50mm,全程调节约需 8~10s。

7.4.1 电动座椅的组成

电动座椅一般由座椅调节开关、双向电机、传动和执行机构及控制装置等组成。

1. 座椅调节电机

电动座椅的电机大多数采用永磁式双向直流电动机，通过开关来操纵电机按所需方向旋转。为防止电机过载，电机内一般都装有断路器。由于座椅的类型不同，一般一个座椅可装 2 个、3 个、4 个或 6 个电机。图 7.18 为装有 4 个电机的电动座椅调节示意图。

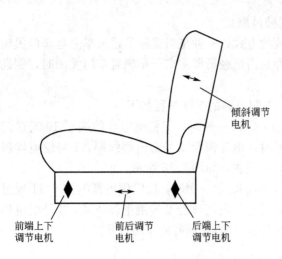

图 7.18　装有 4 个调节电机的电动座椅示意图

2. 座椅传动和执行机构

座椅传动及执行机构的作用是把电机的旋转运动转变成座椅的上下、前后移动或靠背的倾斜摆动。电动座椅的传动和执行机构主要包括变速器、联轴节、软轴及齿轮传动机构等。电动机轴与软轴相连，软轴再与变速器的输入轴相连，动力经过变速器的降速增矩后，从变速器的输出轴输出，变速器的输出轴与蜗杆轴或齿轮轴相连，最终蜗轮蜗杆或齿轮齿条；带动座椅支架产生位移，从而实现不同位置的调节。

7.4.2　电动座椅的控制电路

图 7.19 为最常见的电动座椅电路图。它有 3 个电机，分别是前端高度调节电机、后端高度调节电机和前后调节电机。

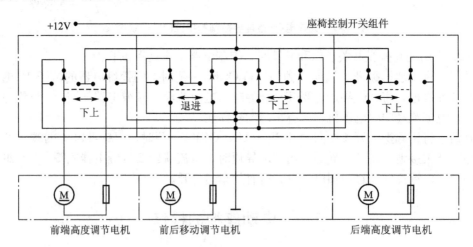

图 7.19　电动座椅的电路原理图

座椅控制开关通过控制电动机的搭铁和与电源的连接，使 3 个电动机按所需的方向旋转。当需要座椅整体上升或下降时，控制开关置于一上或下的位置，前与后高度调节电机时转动；当需要座椅前倾或后倾时，只需前或后的一个电机转动；当需要座椅整体前移或后退时，前后移动电机转动。

如图 7.20 所示，为控制开关使座椅后端上升的开关位置及电流方向。座椅前端升降、整体升降及整体前后移动的电路分析方法与此相同。

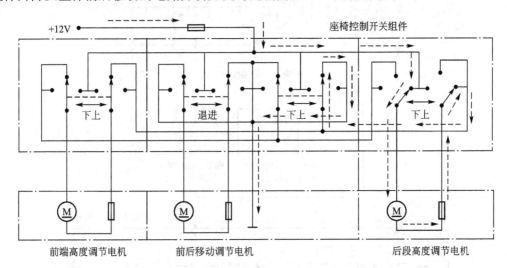

图 7.20　电动座椅后端上升时的电流流向图

如图 7.21 所示，为帕萨特 B5 型轿车的无存储功能电动座椅电路。该电路实际上是由两部分组成，即驾驶员座椅控制电路和乘员座椅控制电路。它的特点是每部分电路都是由断电器、组合开关、4 个电机及导线等组成的，两部分电路完全相同。而每部分电路中的每个电机及其所在电路、开关等也都完全相同。

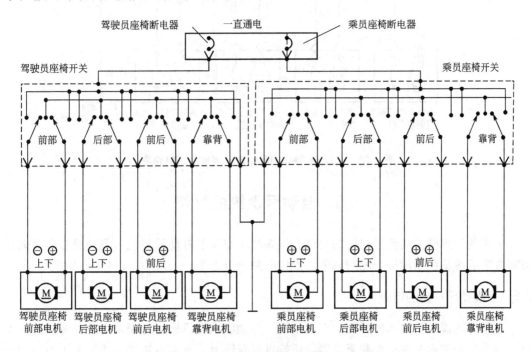

图 7.21　帕萨特 B5 型轿车电动座椅电路图

奥迪 A6 的不同位置的电动座椅的调整功能却不相同，图 7.22 为奥迪 A6 轿车的乘员侧电动座椅电路图。

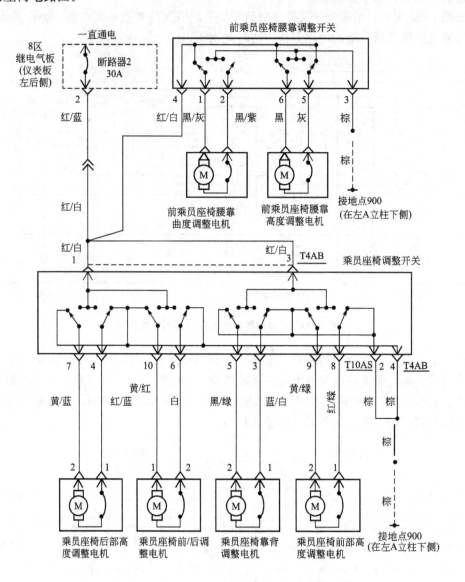

图 7.22　奥迪 A6 轿车乘员侧电动座椅系统电路图

7.5　电动后视镜的检修

为了便于驾驶员调整后视镜的角度，很多轿车安装了电动后视镜，驾驶员在行车时便可对左右后视镜的角度进行随时调节，操作起来十分方便。

7.5.1　电动后视镜的组成

电动后视镜主要由调整开关、双电动机、传动和执行机构、外壳及连接件等组成。反射镜的背后装有两套电动机和驱动器，可操纵反射镜上下及左右转动。通常上下方向的转动用一个电动机控制，左右方向的转动用另一个电动机控制。通过改变电动机的电流方向，就可完成对后视镜的上下左右方向的调整。

为了使车能够获得最大的驻车间隙，通过尽可能狭小的路段，有的电动后视镜还带有伸缩功能，由伸缩开关控制伸缩电机工作，使两个后视镜整体回转伸出或缩回。

7.5.2 电动后视镜的工作原理

下面以桑塔纳 2000 型轿车为例，介绍电动后视镜的基本工作原理。其电路如图 7.23 所示。点画线框内为其控制开关，V_{33-1} 和 V_{33-2} 是右侧后视镜的执行器（两个直流电动机，均可进行正反方向转动），V_{34-1} 和 V_{34-2} 是左侧后视镜的执行器（同右侧）。

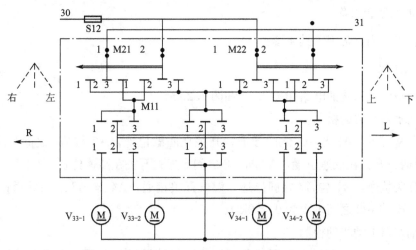

图 7.23　桑塔纳 2000 型轿车电动后视镜控制电路

当点火开关处于"ON"位置时，将后视镜控制开关球形钮旋转，可选择调整左侧后视镜还是右侧后视镜。在控制开关面板上印有 L 和 R，L 表示左侧，R 表示右侧，中间是停止位置。上、下、左、右摇动开关的球形钮，可调整后视镜的角度。调整完毕后，可将开关转回中间位置，以防误碰。图 7.24 为调整左侧后视镜使之左转的电流方向示意图。

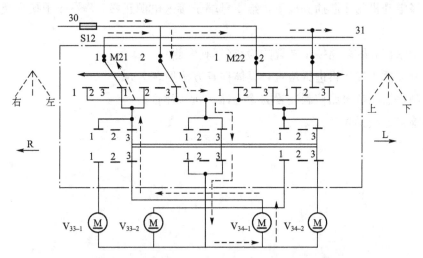

图 7.24　调整左侧后视镜使之左转的电流方向示意图

7.6 项目实训

7.6.1 刮水器及风窗清洗系统故障的诊断与检测

1. 实训目的和要求

（1）掌握刮水系统和风窗清洗系统的控制电路。
（2）掌握刮水系统和风窗清洗系统故障的诊断与检测方法。

2. 实训仪器和设备

本田轿车4辆，常用工具4套。

3. 实训步骤

刮水器与清洗系统的电路如图7.25和图7.26所示。

（1）刮水器开关的检测。

开关在常态下，A3与A5之间导通；开关在间歇位置，A2与A7之间导通，A3与A5之间导通；开关在低速位置，A3与A8之间导通；开关在高速位置，A4与A8之间导通；清洗开关接通，A1与A7之间导通；湿气开关接通，A4与A8之间导通；转动间歇控制电阻，B1与B2之间电阻为0～30kΩ。

（2）刮水器电动机的检测。

将刮水器电动机5芯插头拔下，分别给相应的端子通入电源，检查电动机的工作情况，4号端子接电源正极，2号端子接地，电动机应低速运转；4号端子接电源正极，1号端子接地，电动机应高速运转；在电动机运转工程中，检查3号端子与5号端子间的电压应为4V以下。

（3）洗涤电动机的检查。

将洗涤电动机的2芯插头拔下，给1号端子接入电源正极，2号端子接入负极，电动机应运转。

（4）刮水器间歇多路控制装置的检查（驾驶席侧）。

将控制器插头拔下再进行检查，具体检查方法见表7-4。

（5）刮水器间歇多路控制装置的检查（副驾驶席侧）。

具体检查方法见表7-5。

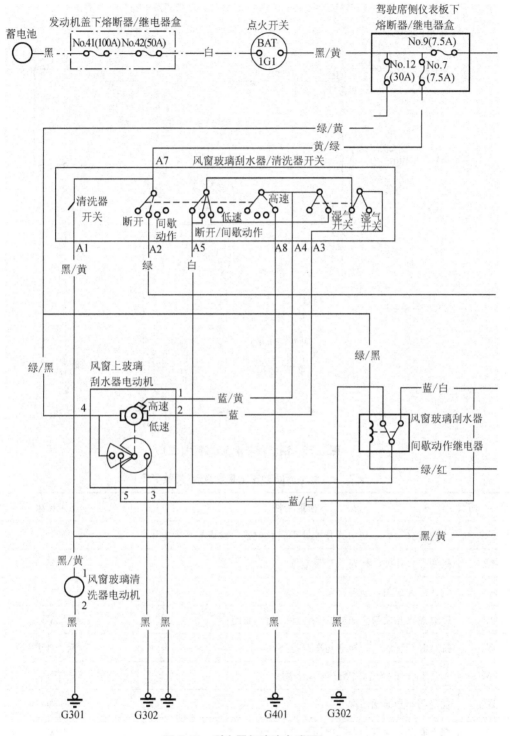

图 7.25 刮水器与清洗电路图(一)

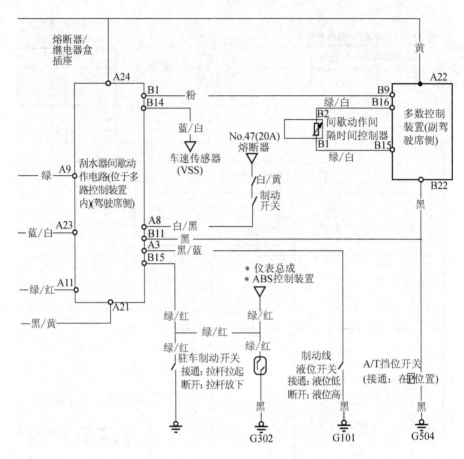

图 7.26 刮水器与清洗电路图(二)

表 7-4 刮水器间歇控制装置检查(驾驶席侧)

端　子	检查条件	正常结果
A9	接通点火开关,刮水器开关处于间歇位置,检查与车身电压	12V
A23	接通点火开关,检查与车身电压	12V
A11	接通点火开关,检查与车身电压	12V
A21	接通点火开关与洗涤器开关,检查与车身电压	12V
B15	拉紧驻车制动器,检查与车身电压	低于1V
A3	A/T置于P挡位,检查与车身电压	低于1V
B11	检查与车身导通情况	导通
A8	踩下制动,检查与车身电压	12V
B14	制动车轮,检查与车身电压(插上控制器插头)	0～5V间摆动
A24	接通点火开关,检查与车身电压	12V

表7-5 刮水器间歇控制装置检查(副驾驶席侧)

端 子	检查条件	正常结果
A22	接通点火开关,检查与车身电压	12V
B22	检查与车身的导通情况	导通
B16 B15	转动间歇时间控制开关,检查B16与B15间的电阻	0~30kΩ

7.6.2 电动座椅故障的诊断与检测

1. 实训目的和要求

(1) 掌握电动座椅的控制与工作过程。
(2) 掌握电动座椅故障的诊断与检测方法。

2. 实训仪器和设备

本田轿车4辆,常用工具4套。

3. 实训步骤

(1) 电动座椅控制电路如图7.27所示。

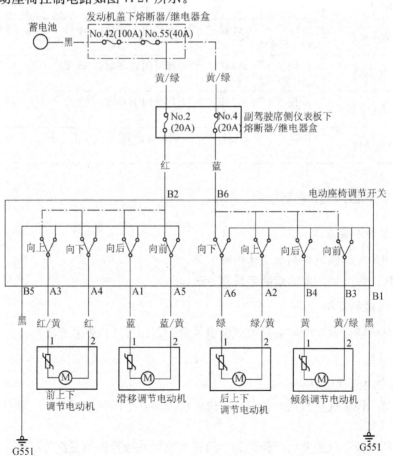

图7.27 电动座椅控制电路

(2) 电动座椅故障诊断与检测。

① 电动座椅开关的检查见表 7-6。

② 电动座椅电动机的检查见表 7-7。

表 7-6 电动座椅开关检查

开关位置		正常导通情况
前上下调节开关	向上	A3 与 B2 导通、A4 与 B5 导通
	向下	A3 与 B5 导通、A4 与 B2 导通
滑移调节开关	向前	A5 与 B2 导通、A1 与 B5 导通
	向后	A1 与 B2 导通、A5 与 B5 导通
后上下调节开关	向上	A2 与 B6 导通、A6 与 B1 导通
	向下	A6 与 B6 导通、A2 与 B1 导通
倾斜调节开关	向前	B3 与 B6 导通、B4 与 B1 导通
	向后	B4 与 B6 导通、B3 与 B1 导通

表 7-7 电动座椅电动机检查

检查项目	正常结果
前上下调节电动机	A3 接"+"、A4 接"-",前部向上移动；A4 接"+"、A3 接"-",前部向下移动
滑移调节电动机	A1 接"+"、A5 接"-",座椅向后移动；A5 接"+"、A1 接"-",座椅向前移动
后上下调节电动机	A6 接"+"、A2 接"-",后部向下移动；A2 接"+"、A6 接"-",后部向上移动
倾斜调节电动机	B4 接"+"、B3 接"-",座椅向后倾斜；B3 接"+"、B4 接"-",座椅向前倾斜

7.6.3 中控门锁故障的诊断与检测

1. 实训目的和要求

(1) 掌握中控门锁的控制与工作过程。

(2) 掌握中控门锁故障的诊断与检测方法。

2. 实训仪器和设备

奇瑞汽车两辆,桑塔纳防盗系统试验台两台,万用表 4,常用工具 4 套。

3. 实训步骤

1) 熟悉中央门锁组成

中央控制门锁系统是根据开关信号,由微机控制各个门锁的开、闭,使驾驶员更加方便安全地使用汽车。

中央控制门锁系统主要由门锁开关、门锁继电器及执行机构三部分组成。

2）中央门锁电路图

（1）继电器控制中控门锁控制电路如图7.28所示。

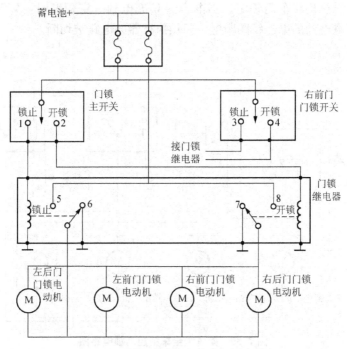

图7.28 继电器控制的中控门锁电路图

无线遥控系统也叫无钥匙进入系统（remote keyless entry），由四个功能部件组成：手持遥控发射器、遥控高频接收电路、CPU和执行器驱动电路。

无线遥控系统为车主打开门锁提供了一个方便手段，同时，这个系统还可以提供相关的行李箱、灯光和喇叭的控制功能。

（2）桑塔纳汽车的中控门锁电路。

桑塔纳汽车的中控门锁电路如图7.29和图7.30所示。当按下车门锁定开关时，电容

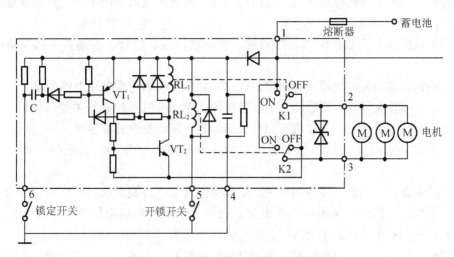

图7.29 桑塔纳单个车门控制电路图

器 C 充电。使晶体三极管 VT_1 导通，VT_2 也随之导通，锁门继电器的电磁线圈 RL_1 中有电流通过，产生吸力，使其常闭触点打开，常开触点闭合。此时，门锁执行器的电路接通而动作，通过操纵机构将车门锁定。当电容器 C 充电到一定程度时，VT_1 截止，VT_2 也随之截止，锁门继电器的电磁线圈断电，门锁执行器的电路被切断。

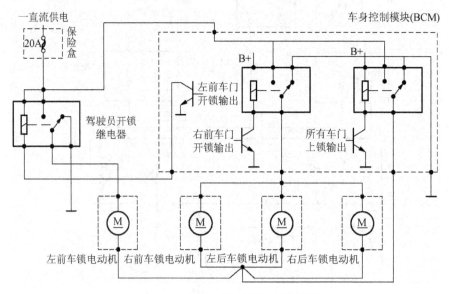

图 7.30　桑塔纳全车中控门锁电路图

当按下车门开锁开关后，开锁继电器的电磁线圈 RL2 中有电流通过，使其常闭触点打开，常开触点闭合，门锁执行器的电路被接通，但其电流方向与锁定时相反，所以作用方向与之相反，门锁打开。

小　　结

电动刮水器的主要部件是永磁式直流电动机。永磁式刮水器的不同工作速度通过控制电动机的高低转速实现。

风窗玻璃洗涤器主要由洗涤液储液罐、电动洗涤泵、软管、三通接头和喷嘴等部件组成。

汽车前窗除霜装置的热源来自空调的暖气。后风窗玻璃通常采用电热去霜。

汽车电动车窗主要由车窗玻璃、车窗升降器、驱动电机和控制开关等部件组成。电动机正向或反向接通电源后，电动机正向或反向运转，经蜗轮蜗杆减速后、再由缓冲联轴器驱动绳索卷筒，钢丝绳索拉动车窗玻璃托架在导轨中上下移动，实现门面玻璃的上下移动。

中控门锁系统一般由门锁控制开关、钥匙操纵开关、门锁总成、行李箱门开启器及门锁控制器等组成。门锁控制器由集成电路和继电器组成，集成电路控制继电器的工作状态，由此控制门锁电动机的电流方向，实现锁门和开锁。

电动座椅位置有三个电机控制，分别是前端高度调节电机、后端高度调节电机和前后调节电机。通过控制电机的正反方向旋转调节电动座椅的空间位置。

电动后视镜主要由调整开关、双电动机、传动和执行机构、外壳及连接件等组成。反射镜的背后装有两套电动机和驱动器，可操纵反射镜上下及左右转动。

习　　题

一、填空题

1. 电动刮水器的_____旋转，带动_____减速机构运动。
2. 刮水器停止工作时，为了不影响驾驶员的视野，刮水器具有_____装置。
3. 永磁式刮水器具有_____刮水、_____刮水及停机复位装置。
4. 在装有空调的汽车上，前风窗玻璃除霜装置的热源来源于空调的_____，后风窗玻璃通常采用_____去霜。
5. 电动车窗主要由车窗_____、车窗_____、_____和_____等部件组成。
6. 电动车窗有两套控制开关，一套汽车仪表台或驾驶员车窗，由_____控制；一套分布在对应的车窗，方便_____使用。
7. 为了方便驾驶员和乘客开关车门，现在大部分乘用车安装了中央控制门锁系统。驾驶员可以在锁住或打开自己车门的同时锁住或打开_____的车门。除了中控门锁控制外，乘客可以利用各车门的_____开关车门。
8. 电动座椅一般由座椅_____、_____、_____和_____及控制装置等组成。
9. 电动座椅的电机大多数采用永磁式_____电动机，通过开关来操纵电机按所需方向旋转。
10. 电动后视镜主要由_____、_____、传动和执行机构、外壳及连接件等组成。

二、简答题

1. 结合汽车刮水器变速控制电路，说明汽车刮水器的工作原理。
2. 结合北京现代索纳塔乘用车的电动车窗电路图，说明其工作原理。
3. 分析帕萨特 B5 型轿车电动座椅的工作过程。

项目 8

汽车电路分析

知识要求	了解汽车电路的组成； 掌握汽车电路的基本规定
能力要求	能够识读汽车电路； 根据汽车电路图，能够分析检查汽车电气常见故障

项目导读

汽车电路分析是汽车电气理论知识及实践经验的综合反映,主要包括汽车电路的基本知识、汽车电路图的识读、汽车主要电气系统的电路分析及汽车电路故障检修诊断方法。本项目以捷达轿车为例,重点介绍大众车系电路设计特点和电路符号表示方法,以达到触类旁通的目的。

图 8.1 为某车蓄电池连接电路。

图 8.1 蓄电池连接电路

8.1 汽车电路基本知识

8.1.1 汽车电路的表示方法

汽车电路常见的表示方法有电路原理图、线路图、接线图、线束图等几种。

1. 电路原理图

电路原理图表明电路系统的组成和电路原理。它可以是子系统的电路原理图,也可以是整车电路原理图。电路原理图在分析电路原理及电路故障时较为方便。

2. 线路图

线路图是传统汽车电路的表示方法,由于汽车电气设备的实际位置及外形与图中所示方位相符,且较为直观,因此便于循线跟踪地查找导线的分布和节点,适用于载货汽车等较简单的汽车电路,但由于线路图线条密集,纵横交错,所以线路图的可读性较差,进行电路分析也较为复杂。

3. 接线图

接线图是一种专门用来标记接线与插接器的实际位置、色码、线型等信息的指示图,用于检修时寻查线束走向、线路故障及线路复原时使用,图中不涉及所连接电器的工作原理及型号。接线图中的导线以接近于线束的形式从相应的连接点引出,便于维修时查找线路故障,但不便于进行电路分析。

4. 线束图

为了安装方便及保护导线的绝缘，汽车上全车线路除点火高压线之外，一般将同路的导线用薄聚氯乙烯带缠绕包扎成束，称为线束。一辆汽车可以有多个线束，线束图则用来表示线束的组成和导线分布情况，一般多用于线束的安装。

8.1.2 导线

汽车电路中的导线按照其用途可分为低压导线和高压导线。

1. 低压导线

低压导线根据电路的额定电压、工作电流和绝缘要求等选取导线截面、绝缘层的类型，不同规格或用途的导线可通过导线的颜色加以区分。

常见的导线由多股细铜丝绞制而成，外层为绝缘层。绝缘层一般采用聚氯乙烯绝缘包层或聚氯乙烯—丁腈复合绝缘包层。导线标称截面是经过换算的线芯截面积，而不是实际几何面积。

起动电缆用于连接蓄电池与起动机开关的主接线柱，导线截面大，允许通过的电流为 500～1000A，电缆每通过 100A 电流电压降不得超过 0.1～0.15V。蓄电池的搭铁电缆通常采用由铜丝而成的扁型软铜线，应搭铁可靠，以满足大电流起动的要求。

汽车各电路的导线规格见表 8-1。

表 8-1 汽车各电路系统的导线规格

各电路系统	标称截面/mm^2	各电路系统	标称截面/mm^2
仪表灯、指示灯、后灯、顶灯、牌照灯、燃油表、刮雨器、电子电路等	0.5	5A 以上的电路	1.3～4.0
转向灯、制动灯、停车灯、分电器等	0.8	电源电路	4～25
前照灯、3A 以下的电喇叭等	1.0	起动电路	16～95
3A 以上的电喇叭	1.5	柴油机电热塞电路	4～6

在电路图中，进口汽车导线的颜色常用英文字母表示，国产汽车常用汉字表示。导线的颜色可以是单色或双色。采用双色导线时，一种颜色为主色，另一种颜色为辅色。

在电路图中，一般将导线标称截面和颜色同时标出。如 1.5Y，表示标称截面积为 1.5mm^2 的黄色导线。又如 1.0GY，表示标称截面积为 1.0mm^2，主色为绿色、辅色为黄色的双色导线。国产和部分进口汽车导线颜色代号见表 8-2 和表 8-3。

表 8-2 国产汽车各电路系统规定的导线颜色（色码）

电气系统	主色	代号	电气系统	主色	代号
充电系统	红	R	仪表、报警信号、电喇叭线路	棕	N
起动和点火系统	白	W	收音机等辅助电器线路	紫	P
外部照明线路	蓝	U	辅助电动机及电器控制线路	灰	S
转向指示灯及灯光线路	绿	G	搭铁线	黑	B
防空灯和车内照明线路	黄	Y			

表 8-3　部分进口导线颜色代号

颜色	德国	日本	美国	法国	颜色	德国	日本	美国	法国
黑	Sw	B	B	N	紫	Li	V	V	Vi
白	Ws	W	W	B	橙	—	O	O	Or
红	Ro	R	—	R	粉	—	P	—	Ro
绿	Gn	G	G	V	浅蓝	Hb	L	—	—
黄	Ge	Y	Y	J	浅绿	—	Lg	—	—
棕	Br	B	B	M	透明	—	—	—	Lo
蓝	Be	—	BL	Bl	深紫	—	—	—	Mv
灰	Gr	Gr	Gr	G					

2. 高压导线

高压导线用于传送高电压，如点火系统的高压线，由于工作电压一般为 15kV 以上，电流小，因此高压导线绝缘包层厚、耐压性能好、线芯截面较小。国产汽车用高压导线有铜芯线和阻尼线两种。高压阻尼线的线芯采用聚氯乙烯树脂、葵二酸二辛脂等有机材料配制而成，又称半导体塑芯高压线。线芯具有一定阻值，具有低电磁辐射的特点，可减小点火系统的电磁波辐射。

8.1.3　线束

为使汽车全车线路排列整齐，便于安装、拆卸和绝缘保护，避免震动和牵拉而引起导线损坏，一般都将汽车各电器之间的导线按最短路径排列，并用绝缘带把同一路径的若干导线包扎成束，称为线束。线束总成由多路导线、端子、插接器和护套组成。

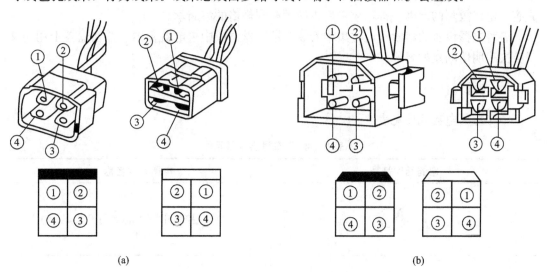

图 8.2　插接器的结构和和符号
(a)平端四脚插接器；(b)针状四脚插接器

8.1.4 插接器

为便于拆装，各线束之间或线束与电器电子设备之间采用插接器连接。插接器的结构和符号如图 8.2 所示。连接插接器时，应先对准插头与插座的导向槽后稍用力插入到位，通过闭锁装置固定插头与插座。拆开插接器时，应先压下闭锁装置，再用力分开插头与插座，注意不可拉动导线，以免损坏导线和插接器。

8.1.5 开关

开关分为点火开关和组合开关。

点火开关控制点火、起动、辅助电器等电路，一般有关断或锁止（OFF 或 LOCK 或 0）、辅助电器（ACC 或Ⅲ）、点火（ON 或Ⅰ）和起动（ST 或Ⅱ）4 个挡位。将点火开关置于 OFF 或 0 位置时，电路关断并将方向盘锁止；将点火开关置于辅助电器 ACC 或Ⅲ位置时，只接通音响、点烟器等辅助电器电源；将点火开关置于点火 ON 或Ⅰ时，接通点火、仪表等电路；将点火开关置于起动 ST 或Ⅱ位置时，起动电路和点火电路接通。常采用组合开关控制灯光、转向/报警、刮水/清洗涤等汽车电器。

8.1.6 继电器

起动机电磁线圈、前照灯、空调和电动燃油泵等汽车电器设备工作电流较大，通常采用开关或电控单元控制继电器动作，再通过继电器控制电器设备工作。

8.1.7 熔断丝

熔断丝连接在电源与用电设备之间，当电器设备或电路发生短路或过载时，切断电路，保证电器设备及电路的安全。熔断丝在额定电流下能长期工作，在过载 25% 的情况下，约在 3min 内熔断，而在过载一倍的情况下，则在 1s 内熔断。当熔断丝熔断后，应首先查明电路故障的原因，排除故障后再换用相同规格的熔断丝。

各种电器设备的熔断丝通常集中安装在熔断丝盒或中央电器盒内，并在盒盖上用中文或英文表明熔断丝的名称。

8.1.8 电器元件

汽车重要电器元件见表 8-4。

表 8-4 汽车重要电器元件

电器元件符号	电器元件名称
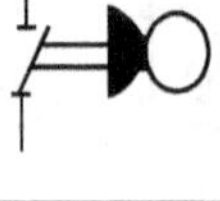	机械控制开关（如制动灯开关 F）
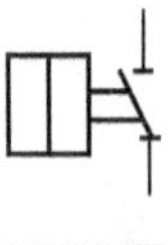	压力开关（如机油压力开关 F1）

续表

电器元件符号	电器元件名称
	手动开关（如化妆镜接触开关）
	手动按钮开关（如喇叭操纵机构 H）
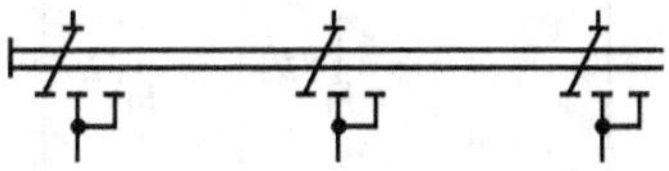	手动多级开关（如点火开关）
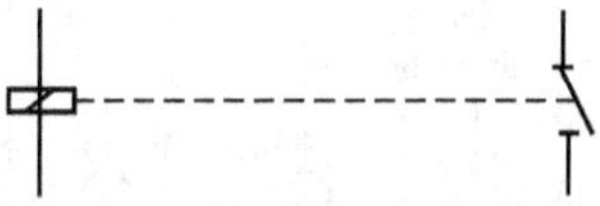	继电器

8.2 汽车电路分析

8.2.1 大众车系电路分析

以捷达系列轿车为例，说明大众车系电路图及识读方法。

捷达系列轿车电路图中符号的含义如图 8.3 所示，全车电路图采用"纵向排列式"画法，原车电路图中，电路图绘制规则和表示方法如下：

1. 全车电路图采用纵向排列

同一系统的电路归纳到一起。总线路包括：电源系统、起动系统、点火系统、照明及信号系统、仪表和报警系统、空调系统、刮水器及洗涤器系统、空调系统、收音机电路系统和发动机电子控制系统、自动变速器电路、ABS 电路等。各系统电路从左到右依次排列。

2. 用断线代号和坐标代号避免电路图中导线的相互交叉

为避免电路图中导线相互交叉，将不同系统相互连接的导线采用断开绘图法，并在

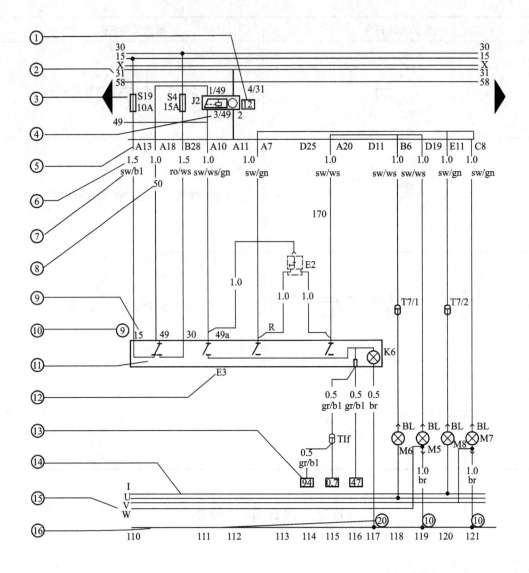

图 8.3 捷达系列轿车电路图中符号的含义

E2—转向开关；E3—报警闪光灯开关；J2—闪光灯继电器；K6—报警闪光灯；M5—左前转向灯；M6—左后转向灯；M7—右前转向灯；M8—右后转向灯；T7—七孔连接插座（在继电器盒上）；①—继电器位置号；②—继电器盒上的继电器或控制器符号；③—熔断器符号；④—继电器盒上的插接件符号；⑤—继电器盒上的连接件符号；⑥—导线截面积；⑦—导线颜色；⑧—白色线上印刷的标记号；⑨—接线柱符号；⑩—故障诊断用的监测点；⑪—线路标记；⑫—零件符号；⑬—导线连接端；⑭—内部联线；⑮—内部连接线符号；⑯—接地点标记符号

断开处画上一个小方框,方框内用数字表明断开连接处在电路图中坐标的位置。例如,电源系统电路中,交流发电机D+接线端子接中央线路板的U2/12端子,再经线束导线接仪表报警电路T28/16端子至充电指示灯,在电源系统电路中U2/12端子导线断开处画一小方框,该小方框标有55,表示断点下一连接处坐标位置为55,在仪表报警电路中T28/16端子的导线断开处画一小方框,小方框内标有4,表示断点下一连接处坐标位置4。

3. 在电路图中用规定的字母和数字表示部件的类型、序号

例如,E2——E表示开关类,E2代表转向灯开关;G2——G表示传感器类,G2代表冷却液温度表传感器;J2——J表示继电器类,J2表示转向灯与危险报警灯继电器;K2——K表示指示灯类,K2代表充电指示灯;L1——L表示照明灯类,L1代表左前照灯远光、近光双灯丝;S1——S表示熔断丝类,S1表示左前照灯近光熔断丝。

4. 用电路符号表示电器的结构特征和功能

用国际电工委员会(IEC)规定电路符号表示电器部件的结构特征和功能。

5. 用规定的数字或字母表示具有特定功能的导线端子

按照德国有关工业标准(DIN)规定的数字或字母表示具有特定功能的导线端子。例如,30——常火线,与蓄电池正极连接;15——接小容量电器火线,当点火开关接通时,由点火开关直接接通电源;50——起动机控制电路火线,当点火开关在起动位置时,接通起动机控制电路电源;31——搭铁线;X——接大容量电器的火线,在点火开关处于点火位置时,控制中间继电器接通大容量电器的电源。①、②、…,搭铁线及搭铁位置,如①为蓄电池搭铁线,②为变速器搭铁线,等等。

6. 用分数或数字代号表示电器部件插接器插脚数量和作用

例如,双音喇叭继电器J17的各插脚代号为1/86、2/87、3/30、4/85,分子中的1、2、3、4表示共有4个插脚的各个插脚,分母中的86、87、30、85表明该插脚的功能。

7. 采用统一的字母或用彩色图表达导线颜色

不同功能的导线采用规定的颜色,用数字表示导线的标称面积,用统一的字母或用彩色图表达导线颜色。

8. 整车电路采用中央线路板

整车电路采用中央线路板,将大部分继电器和熔断丝安装在中央线路板正面,如图8.4(a)所示。从中央线路板背面插接各线束,中央线路板上标有线束和导线接插位置代号和接点数字号,主要线束的插接件代号有A1、A2、B、C、D、…、X、Y、Z等,如图8.4(b)所示,同一插接件不同端子用端子代号加数字表示,如A1/4表示A1插接件第4号端子,J/2表示J插接件第2号端子。检修电路时,可根据电路图中导线号码,确定导线所在的插接件和线束位置。

9. 捷达轿车典型电路

捷达系列轿车电源系统、起动系统及前照灯电路如图8.5和图8.6所示。

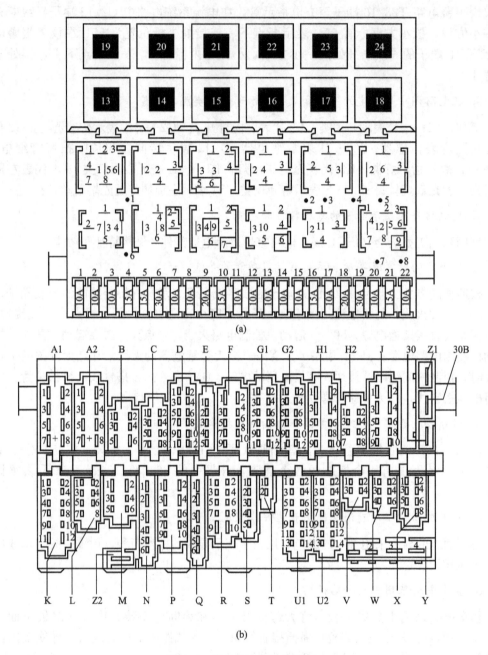

图 8.4 捷达轿车中央线路板
(a) 正面布置；(b) 背面布置

项目8 汽车电路分析

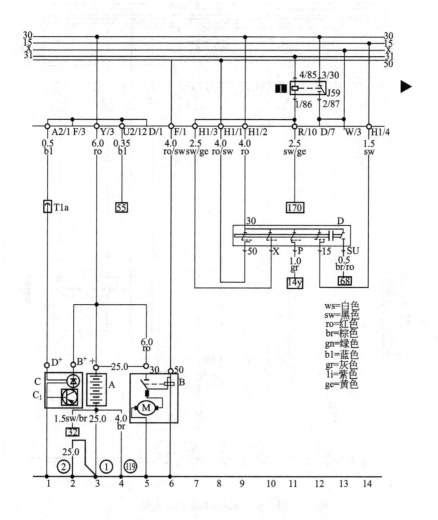

图 8.5　捷达轿车电源系统、起动系统的电路

A—蓄电池；B—起动机；C—发电机；C1—电压调节器；D—点火开关；J59—X触点卸荷继电器；
T1a—单孔接头，蓄电池附近；
①—接地线，蓄电池—车身；②—接地线，变速器—车身；
⑲—接地连接点，前照灯线束内

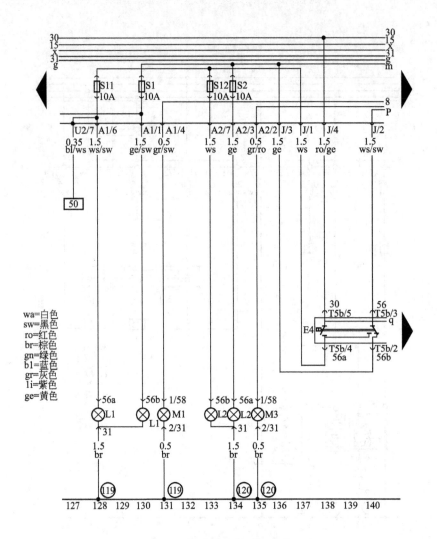

图8.6 捷达轿车前照灯电路

E4—变光及转向灯开关；L1—左前照灯双灯丝；L2—右前照灯双灯丝；M1—左停车灯；M3—右停车灯；T5b—5孔插接件，转向柱开关后面；119—接地连接点，前照灯线束内；120—接地连接点，前照灯线束内

8.2.2 通用汽车电路图的分析

1. 通用汽车电路图的组成

通用车型电路图通常由四类电路图组成，它们分别是：电源分配简图、熔断丝详图、系统电路图和搭铁线路图，系统电路图中电源线从图上方进入，通常从熔断丝处开始，并于熔断丝上方用黑线框标注此处与电源之间的通断关系；用电器在中部，搭铁点在最下方。如果是由电子控制的系统，电路图中除该系统的工作电路外还会包括与该系统工作有关的信号电路(如传感器等)。

2. 通用汽车电路图实例

1）上海别克轿车冷却风扇控制电路的分析方法

如图 8.7 所示为上海通用别克轿车冷却风扇控制电路。

冷却风扇由两个熔断丝（6 号 40A 和 21 号 15A）分别向发动机冷却风扇供电。熔断丝位于发动机罩下附近熔断丝接线盒内。

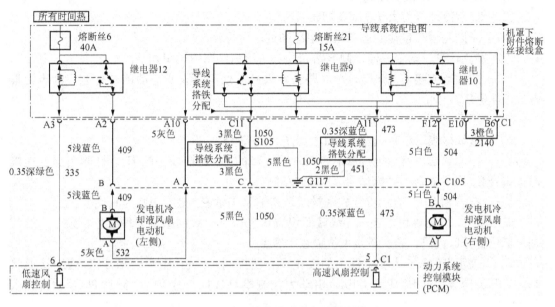

图 8.7 上海别克轿车冷却风扇控制电路

（1）冷却风扇低速工作时电路。

PCM 控制继电器 12 的电磁线圈通电。其电路为：所有时间热（与电源直接连接）→熔断丝 6→继电器 12→PCM 的低速风扇控制电路搭铁。继电器 L2 的线圈中有电流通过，控制继电器 12 触点闭合，向冷却风扇电机供电。此时由于左侧的冷却风扇电机与右侧的冷却风扇电机串联，风扇低速运转。电流通路为：所有时间热（与电源直接连接）→熔断丝 6→继电器 12→左侧的冷却风扇电机→继电器 9 的动断触点→右侧的冷却风扇电机→导线系统搭铁分配器搭铁。

（2）冷却风扇高速工作时电路。

PCM 首先经低速风扇控制电路对继电器 12 提供搭铁路径。

3s 延时后，PCM 经高速风扇控制电路为继电器 9 和继电器 10 提供搭铁路径。左侧风扇电机继续由熔断丝 6 提供电流。但熔断丝 21（15 A）为右侧风扇电机提供电流。各风扇接收不同的搭铁路径。因此，风扇高速运行。左侧风扇电机电流通路为所有刚问热（与电源直接进接）→熔断器 6→继电器 12→左侧的冷却风扇电机→继电器 9 的触点→导线系统搭铁分配器搭铁。右侧风扇电机电流通路为所有时间热（与电源直接连接）→熔断丝 21→继电器 10 的触点→右侧的冷却风扇电机→导线系统搭铁分配器搭铁。

PCM 控制继电器 12 搭铁的条件如下。

① 发动机冷却液温度超过 106℃。

② 请求 A/C 且环境温度高于 50℃。

③ A/C 制冷剂压力大于 1.31MPa。

④ 点火关闭且发动机冷却液温度高于 140℃。

对于风扇高速控制，PCM 延后右侧冷却风扇电机和继电器 10 控制达 3s；3s 延时后可确保冷却风扇电负荷不超过系统的容量。

PCM 在以下各情况下为继电器 12、继电器 9 和继电器 10 提供搭铁。

① 当发动机冷却液温度超过 110℃。

② A/C 制冷剂压力大于 l.655 MP。

2) 上海别克轿车自动变速器控制电路图的表示方法

上海别克轿车自动变速器控制电路如图 8.8 所示，图中说明如下。

1——"运行或起动发热"表示线路在点火开关处于点火或起动挡时有电，电压为蓄电池工作电压。

2——表示 27 号 10A 的熔断丝。

3——虚线框表示没有完全表示出接线盒所有部分。

4——表示导线由发动机机罩下熔断丝接线盘的 C2 进接插头的 E2。插脚引出，连接插头编号 C2 写在右侧，插脚编号 E2 写在左侧。

5——符号和 P100 表示贯穿式密封圈，其中 P 表示密封圈，100 为其代号。

6——"0.35 粉红色"表示导线截面积为 $0.35mm^2$，线的颜色为粉红色，数字"339"是车辆位置分区代码，表示该线束位置在乘客室。

7——表示 TCC(液力变矩器中的锁止离合器控制)开关，图中表示 TCC 处于接通状态，其开关信号经过 P101 利 C101，由动力控制模块(PCM)中的 C1 插头 30 号插脚进入 PCM 中。

8——表示直列插接器，右侧"C101"表示进接插头编号(其中 C 表示连接插头)，左侧"C"表示直列型插接器的 C 插脚。

9——表示输出电阻器，这里用来把 TCC 和制动灯开关的信号以一定的电压信号的形式输出给动力控制模块 PCM 的内部控制电路。

10——表示动力控制模块 PCM 是对静电敏感的部件。

11——符号表示搭铁。

12——表示在自动变速器内部的 TCC 锁止电磁阀，此电磁阀控制液力变矩器内部锁止离合器的结合。它在点火开关处于点火或起动挡时通过 23 号 10A 的熔断丝供电。

13——表示带晶体管半导体元件控制的集成电路。这里为动力控制单元 PCM 内部集成的控制电路，控制电磁阀驱动电路，通过 PCM 搭铁。

14——表示输出电阻。PCM 提供 5V 稳压通过内部串接电阻与自动变速器油温传感器(TFT)连接，同时将自动变速器油温传感器(NTC 型电阻)信号传给 PCH。

15——表示动力制模块 PCM 的 C2 连接插头的 68 插脚。

16——虚线表示 4、44、1 插脚均属于 C1 连接插头。

17——表示自动变速器内部的油温传感器，它是一个随温度增加阻值减小的 NTC 型电阻。

18——表示部件的名称及所处的位置。该机罩下附件熔断丝接线盒位于发动机的左侧(从车的前面看)。

19——表示导线通往机罩下附件熔断丝接线盒的其他电路，对目前所显示的电气系统没有作用，是一种省略的画法。

项目8 汽车电路分析

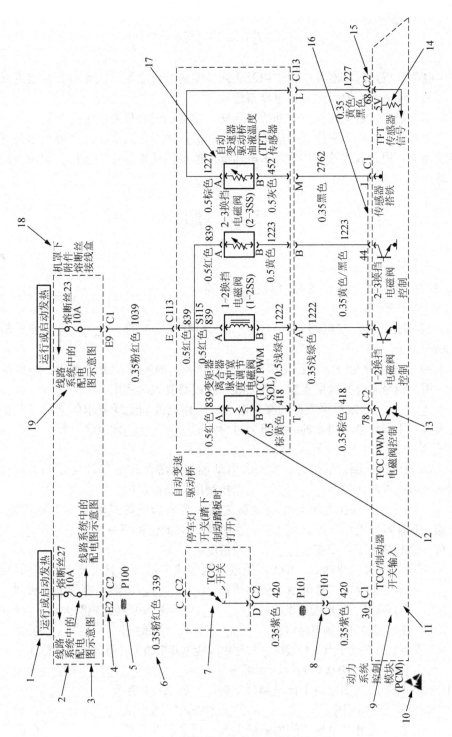

图 8.8 上海别克轿车自动变速器控制电路

小　结

　　汽车电路分析是汽车电气理论知识及实践经验的综合应用。汽车电路主要有导线、插接器、开关、继电器、熔断丝及用电设备组成。

　　各种车系都有特定的布线方式和线路走向，接点标记也具有固定的含义。

　　大众车系全车电路图采用"纵向排列式"画法，用规定的数字或字母表示具有特定功能的导线端子，用分数或数字代号表示电器部件插接器插脚数量和作用。识读电路图时要特别注意。

习　题

一、填空题

1. 汽车电路常见的表示方法有电路_____、_____、_____、_____等几种。

2. 线路图是传统汽车电路的表示方法，汽车电气设备的_____及外形与图中所示方位相符。

3. 接线图是一种专门用来标记接线与_____的实际位置、色码、线型等信息的指示图，用于检修时寻查线束走向、线路故障及线路复原时使用。

4. _____导线根据电路的额定电压、工作电流和绝缘要求等选取导线截面、绝缘层的类型，不同规格或用途的导线可通过导线的_____加以区分。

5. 开关分为_____开关和_____开关。

6. 起动机电磁线圈、前照灯、空调和电动燃油泵等汽车电器设备工作电流较大，通常采用开关或电控单元控制_____动作控制用电设备工作。

7. _____连接在电源与用电设备之间，当电器设备或电路发生短路或过载时，切断电路。其在额定电流下能长期工作，在过载25％的情况下，约在_____内熔断，而在过载一倍的情况下，则在_____内熔断。

8. 按照德国有关工业标准（DIN）规定，数字或字母表示具有特定功能的导线端子。_____表示常火线，与蓄电池正极连接；_____表示接小容量电器火线，当点火开关接通时，由点火开关直接接通电源；_____表示起动机控制电路火线，当点火开关在起动位置时，接通起动机控制电路电源；_____表示搭铁线；_____表示接大容量电器的火线，在点火开关处于点火位置时，控制中间继电器接通大容量电器的电源。

9. 整车电路采用中央线路板，将大部分_____和_____安装在中央线路板正面，同一插接件不同端子用端子代号加数字表示，如 A1/4 表示_____。

10. 通用车型电路图中_____从图上方进入，通常从_____处开始，并于其上方用黑线框标注此处与电源之间的通断关系；用电器在中部，_____在最下方。

二、简答题

1. 在大众车系电路图中，数字或字母有哪些规定？

2. 试分析捷达轿车电源系统、起动系统的电路。

3. 试分析捷达轿车前照灯电路。

部分习题答案

绪论

1. 汽车电气设备由哪几部分组成？

答：现代汽车电气设备的种类和数量很多，大致可以分为三大部分，即电源、用电设备和全车电路及配电装置。

汽车电源包括蓄电池、发电机及调节器。

汽车用电设备包括起动系统、点火系统、照明系统、信号装置、仪表及报警装置、辅助电气设备、汽车电子控制系统等。

全车电路及配电装置包括中央接线盒、保险装置、继电器、电气线束及插接件、电路开关等。

2. 汽车电气设备有哪些特点？

答：（1）两个电源：蓄电池、发电机。

（2）低压直流电：目前汽车上普遍采用 12V 电源，重型柴油机多采用 24V 电源。

（3）并联双线或单线。

（4）负极搭铁。

项目 1 汽车供电系统的检修

一、填空题

1. 蓄电池每个单格的电压为 2 V。汽油车起动电压一般为 12 V，柴油车起动电压一般为 24 V。

2. 汽车蓄电池是一种储存电能的装置，一旦连接外部负载或接通充电电路，便开始了它的能量转换过程。在放电过程中，蓄电池中 化学 能转变成 电 能；在充电过程中， 电 能被转变成 化学 能。

3. 蓄电池正极板的活性物质为 二氧化铅 ，呈 棕红色 色；负极板的活性物质为 铅 ，呈 青灰色 。

4. 极板是蓄电池的核心部分，它分为 正极板 和 负极板 。

5. 蓄电池是否放电终了，可通过测量其 端电压 和 电解液密度 来判断。

6. 蓄电池充放电的化学反应方程式为 放电过程：$PbO_2 + 2H_2SO_4 + Pb \rightarrow 2PbSO_4 + 2H_2O$，充电过程：$2PbSO_4 + 2H_2O \rightarrow PbO_2 + 2H_2SO_4 + Pb$ 。蓄电池充电时电解液的密度 增大 ，主要原因是 充电时生成硫酸，同时蒸馏水参加反应，质量减少 。

7. 单格蓄电池的终止电压是 2 V。

8. 三相同步发电机主要由 转子 、 定子 、 整流器 、 前后端盖 、风扇与带轮等组成。

9. 定子总成的作用是 产生感应电动势 ，它由 定子铁心 和 定子绕组 组成。

10. 转子总成的作用是 __产生磁场__，它由转子轴、磁轭、__滑环__、__爪极__ 和 __磁场绕组__ 组成。

11. 三相同步交流发电机定子绕组多为 __星形__ 连接，一般接有 __中性点引__ 线。

12. 交流发电机在输出电压建立前采用 __他励__ 发电，在输出电压建立后采用 __自励__ 发电。

13. 交流发电机产生交流电的装置是 __定子绕组__。

14. 压装在散热板上的三只硅二极管，引线为正极，外壳为负极，称为 __正极管__，引线端一般涂有 __红色__ 标记；压装在后端盖上的二极管，引线为负极，外壳为正极，称为 __负极管__，引线端一般涂有 __黑色__ 标记。

15. 三相同步交流发电机中，每相电动势有效值的大小与转子的 __转速__ 和磁极 __磁通量__ 的乘积成正比。

16. 三个正极管子导通的条件是，在某一瞬时 __电压__ 最高的那个管子导通。

17. 十一管硅整流发电机的整流器总成由六只 __整流__ 二极管、三只 __磁场__ 二极管和两只 __中性点__ 二极管组成。

18. 空载特性是指交流发电机空载时，__发电机端电压 U__ 随 __转速 n__ 的变化关系。

19. 从输出特性曲线可以看出，硅整流发电机具有自身限制 __最大输出电流__ 的能力。

20. 汽车充电指示灯用来表示 __发电机__ 的工作情况，大多数汽车在灯亮时表示 __发电机发电电压低于蓄电池电压__，灯灭时表示 __发电机发电电压高于蓄电池电压__。

二、判断题

1. 在单格电池中，正极板的数量总比负极板多一片。（ × ）
2. 蓄电池液面应高出极板 10～15mm。（ √ ）
3. 在放电过程中，正负极板上的活性物质都转变为硫酸铅。（ × ）
4. 蓄电池在放电过程中，电解液相对密度是逐渐升高的。（ × ）
5. 电解液密度越大，则蓄电池的容量越大。（ × ）
6. 蓄电池电解液不足，可加注自来水。（ × ）
7. 铅锑合金中加锑的目的是为了提高力学强度和改善浇铸性能，所以多加锑比少加锑好。（ × ）
8. 铅-低锑合金栅架的含锑量一般不超过 2%～3%。（ √ ）
9. 使用中电解液液面低于规定值时宜加蒸馏水补足。（ √ ）
10. 为了防止电解液溢出，在汽车行驶时，应将其加液孔封闭。（ × ）
11. 在充、放电过程中，正、负极板上的活性物质全部都参加电化学反应。（ × ）
12. 蓄电池的容量等于在放电允许条件下，恒定的放电电流与连续放电时间的乘积。（ √ ）
13. 交流发电机的中性点电压等于发电机直流输出电压的一半。（ √ ）
14. 交流发电机在正常工作时自励串励式发电。（ √ ）
15. 九管整流器比六管整流器增加的三个二极管控制磁场电流。（ √ ）
16. 汽车用交流发电机在任何转速下都能发电。（ × ）
17. 现代轿车发电机检查时可用搭铁试火法。（ × ）

18. 汽车用交流发电机是由一台三相异步交流发电机和一套硅整流器组成。
（ √ ）
19. 交流电的瞬时电压使二极管正极电位高于负极电位时就导通。（ × ）
20. 发电机过载时，蓄电池能协助发电机供电。（ √ ）
21. 奥迪 100 轿车采用十一管交流发电机。（ √ ）
22. 汽车上蓄电池与发电机串联使用。（ × ）
23. 蓄电池向发电机供电时，必须通过调节器。（ × ）

三、选择题

1. 将同极性极板并联在一起形成极板组的目的是（ B ）。
A. 提高端电压　　　B. 增大容量　　　C. 提高电动势
2. 安装隔板时，隔板带沟槽的一面应向着（ B ）。
A. 负极板　　　　B. 正极板　　　　C. 无要求
3. 我国规定，起动型铅蓄电池内电解液液面应高出防护片（ B ）。
A. 5～10 mm　　　B. 10～15mm　　　C. 15～20mm
4. 在充电过程中电解液的密度（ A ）。
A. 加大　　　　　B. 减小　　　　　C. 不变
5. 铅蓄电池在放电过程中，端电压（ C ）。
A. 上升　　　　　B. 不变　　　　　C. 下降
6. 随放电电流的加大，蓄电池的容量（ B ）。
A. 加大　　　　　B. 不变　　　　　C. 减小
7. 无需维护蓄电池是指使用中（ A ）。
A. 根本不需维护　　　　　　　B. 3～4 年不必加蒸馏水
C. 3～4 个月不必加蒸馏水
8. 使用一段时间的蓄电池进行充电叫做（ A ）。
A. 补充充电　　　B. 初充电　　　　C. 去硫化充电
9. 定电流充电法（ D ）。
A. 可将数只蓄电池并联充电　　B. 会严重影响蓄电池寿命
C. 适用于快速充电　　　　　　D. 可将数只蓄电池串联充电
10. 蓄电池电解液液面降低应及时添加（ A ）。
A. 蒸馏水　　　B. 浓硫酸　　　C. 电解液　　　D. 稀硫酸
11. 汽车正常行驶时，充电指示灯由亮转灭，说明（ B ）。
A. 发电机处于他励　　　　　　B. 发电机处于自励
C. 充电系统有故障　　　　　　D. 以上说法都不对

四、名词解释

1. 初充电：新蓄电池或修复后的蓄电池在使用之前的首次充电称为初充电。
2. 极板硫化：蓄电池长期充电不足，或者放电后长时间未充电，极板上会逐渐生成一层白色的粗晶粒硫化铅，在正常充电时不能转化为活性物质，这种现象称为硫化铅硬化，极板硫化。
3. 正极管：压装在发动机散热板上的三只硅二极管，引线为正极，外壳为负极，称为"正极管",引线端一般涂有红色标记。

4. 输出特性:当发电机输出电压一定时,输出电流 I 与发电机转速 n 之间的关系,即 U 为常数时,$I = f(n)$ 的函数关系,称为发电机的输出特性。

五、简答题(略)

项目2 汽车起动系统的检修

一、填空题

1. 起动机一般由 __直流电动机__ 、__传动机构__ 和 __电磁操纵机构__ 三大部分组成。
2. 起动系的作用就是将蓄电池的 __电__ 能转变为 __机械__ 能,产生转矩,起动发动机。
3. 直流串励式电动机主要由 __电枢(转子)__ 、__换向器__ 、__磁极(定子)__ 、电刷与电刷架等组成。
4. 电枢的功用是用来产生 __电磁转矩__ ,它由 __电枢轴__ 、__电枢铁心__ 和 __电枢绕组__ 等组成。
5. 磁极的功用是建立 __磁场__ ,它由 __铁心__ 和 __磁场绕组__ 组成。
6. 励磁绕组的连接方式有 __4个绕组相互串__ 联和 __两个绕组串联后并__ 联。采用 __两个绕组串联后并__ 联连接时,电动机的总电阻较小,工作时可获得更大的 __电流__ ,提高输出功率。
7. 起动机的传动机构主要由 __单项离合器__ 和 __减速机构__ 等部件组成。
8. 单向离合器的作用是在发动机起动时,将电动机的 __电磁转矩__ 传给发动机,而在发动机起动后能 __立即打滑__ ,保护起动机不致 __飞散__ 损坏。
9. 目前起动机常用的单向离合器主要有 __滚柱__ 式、__摩擦片__ 式和 __弹簧__ 式三种。
10. 起动机电磁开关内有 __吸拉__ 线圈和 __保持__ 线圈两个线圈,推杆上装有铜质 __接触盘__ ,刚接通点火开关电路时,推杆上由 __电磁力__ 推动运动的。
11. 起动继电器用来控制起动机电磁开关中 __吸拉__ 线圈和 __保持__ 线圈中电流的 __通断__ ,以保护 __起动机__ 。
12. 电磁开关强制啮合式起动机起动中 __吸拉__ 线圈被短路,起动后两线圈电流方向 __相反__ 。

二、判断题

1. 常规起动机吸引线圈、励磁绕组及电枢绕组是串联连接。 (√)
2. 在起动机起动的过程中,吸引线圈和保持线圈中一直有电流通过。 (√)
3. 平衡轴式起动机的驱动齿轮需要用拨叉使之伸出和退回。 (×)
4. 换向器的作用是使直流电动机维持定向旋转。 (√)
5. 直流串励式电动机在磁路饱和、磁通基本不变时,电磁转矩与励磁电流的平方成正比。 (√)
6. 在负载较轻的情况下,直流串励式电动机的转速较低。 (×)

7. 直流串励式电动机在制动状态下转矩最大,这时输出功率也最大。（ × ）
8. 直流串励式电动机空载时,输出功率为零。（ √ ）
9. 起动机投入工作时,应先接通主电路,然后再使齿轮啮合。（ × ）
10. 电磁开关将起动机主电路接通后,活动铁心靠吸引线圈产生的电磁力保持在吸合位置上。（ × ）
11. 功率较小的起动机上广泛使用的离合器是单向滚柱式离合器。（ √ ）
12. 弹簧式单向离合器也是靠摩擦力传递转矩的。（ × ）
13. 较大功率的起动机多采用摩擦片式离合器。（ √ ）
14. 从车上拆下起动机前应首先切断点火开关,拆下蓄电池搭铁电缆。
（ √ ）

三、选择题

1. 电磁开关将起动机主电路接通后,活动铁心靠（ B ）线圈产生的电磁力保持在吸合位置上。
   A. 吸拉　　　B. 保持　　　C. 吸拉和保持　　　D. 以上均不对
2. （ B ）式单向离合器最大传递转矩可以调整。
   A. 滚柱　　　B. 弹簧　　　C. 摩擦片
3. 为了减少电阻,起动机内导电开关及绕组均用（ A ）制成。
   A. 紫铜　　　B. 黄铜　　　C. 青铜
4. 起动机主电路接通后,电动机正常运转,曲轴不转动,则故障原因是（ C ）。
   A. 起动机电磁开关故障　　　B. 电动机故障
   C. 单向啮合器打滑
5. QD124 型起动机电路中的起动继电器的作用是（ D ）。
   A. 接通和切断起动机主电路
   B. 接通和切断吸引线圈
   C. 接通和切断保持线圈
   D. 接通和切断吸引线圈及保持线圈
6. 电动机开关闭合过早会引起（ C ）。
   A. 起动机运转无力
   B. 起动机空转
   C. 驱动齿轮不能进入啮合且有撞击声
   D. 起动机不转

四、名词解释

1. 减速起动机：在起动机电机轴与驱动齿轮之间装有减速器的起动机称为减速起动机。
2. 永磁起动机：用永磁材料制成起动机的磁极,以取代原有的磁场绕组和磁极铁心的起动机称为永磁起动机。
3. 起动机的额定功率：电枢电流接近制动电流的一半时,电动机输出功率最大。最大功率作为额定功率。

五、简答题(略)

项目3　汽油机点火系统的检修

一、填空题

1. 无触点电子点火系一般由　点火信号发生器　、　电子点火器　、　配电器　、　点火线圈　、　火花塞　主要部件组成。
2. 火花塞的　中心电极　与　侧电极　之间应该保持足够的绝缘强度。
3. 火花塞的自洁温度为　500～600　℃。
4. 火花塞的发火部位吸热并传递给发动机的性能，称为火花塞的　热特性　，主要取决于绝缘体　裙部　的长度。
5. 点火线圈由　初级绕组　、　次级绕组　和　铁心　等组成。
6. 磁脉冲式信号发生器的信号转子凸齿数与发动机的气缸数　相同　。永久磁铁的磁通经　信号转子凸齿　、　线圈铁心　构成回路。
7. 点火提前装置包括　真空点火　提前机构、　离心点火　提前机构。
8. 微机控制的点火系统主要由　传感器　、　PCM　和　点火控制装置　三大部分组成。

二、判断题

1. 点火系统的电源就是蓄电池和发电机。　　　　　　　　　　　　　　　（　√　）
2. 离心提前机构是在发动机负荷变化时自动调节点火提前角。　　　　　　（　×　）
3. 高压电路的负载是点火线圈次级绕组。　　　　　　　　　　　　　　　（　×　）
4. 发动机气缸数增加，点火线圈次级电压上升。　　　　　　　　　　　　（　×　）
5. 点火线圈初级绕组绕在里面，次级绕组绕在外面。　　　　　　　　　　（　√　）
6. 随着温度的升高，附加电阻阻值减小。　　　　　　　　　　　　　　　（　×　）
7. 点火器的作用是控制火花塞的火花。　　　　　　　　　　　　　　　　（　√　）
8. 分电器又称为断电配电器。　　　　　　　　　　　　　　　　　　　　（　√　）
9. 点火线圈的高低压线圈是串联连接。　　　　　　　　　　　　　　　　（　√　）
10. 一般轿车因转速高、功率大，都使用热型火花塞。　　　　　　　　　（　×　）

三、名词解释

1. 闭磁路式点火线圈：点火线圈铁心内绕有初级绕组，次级绕组绕在初级绕组外面。绕组通电在铁心中产生磁通，通过铁心形成闭合磁路，称为闭磁路式点火线圈。
2. 点火提前角：某一气缸火花塞发出电火花开始到活塞到达上止点为止的一段时间内曲轴转过的角度。
3. 点火大气压力修正：PCM根据大气压力传感器输入的大气压力信号，对点火提前角作进一步修正。通常大气压力越低，点火提前角越大，以保证汽车在高原条件下行驶时发动机能稳定运转。

四、简答题(略)

项目 4 汽车空调系统的检修

一、填空题

1. 汽车空调具有调节车内的 __温度__、__湿度__、__气流速度__、__洁净度__ 等参数指标。
2. 汽车空调的驱动形式分为 __非独立式__ 和 __独立式__ 两类。__非独立式__ 空调压缩机由汽车发动机直接驱动,主要应用在一些小型客车和轿车上。
3. 现在汽车空调主要选用 __R134a__ 做制冷剂。
4. 汽车空调系统一般由 __制冷__、__暖气__、__通风__、__空气净化__ 和 __控制__ 五部分组成。
5. 汽车空调制冷系统由 __压缩机__、__冷凝器__、__储液干燥器__、__膨胀阀__、__蒸发器__ 和 __鼓风机__ 等组成,各部件之间采用 __铜管__（或铝管）和 __高压橡胶管__ 连接成一个密闭系统。
6. 制冷系统工作时,制冷剂以不同的状态在这个密闭系统内循环流动,每个循环又分 __压缩__、__放热__、__节流__ 及 __吸热__ 四个基本过程。
7. 桑塔纳型轿车空调压缩机内部有五个气缸,均布在缸体圆周上。当发动机工作,空调开关闭合时, __电磁离合器__ 结合,压缩机在发动机的驱动下运转。压缩机内部 __斜盘__ 和压缩机轴固定在一起,其旋转通过 __连杆__ 驱动活塞做往复轴向运动。
8. 汽车空调电磁离合器的作用是根据需要接通或切断输入 __压缩机__ 的动力,主要由 __带轮__、__电磁线圈__、盘状衔铁和轴承等组成。
9. 储液干燥器的作用是在液态制冷剂流过时,除去其中的 __水分__ 和 __杂质__。
10. 桑塔纳轿车空调系统采用的膨胀阀主要由 __感温包__、__毛细管__、__膜片__、弹簧与调节螺钉等组成,安装在 __蒸发器__ 入口处。
11. 上海桑塔纳轿车空调系统低压开关的作用是接通 __电磁离合器__ 电路,高压开关的作用是接通 __冷却风扇__ 电路。
12. 汽车空调系统一经开放就必须抽 __真空__ ,以清除可能进入空调系统的空气和水分。
13. 汽车空调制冷剂的充注分为 __高压侧__ 液态制冷剂的充注和 __低压侧__ 气态制冷剂的充注。

二、判断题

1. 流过压缩机的制冷剂应是气体,流过孔管或膨胀阀的制冷剂应是液体。（ √ ）
2. 管路中无制冷剂时,接通空调开关将使空调压缩机因缺油而烧毁。（ √ ）
3. 空调制冷管路一旦拆开,制冷剂就会全部漏光。（ × ）
4. 空调压缩机应采用高级发动机机油润滑。（ × ）
5. 空调橡胶软管应耐氟耐油。（ √ ）
6. 空调胶管抱箍可用钢丝捆绑替代。（ × ）
7. 空调管路抽真空的目的是为了让制冷剂气体多灌一些。（ × ）
8. 桑塔纳轿车采用摇板型空调压缩机。（ × ）
9. 一般汽车空调压缩机皮带松紧度用张紧轮方式调整。（ × ）

10. 膨胀阀毛细管没有与管路贴合，将会使空调系统低压管过冷。　　　　　(√)

三、名词解释

1. 汽车空调：汽车空调是汽车空气调节的简称，即采用人工制冷和采暖的方法，调节车内的温度、湿度、气流速度、洁净度等参数指标，从而改善驾驶员的劳动条件和创造舒适的环境。

2. 非独立式空调：由汽车发动机直接驱动，其特点是压缩机的运行情况受发动机运行工况的影响，功率较小，主要应用在一些小型客车和轿车上。

3. 独立式空调：压缩机由一台专用的发动机驱动，它不受汽车的整体运行情况影响，运行平稳，功率较大，主要应用在一些大、中型客车上。

4. 冷暖一体型空调：制冷、暖风和通风共用一台鼓风机，共用一套风道送风口，冷风、暖风和通风在同一块控制板上控制，一般应用于小型客车和轿车。

四、简答题（略）

项目5　汽车照明信号系统的检修

一、填空题

1. 前照灯的主要用途是照亮车辆前方的道路和物体，同时利用__远光__、__近光__交替变换作为夜间超车、会车信号。

2. 前雾灯安装在前照灯附近或比前照灯稍低的位置，前雾灯光色为__黄色__。后雾灯采用单只时，应安装在车辆纵向平面的左侧，后雾灯灯光光色为__红色__。

3. 前照灯由__灯泡__、__反射镜__和__配光镜__三个光学组件组成，现广泛采用__封闭式__前照灯。

4. 前照灯射出的强光会使迎面来车驾驶员__炫目__。

5. 为保证行车照明的安全与方便，减轻驾驶员的劳动强度，近年来出现了多种新型的灯光控制系统，常用的有日间行车__自动点亮__系统、__光束调整__系统、__延时控制__等。

6. 转向信号灯装在汽车的__前后左右__四角，其用途是在__转向__、__路边停车__、__变更车道__、__超车__时发出明暗交替的闪光信号，给前后__车辆__、__行人__、__交警__提供行车信号。

7. 制动灯电路由__制动信号灯__和__制动开关__组成。

8. 液压式制动灯开关用于液压制动系统的汽车，通常安装在__液压制动主缸__的前端。

9. 气压式制动信号灯开关，用于采用气压制动系统的汽车，通常安装在__制动阀__上。

二、判断题

1. 汽车照明系统的主要电气设备有前照灯、雾灯、倒车灯、牌照灯等。　　(√)
2. 前照灯的光学系统主要包括反射镜、散光玻璃和灯泡。　　　　　　　　(√)
3. 前照灯检验的技术指标为光束照射位置、发光强度和配光特性。　　　　(√)
4. 前照灯电子控制装置一般用光电传感器进行光电转换。　　　　　　　　(√)
5. 对称形的配光性能，称为欧洲式配光，符合联合国欧洲经济委员会制订的ECE标准，已被世界公认，我国已采用。　　　　　　　　　　　　　　　　　　(√)

三、简答题(略)

项目6 汽车仪表与报警指示灯系统的检修

一、填空题

1. 汽车仪表主要有 车速里程表 、发动机 转速表 、 冷却液温度表 、 燃油量表 、机油压力表等,用于指示汽车 运行 的有关参数。
2. 报警灯主要有 机油压力 过低警告灯、 制动 液面过低警告灯、ABS故障警告灯、安全气囊故障警告灯等,用于警示有关系统的故障。
3. 指示灯主要有 转向指示灯 、 前照灯 远、近光指示灯、 近光 指示灯、 驻车 指示灯、挡位指示灯等,用于指示汽车运行状态。
4. 当桑塔纳轿车油箱内剩油量只有 9 L左右时,燃油表 橙色 色警告灯发亮。
5. 桑塔纳轿车电子式机油压力表电路,当机油压力过低时 红 色发光二极管亮;当发动机机油压力正常时, 绿 色发光二极管亮;当油压过高时, 黄 色发光二极管亮。
6. 车速里程表包括 车速表 和 里程表 ,根据结构与原理不同可以分为 电子式 和 磁感应式 。
7. 桑塔纳轿车采用 电子式 车速里程表。

二、判断题

1. 汽车仪表内部比较精密,结构均用封装式,不可拆卸,当仪表出现故障时应将整个仪表板一起更换。(√)
2. 发现仪表印刷板铜箔断路时,可用焊锡膏和焊锡将其焊接修复。(×)
3. 前照灯亮时,示宽灯也应亮着。(√)
4. 转向灯灯泡灯丝烧断,会使转向灯闪烁频率变快。(×)

三、简答题(略)

项目7 汽车辅助电气设备的检修

一、填空题

1. 电动刮水器的 电动机 旋转,带动 蜗轮蜗杆 减速机构运动。
2. 刮水器停止工作时,为了不影响驾驶员的视野,刮水器具有 自动复位 装置。
3. 永磁式刮水器具有 快速 刮水、 慢速 刮水及停机复位装置。
4. 在装有空调的汽车上,前风窗玻璃除霜装置的热源来源于空调的 暖气 ,后风窗玻璃通常采用 电热 去霜。
5. 电动车窗主要由车窗 玻璃 、车窗 升降器 、 驱动电机 和 控制开关 等部件组成。
6. 电动车窗有两套控制开关,一套汽车仪表台或驾驶员车窗,由 驾驶员 控制;一套分布在对应的车窗,方便 乘员 使用。
7. 为了方便驾驶员和乘客开关车门,现在大部分乘用车安装了中央控制门锁系统。

驾驶员可以在锁住或打开自己车门的同时锁住或打开 __其他__ 的车门。除了中控门锁控制外，乘客可以利用各车门的 __机械式弹簧锁__ 开关车门。

8. 电动座椅一般由座椅 __调节开关__ 、 __双向电机__ 、 __传动__ 和 __执行机构__ 及控制装置等组成。

9. 电动座椅的电机大多数采用永磁式 __双向直流__ 电动机，通过开关来操纵电机按所需方向旋转。

10. 电动后视镜主要由 __调整开关__ 、 __双电动机__ 、传动和执行机构、外壳及连接件等组成。

二、简答题（略）

项目 8　汽车电路分析

一、填空题

1. 汽车电路常见的表示方法有电路 __原理图__ 、 __线路图__ 、 __接线图__ 、 __线束图__ 等几种。

2. 线路图是传统汽车电路的表示方法，汽车电气设备的 __实际位置__ 及外形与图中所示方位相符。

3. 接线图是一种专门用来标记接线与 __插接器__ 的实际位置、色码、线型等信息的指示图，用于检修时寻查线束走向、线路故障及线路复原时使用。

4. __低压__ 导线根据电路的额定电压、工作电流和绝缘要求等选取导线截面、绝缘层的类型，不同规格或用途的导线可通过导线 __颜色__ 加以区分。

5. 开关分为 __点火__ 开关和 __组合__ 开关。

6. 起动机电磁线圈、前照灯、空调和电动燃油泵等汽车电器设备工作电流较大，通常采用开关或电控单元控制 __继电器__ 动作控制用电设备工作。

7. __熔断丝__ 连接在电源与用电设备之间，当电器设备或电路发生短路或过载时，切断电路。其在额定电流下能长期工作，在过载 25% 的情况下，约在 __3min__ 内熔断，而在过载一倍的情况下，则在 __1s__ 内熔断。

8. 按照德国有关工业标准（DIN）规定，数字或字母表示具有特定功能的导线端子。__30__ 表示常火线，与蓄电池正极连接； __15__ 表示接小容量电器火线，当点火开关接通时，由点火开关直接接通电源； __50__ 表示起动机控制电路火线，当点火开关在起动位置时，接通起动机控制电路电源； __31__ 表示搭铁线； __x__ 表示接大容量电器的火线，在点火开关处于点火位置时，控制中间继电器接通大容量电器的电源。

9. 整车电路采用中央线路板，将大部分 __继电器__ 和 __熔断丝__ 安装在中央线路板正面。同一插接件不同端子用端子代号加数字表示，如 A1/4 表示 __A1 插接件第 4 号端子__ 。

10. 通用车型电路图中 __电源线__ 从图上方进入，通常从 __熔断丝__ 处开始，并于其上方用黑线框标注此处与电源之间的通断关系；用电器在中部， __搭铁点__ 在最下方。

二、简答题（略）

参 考 文 献

[1] 曲金玉. 汽车电器与电子设备[M]. 北京：机械工业出版社，2004.
[2] 胡光辉. 汽车电器设备构造与检修[M]. 北京：机械工业出版社，2010.
[3] 谢剑. 飞度轿车发动机防起动系统原理与故障检修[J]. 汽车维修，2006(6)：13-14.
[4] 宋波舰. ADC2防起动系统的组成和原理[J]. 汽车电器，2008(2)：39-42.
[5] 高洪一，康国初. 汽车电子技术[M]. 北京：北京交通大学出版社，2007.
[6] 刘文国. 汽车电气系统检修[M]. 北京：清华大学出版社，2010.
[7] 蒋智庆. 汽车电气设备构造与维修[M]. 重庆：重庆大学出版社，2005.
[8] 李良洪. 汽车车身电气系统[M]. 北京：北京理工大学出版社，2007.
[9] 郭远辉. 汽车车身电气及附属电气设备检修[M]. 北京：人民交通出版社，2005.
[10] 刘景军，吕翔. 汽车电器检测技能实训[M]. 北京：人民邮电出版社，2007.
[11] [英]汤姆·登顿(Tom Denton). 汽车电气与电子控制系统[M]. 北京：机械工业出版社，2008.
[12] 周建平. 汽车电气系统设备构造与维修[M]. 北京：人民交通出版社，2010.
[13] 董宏国，廖苓平. 汽车电路分析[M]. 北京：北京理工大学出版社，2005.
[14] 王赟松，等. 上海帕萨特B5轿车维修图册[M]. 北京：人民交通出版社，2003.
[15] 陆刚. 汽车报警信号指示灯亮的故障检排[J]. 天津汽车，2009(6)：59-60.
[16] 孙余凯，项绮明. 汽车电控刮水器[J]. 电子世界，2009(7)：42-44.

北京大学出版社高职高专汽车系列规划教材

序号	书号	书名	编著者	定价	出版日期
1	978-7-301-17694-8	汽车电工电子技术	郑广军	33.00	2011.1
2	978-7-301-19504-8	汽车机械基础	张本升	34.00	2011.10
3	978-7-301-19652-6	汽车机械基础教程(第2版)	吴笑伟	28.00	2012.8 第2次印刷
4	978-7-301-17821-8	汽车机械基础项目化教学标准教程	傅华娟	40.00	2010.10
5	978-7-301-19646-5	汽车构造	刘智婷	42.00	2012.1
6	978-7-301-13660-7	汽车构造(上册)——发动机构造	罗灯明	30.00	2012.4 第2次印刷
7	978-7-301-17532-3	汽车构造(下册)——底盘构造	罗灯明	29.00	2012.9 第2次印刷
8	978-7-301-13661-4	汽车电控技术	祁翠琴	39.00	2013.8 第5次印刷
9	978-7-301-19147-7	电控发动机原理与维修实务	杨洪庆	27.00	2011.7
10	978-7-301-13658-4	汽车发动机电控系统原理与维修	张吉国	25.00	2012.4 第2次印刷
11	978-7-301-18494-3	汽车发动机电控技术	张俊	46.00	2013.8 第2次印刷
12	978-7-301-21989-8	汽车发动机构造与维修(第2版)	蔡兴旺	40.00	2013.1
13	978-7-301-15378-9	汽车底盘构造与维修	刘东亚	34.00	2009.7
14	978-7-301-18948-1	汽车底盘电控原理与维修实务	刘映凯	26.00	2012.1
15	978-7-301-19334-1	汽车电气系统检修	宋作军	25.00	2014.1 第2次印刷
16	978-7-301-24227-8	汽车电气系统检修(第2版)	宋作军	30.00	2014.8 第1次印刷
17	978-7-301-23512-6	汽车车身电控系统检修	温立全	30.00	2014.1
18	978-7-301-18850-7	汽车电器设备原理与维修实务	明光星	38.00	2011.5
19	978-7-301-20011-7	汽车电器实训	高照亮	38.00	2012.1
20	978-7-301-22363-5	汽车车载网络技术与检修	闫炳强	30.00	2013.6
21	978-7-301-14139-7	汽车空调原理及维修	林钢	26.00	2013.8 第3次印刷
22	978-7-301-16919-3	汽车检测与诊断技术	娄云	35.00	2011.7 第2次印刷
23	978-7-301-22988-0	汽车拆装实训	詹远武	44.00	2013.8
24	978-7-301-18477-6	汽车维修管理实务	毛峰	23.00	2011.3
25	978-7-301-19027-2	汽车故障诊断技术	明光星	25.00	2011.6
26	978-7-301-17894-2	汽车养护技术	隋礼辉	24.00	2011.3
27	978-7-301-22746-6	汽车装饰与美容	金守玲	34.00	2013.7
28	978-7-301-17079-3	汽车营销实务	夏志华	25.00	2012.8 第3次印刷
29	978-7-301-19350-1	汽车营销服务礼仪	夏志华	30.00	2013.8 第3次印刷
30	978-7-301-15578-3	汽车文化	刘锐	28.00	2013.2 第4次印刷
31	978-7-301-15742-8	汽车使用	刘彦成	26.00	2009.9
32	978-7-301-20753-6	二手车鉴定与评估	李玉柱	28.00	2012.6
33	978-7-301-17711-2	汽车专业英语图解教程	侯锁军	22.00	2013.2 第3次印刷

相关教学资源如电子课件、电子教材、习题答案等可以登录 www.pup6.com 下载或在线阅读。

扑六知识网(www.pup6.com)有海量的相关教学资源和电子教材供阅读及下载(包括北京大学出版社第六事业部的相关资源),同时欢迎您将教学课件、视频、教案、素材、习题、试卷、辅导材料、课改成果、设计作品、论文等教学资源上传到 pup6.com,与全国高校师生分享您的教学成就与经验,并可自由设定价格,知识也能创造财富。具体情况请登录网站查询。

如您需要免费纸质样书用于教学,欢迎登陆第六事业部门户网(www.pup6.com)填表申请,并欢迎在线登记选题以到北京大学出版社来出版您的大作,也可下载相关表格填写后发到我们的邮箱,我们将及时与您取得联系并做好全方位的服务。

扑六知识网将打造成全国最大的教育资源共享平台,欢迎您的加入——让知识有价值,让教学无界限,让学习更轻松。联系方式: 010-62750667、xc96181@163.com、pup_6@163.com,欢迎来电来信。